José Ricardo Noronha

VENDAS
Como eu faço?

AS
50 questões que mais
intrigam a vida
de quem vende

Diretor-Presidente
Henrique José Branco Brazão Farinha
Publisher
Eduardo Viegas Meirelles Villela
Editora
Cláudia Elissa Rondelli Ramos
Preparação de Texto
Nestor Turano Jr.
Revisão de Texto
Renata da Silva Xavier
Ariadne Martins
Projeto Gráfico e Editoração
Daniele Gama
Capa
Daniele Gama
Impressão
Edições Loyola

Título original: Vendas! Como eu faço?
Copyright © 2015 *by* José Ricardo Noronha

Todos os direitos desta edição são reservados
à Editora Évora.

Todas as imagens que aparecem no livro são de propriedade única e exclusiva de seus(suas) respectivos(as) estúdios/ distribuidoras/ editoras/ autores, utilizadas aqui apenas como forma de ilustração.

Rua Sergipe, 401 – Cj. 1.310 – Consolação
– São Paulo – SP – CEP 01243-906
Telefone: (11) 3562 7814/15
Site: http://www.editoraevora.com.br
E-mail: contato@editoraevora.com.br

DADOS INTERNACIONAIS PARA CATALOGAÇÃO NA PUBLICAÇÃO (CIP)

N767v

Noronha, José Ricardo
   Vendas : como eu faço? As 50 questões que mais intrigam a vida de quem vende / José Ricardo Noronha. - São Paulo : Évora, 2014.
   408 p. ; 16 x 23 cm.

   Inclui bibliografia.

   ISBN 978-85-8461-003-7

   1. Venda. 2. Vendedores. I. Título.

CDD-658.85

JOSÈ CARLOS DOS SANTOS MACEDO – BIBLIOTECÁRIO – CRB7 N. 3575

Dedicatória

À minha esposa, Evelise, que sempre esteve ao meu lado nas alegrias e tristezas e que, além de cuidar de mim, cuida das nossas duas princesas com o maior amor do mundo. O seu suporte, confiança e amor foram fundamentais para chegarmos até aqui.
Te amo!

Às minhas filhas, Maria Eugênia e Ana Cecília, por serem minhas fontes de constante inspiração. Vocês são os maiores presentes que Deus nos deu. Obrigado por existirem. Amo vocês!

À minha mãe, Beth, que, com muito amor, dedicação e carinho, transmitiu valores e princípios que levarei comigo para sempre. Obrigado por tudo, mamãe. Amo a senhora!

Ao meu saudoso pai, Lalo Noronha, de quem tenho certeza ter absorvido a paixão por vendas e pelo nosso tricampeão mundial, São Paulo Futebol Clube. Ética, honestidade e sinceridade são apenas alguns dos muitos valores que absorvi do senhor. Descanse em paz e continue nos iluminando em tudo!

Agradecimentos

A todos os meus queridos clientes (que muito carinhosamente chamo de "fãs"), com os quais aprendi, ainda aprendo e continuarei a aprender todos os dias como me tornar um melhor vendedor e um líder servidor.

A todos os milhares de amigos e "fãs" que me honram, prestigiam e tanto me ensinam em minhas palestras, cursos, aulas e *workshops* no Brasil inteiro. Como sempre lhes digo: minha missão é lhes ajudar e servir! Contem sempre comigo e obrigado de coração pelo incrível carinho e confiança de sempre!

A todos os líderes e amigos vendedores que, como eu, são apaixonados pela nobre "arte de vender" e pelo fascinante mundo das vendas.

A todos os meus amigos e amigas que, de forma tão gentil e carinhosa, aceitaram o convite deste amigo vendedor na tarefa de elencar os tópicos mais importantes e inquietantes em vendas.

Aos meus queridos amigos e "gurus", Robert Wong, Gustavo Cerbasi, Christian Barbosa, Raúl Candeloro e James Hunter, a quem sou não apenas grato pelas valiosas contribuições, mas também pelos inúmeros conhecimentos e sabedoria compartilhados (comigo e com o mundo).

A todos os profissionais envolvidos na transformação de mais um grande sonho em realidade, e em especial a meus editores, Eduardo Villela e Henrique Farinha, bem como toda a equipe da Editora Évora.

E principalmente a Deus, pelo dom da vida e por todas as graças que até hoje me têm sido concedidas.

Prefácio

Certa vez, fui indagado por uma amiga empresária, uma querida senhora de meia-idade, se eu poderia explicar-lhe, de uma forma simples e objetiva, o que é a arte de vender. Refleti momentaneamente e a seguinte reflexão jorrou da minha boca:

Dona Carol, de um lado você tem um produto ou serviço, e do outro um potencial cliente. Vender é a arte de juntar ou conectar as duas partes! Parece simples, não? E é realmente simples, se o leitor entender que a palavra "vender" deriva do latim *venum*, que por sua vez vem da palavra "Vênus", a deusa do amor e da beleza. Por conseguinte, devemos entender, então, que vender é um ato de amor, um ato do belo. Que maravilha!

Tenho a honra e o privilégio de prefaciar também este segundo livro do meu amigo José Ricardo Noronha, um ser humano que se autoproclama, com imenso orgulho e alegria, um Vendedor (com "V" maiúsculo mesmo), pois ele realiza esta ação com muito amor e beleza! E mais que isso, *he walks the talk*, ou seja, ele pratica o que propaga. Cito, com conhecimento de causa, que há três pessoas que podem declarar-se realizadas, a saber:

1. Aquele que não sabe… e pergunta.
2. Aquele que sabe… e ensina.
3. E aquele que ensina… e pratica!

Neste livro, prenhe de sabedoria pragmática e dicas práticas, o leitor poderá aplicar os ensinamentos deste vendedor vencedor no seu dia a dia. Escrito de uma forma simples e lógica, com citações de mestres de gestão e comportamento humano, o livro de Noronha *Vendas! Como eu faço?* apresenta as lições em *bullet points* e conclui cada capítulo com um breve resumo do seu conteúdo, bem como inclui um exercício pontual para colocar as lições citadas na prática. Posso afirmar, sem medo de exagerar, que esta obra deveria ser leitura obrigatória, ou melhor, prazerosa para quem almeja ser um vendedor de resultados.

Há inúmeros livros recheando as prateleiras das livrarias e bibliotecas sobre como vender; alguns trazem dicas interessantes, mas que são mais voltadas à realidade do país de origem do respectivo autor. Nada contra, mas Noronha consegue traduzir estes conceitos à nossa cultura e, mais importante, introduz inúmeros casos e exemplos de como vender, fruto de sua vasta e rica experiência como apaixonado vendedor, crível consultor e requisitado palestrante.

Mesclando aspectos inspiradores com práticas aproveitáveis, o livro traz uma leitura leve com conceitos sérios, sabedoria milenar e uma conectividade instantânea, permitindo ao autor nos levar a uma deleitosa viagem pela arte de vender, que no fundo, no fundo é a arte de viver, pois, como disse no início do prefácio, ela é a arte de conectar nós mesmos a um outro ser... e com muita paixão!

Boa leitura, vendedor!

Robert Wong

Sumário

Introdução	1
Sugestões sobre como usar este livro	5

Eixo – carreira e atitudes

1. Como eu faço para ganhar muito dinheiro em vendas?	9
2. Como eu faço para transformar meus sonhos em realidade?	13
3. Como eu faço para descobrir meus pontos fortes?	23
4. Como eu faço para brilhar muito em vendas?	29
5. Como eu faço para ampliar o meu *networking*?	37
6. Como eu faço para me manter motivado em épocas de baixa?	45
7. Como eu faço para incorporar as atitudes dos campeões?	51
8. Como eu faço para transformar paixão por vendas em resultados?	59
9. Como eu faço para não ficar refém do dinheiro?	65

Eixo – preparação

10. Como eu faço para me tornar ainda mais produtivo?	77
11. Como eu faço para melhor gerenciar o meu tempo?	85
12. Como eu faço para identificar melhor o meu público-alvo?	93
13. Como eu faço para entender melhor as necessidades dos meus clientes?	99
14. Como eu faço para incrementar minhas habilidades investigativas?	105
15. Como eu faço para nunca parar de aprender?	109

Eixo – comunicação

16. Como eu faço para criar e comunicar melhor meu discurso de vendas?	117
17. Como eu faço para incrementar minha habilidade de ouvir melhor?	123
18. Como eu faço para ouvir melhor meus clientes e funcionários?	129
19. Como eu faço para me comunicar melhor e contar boas histórias?	135

Eixo – atendimento e encantamento de clientes

20. Como eu faço para atender bem meus clientes? 149

21. Como eu faço para encantar meus clientes? 155

22. Como eu faço para criar um atendimento de excelência em minha empresa? 161

23. Como eu faço para transformar meus clientes em fãs como a Disney faz? 167

24. Como eu faço para vender experiências inesquecíveis? 189

Eixo – negociação

25. Como eu faço para me preparar melhor para minhas negociações? 201

26. Como eu faço para aprimorar minhas habilidades de negociação? 209

27. Como eu faço para melhorar minhas perguntas nas negociações? 219

28. Como eu faço para lidar melhor com as objeções dos meus clientes? 223

29. Como eu faço para negociar e lidar melhor com clientes difíceis? 231

30. Como eu faço para dizer "não" para os meus clientes? 237

Eixo – vendas consultivas e desafiadoras

31. Como eu faço para vender valor e não preço? 243

32. Como eu faço para me tornar um campeão de vendas corporativas? 251

33. Como eu faço para lidar melhor com os meus clientes zangados? 259

34. Como eu faço para vender mais com melhores perguntas? 267

35. Como eu faço para evitar a comoditização do meu produto ou serviço? 277

36. Como eu faço para vender para executivos *C-Level*? 281

Eixo – marketing e marketing pessoal

37. Como eu faço para melhor posicionar minha marca pessoal? 289

38. Como eu faço para criar uma cultura voltada aos valores em minha empresa? ..293

39. Como eu faço para usar as redes sociais para vender mais? 299

40. Como eu faço para criar uma estratégia de conteúdo 307

41. Como eu faço para vender mais por e-mail? 311

42. Como eu faço para vender mais por telefone? 319

43. Como eu faço para medir a satisfação dos meus clientes? 325

Eixo – gestão de vendas e liderança

44. Como eu faço para definir a melhor estratégia de vendas para o meu negócio?.337

45. Como eu faço para ter sucesso em todos os passos da venda? 341

46. Como eu faço para vender mais produtos e serviços? 353

47. Como eu faço para criar uma cultura focada na boa execução? 359

48. Como eu faço para oferecer um grande propósito aos meus liderados? 363

49. Como eu faço para me tornar um grande líder? 369

50. Como eu faço para me tornar um vendedor ou líder servidor? 383

Posfácio 387

Bibliografia 389

Introdução

Como é que faço para vender mais, hein, Zé?

Esta é uma das perguntas que mais ouço no Brasil inteiro e foi também uma das grandes inspirações para escrever este livro que, do início ao fim, foi planejado e executado com enorme carinho, amor e foco em dois grandes públicos: profissionais que já são apaixonados por vendas e os que ainda não são. Ou seja, este livro foi feito para você, pois ao final do dia todos nós somos vendedores! Este livro foi feito para te ajudar a realizar o seu máximo potencial em vendas e para te ajudar na vida, nesta efêmera, incrivelmente fascinante e abençoada passagem pela Terra.

Sou um sujeito movido a grandes sonhos. E o grande sonho que me inspirou a escrever este novo livro partiu, antes de mais nada, da minha missão de existência diante de Deus e do mundo, que é a de ajudar você a brilhar no exigente "novo mundo das vendas", ao gerar e entregar resultados cada vez mais robustos, obtidos de forma ética, apaixonada e umbilicalmente ligados ao sentimento de plena realização pessoal por se fazer algo tão nobre quanto "vender", e que para mim se traduz em ajudar e servir aos clientes e à sociedade como um todo.

Um "novo mundo das vendas" que se caracteriza por clientes cada vez mais exigentes e incrivelmente bem informados e seletivos, com inúmeras opções à sua frente, concorrentes melhores, margens de lucro menores e ofertas cada vez mais similares (quando não rigorosamente iguais), e que exige de todos nós uma série de novas competências, habilidades, comportamentos e atitudes que nos permitam transformar nossos sonhos em realidade, e o mais importante: ajudar os nossos clientes na resolução dos seus problemas e na realização dos seus sonhos.

É exatamente sobre isso que este novo livro trata: como podemos servir e ajudar mais e melhor os nossos clientes? Como podemos transformar o sucesso dos nossos clientes em sucesso para nós mesmos? E como fazer tudo isso através da boa combinação de teoria e prática ligadas à paixão pelo que fazemos?

Vendedor apaixonado que sou, tenho quase que diariamente a incrível e recompensadora oportunidade de compartilhar conhecimento e de aprender com milhares de profissionais de vendas, que me prestigiam nas palestras, cursos, aulas e *workshops* que ministro no Brasil inteiro. Interessante perceber que muitos deles dominam como poucos as melhores práticas em vendas, mas ainda carecem de maior capacitação e treinamento para entregarem as desafiadoras metas que lhes são colocadas pelas suas empresas ou por eles próprios. Ou seja, se de um lado a prática é ótima, a falta de teoria ainda atrapalha. Outros tantos são tecnicamente excelentes mas não conseguem demonstrar a paixão pelo que fazem ou carecem de habilidades relacionais e, consequentemente, não entregam os resultados esperados ou resultados que seriam capazes de gerar. Logo, são bons de teoria e técnica, mas ainda carecem de maior prática e das tão valorizadas competências relacionais. Outros têm aquele brilho incrível nos olhos e a vontade de se destacar em vendas e na vida, mas ainda não sabem quais são as melhores técnicas e práticas para que possam assim realizar o seu máximo potencial. Têm a paixão, mas lhes faltam a técnica e a teoria, o que os torna muito mais instintivos e não exatamente tão racionais.

E é mais interessante ainda perceber que, de uma forma geral, todos compartilham comigo questionamentos e angústias bastante similares:

- Como eu faço para melhorar meus resultados de vendas?
- Como eu faço para me manter motivado nos tempos mais difíceis?
- Como eu faço para melhorar minhas habilidades de negociação?
- Como eu faço para transformar meus clientes em fãs?
- Como eu faço para me transformar em um campeão de vendas?
- Como eu faço para melhor gerenciar o meu tempo?'
- Como eu faço para me preparar melhor?
- Como eu faço para lidar melhor com as objeções dos meus clientes?
- Como eu faço para usar as redes sociais para vender?

Introdução

- Como eu faço, hein, Zé?

Enfim, perguntas de grande amplitude, diretamente relacionadas aos mais diversos temas que fazem parte do nosso fascinante cotidiano de vendas: carreira, preparação, atendimento, comunicação, negociação, liderança, marketing pessoal, dentre outros que também são fundamentais para o sucesso que todos nós tanto sonhamos.

Em um formato inovador e baseado no tripé teoria, prática e paixão, este livro se propõe a traduzir e simplificar livros, teorias, estudos e novas técnicas muitas vezes complexos, e conectá-los com as melhores práticas, somadas a este elemento tão essencial, capaz de fazer tanta diferença em nossas vidas, chamado paixão. Paixão por ajudar e paixão por servir!

Um livro recheado de dicas práticas e inúmeras ferramentas e técnicas de aplicabilidade imediata. Um livro de leitura leve, rápida e que provoca reflexões profundas. Um livro delicioso, que vai te ajudar a servir cada vez mais e melhor seus clientes com a certeza de que quanto mais sucesso eles obtiverem através dos produtos, serviços e soluções que você comercializa, maior será o seu sucesso pessoal também. Um livro que vai mudar a sua forma de enxergar vendas. Um livro apaixonante! Um livro feito para você!

Obrigado pelo carinho e confiança! Que a sua leitura seja tão prazerosa quanto foram as centenas de horas que me dediquei de corpo e alma a te ajudar a refletir e responder algumas das questões mais instigantes de todos nós que vendemos e servimos ao mercado.

Um grande abraço!

Sugestões sobre como usar este livro

Antes de dar início à sua leitura, por favor, permita-me fazer algumas considerações e sugestões:

- Ciente de que um dos grandes desafios de todos nós, profissionais de vendas, é o tempo (muitas vezes pela sua má gestão), este livro foi concebido em capítulos independentes. Portanto, minha primeira sugestão é que você leia apenas um capítulo por dia, para que possa absorver, refletir e praticar melhor cada um dos inúmeros conceitos aqui abordados, que tenho certeza de que farão muita diferença nas suas vendas e na sua vida.

- Minha segunda sugestão é que, imediatamente no dia seguinte à leitura do capítulo, você revise as dicas ou ferramentas práticas e busque, o quanto puder, incluí-las em seu dia a dia.

- O livro foi construído em cima de 8 eixos essenciais sob os quais derivam uma série de questões "Como eu faço…". São elas: carreira e atitudes, preparação, comunicação, atendimento e encantamento, negociação, vendas consultivas, marketing pessoal, liderança e gestão de vendas. Isso foi feito para te dar um instrumento poderoso de consulta diária nas mais diversas situações do seu cotidiano em vendas. Portanto, adote este livro como um "manual" que poderá te ajudar em inúmeros momentos em que você precisar de ajuda para incrementar sua produtividade, sua motivação e seus resultados de vendas.

- Todos os capítulos trazem em seu escopo dicas e/ou ferramentas práticas que lhe permitirão uma reflexão sobre cada um dos pontos abordados e um questionamento sobre o que aprendeu, o que pretende mudar e incrementar em suas habilidades e competências para vender mais (quantitativamente), melhor e com o sentimento pleno de realização pessoal e de estar dando seu máximo potencial em vendas e em sua vida. Quanto mais praticar, melhor para você!

- Ao final de cada capítulo, você encontrará o campo "Meu compromisso comigo mesmo". Peço que anote imediatamente o seu compromisso pessoal diante daquele tópico específico e que periodicamente o revisite para entender o quanto evoluiu em cada tópico e para eventualmente traçar alguns ajustes em seus planos de ação em torno de cada uma das habilidades daquele capítulo. Tenho certeza de que você ficará positivamente impressionado com a força que estes compromissos têm, especialmente para a mudança de atitudes e comportamentos e para a criação de um novo modelo mental.

- Ao final deste livro e também dos capítulos que dele fazem parte, você irá encontrar como recomendações de leitura uma série de livros e artigos que eu fortemente indico, a fim de lapidar ainda mais as suas habilidades, competências e, principalmente, seus pontos fortes. São livros e artigos realmente excepcionais dos quais tenho certeza de que lhe agradarão bastante e serão de grande valia em sua também fascinante e incessante jornada em busca de mais conhecimento.

- Busque também anotar e grifar os pontos mais importantes e relevantes para o melhor desempenho das suas atividades e, principalmente, para transformá-los em poderosos instrumentos, no intuito de viabilizar a plena realização da sua missão e propósito de vida, pois o livro foi inteiramente concebido com este grande e nobre objetivo.

Tenho certeza de que ao final da leitura você se sentirá muito mais motivado, capacitado e confiante para fazer a diferença positiva no mundo, na vida dos seus clientes e ter todo o sucesso que você tanto deseja e merece.

Boa leitura e ótimas vendas!

1

Como eu faço para ganhar muito dinheiro em vendas?

> O dinheiro nunca fez o homem feliz, nem vai, não há nada em sua natureza para produzir felicidade. Quanto mais se tem, mais se quer.
>
> *Benjamin Franklin*

Antes que você inicie a leitura deste que é o primeiro capítulo do livro, eu preciso lhe dizer algo muito importante: se o seu grande objetivo em vendas ou em sua área de atuação específica for simplesmente ganhar muito dinheiro, este livro não é para você! Repito, este livro não foi escrito para simplesmente lhe fazer ganhar mais dinheiro! Ele foi concebido em toda a sua extensão para lhe ajudar a alcançar o tão sonhado sucesso em vendas e para lhe ajudar a realizar o máximo potencial em sua vida, o que inclui também, dentre outros grandes feitos, ganhar bastante dinheiro como consequência de um trabalho feito com amor, paixão e desejo real de fazer a diferença na vida dos outros e de impactar positivamente o mundo e a sociedade como um todo.

Acredito com todas as forças do mundo que o que verdadeiramente move os profissionais e vendedores de sucesso é o seu propósito de existência. E em vendas isso não é diferente. Essa foi uma lição fundamental que aprendi muito cedo na minha vida como vendedor: a realização profissional só se dá quando, além da satisfação das nossas necessidades, dentre elas as financeiras, há também um grande propósito envolvido. E vendas, por ser uma área absolutamente apaixonante e igualmente complexa, nos dá uma oportunidade singular de colocar o nosso grande propósito em ação. E qual deveria ser este propósito, você pode me perguntar. É claro que o propósito de cada um é e deve ser sempre exclusivo, único e especial em todas as suas facetas, mas acho que ele nunca pode prescindir da existência de duas certezas que não por acaso permeiam todo este livro: *vender é ajudar, vender é servir*. E não por acaso, quem ajuda e serve mais, também ganha mais dinheiro. Esta é uma fórmula que ficará muito mais fácil de absorver ao longo da leitura de cada um dos deliciosos capítulos deste livro.

Ricardo Semler, em seu *best-seller Você está louco!* (Rocco, 2006), certa vez foi chamado por ninguém menos que David Rockefeller, para falar para um grupo de bilionários na Europa. Em seu peculiar estilo desafiador e um tanto quanto heterodoxo, Semler provocou àqueles afortunados ao questioná-los sobre quais seriam os motivos que os levavam a querer acumular ainda mais dinheiro, tendo conseguido ao final obter a concordância da grande maioria deles de que ninguém acumula dinheiro pelo simples prazer de acumular. Nas palavras de Semler:

> Dinheiro em excesso, como gasolina estocada num posto, é inflamável. Ganho em demasia vira um risco. Dinheiro, portanto, serve a necessidades, depois a desejos, emoções e excentricidades que um saldo de conta bancária impresso não fornece. E, como disse, nunca conheci alguém que trabalhe apenas por dinheiro, mesmo que ache que o faça.[1]

Concordo com Semler. Dinheiro é apenas o meio que nos leva a fins e objetivos muito maiores[2]. Para nós vendedores e profissionais das mais diversas áreas e formações, muitas vezes o dinheiro é colocado erroneamente como um grande fim. Penso ser super saudável estabelecermos metas de ganhar x ou y por mês ou ano. No entanto, sou absolutamente contrário à ideia de que esta deva ser a meta mais importante.

---

[1] Trecho do livro Você está louco, de Ricardo Semler. Disponível em <http://exame.abril.com.br/revista-exame/noticias/um-sermao-para-os-magnatas-m0101285>. Acesso em 24 out. 2014.

[2] Um livro que recomendo a todos é *A bola de neve*, de Alice Schroeder (Sextante, 2008) que é a biografia de um dos homens de maior sucesso no mundo, o bilionário e lendário Warren Buffett. A sua fascinante história de vida desde a infância em Omaha, seus princípios, valores e a forte disciplina que o tornaram não apenas um dos homens mais bilionários de todos os tempos, mas também em um ícone do mundo capitalista e mais recentemente da filantropia, ajudaram milhões de pessoas (incluindo este vendedor metido a escritor) a melhor equacionar suas vidas entre o tão desejável e sonhado sucesso financeiro e as grandes realizações pessoais que devemos buscar. Aliás, Buffett soube sempre capitalizar seus pontos fortes (outro ponto bastante recorrente neste livro). Ele, por exemplo, nunca investiu em empresas de tecnologia, simplesmente por não entendê-las. No entanto, sempre usou muitas das suas características pessoais como paciência e senso prático para entregar resultados superiores aos seus investidores.

A DERRADEIRA LIÇÃO DE STEVE JOBS

Em 2011 vimos o mundo inteiro se emocionar com a morte do gênio Steve Jobs. Jobs, que criou um império fincado em produtos e soluções geniais e inovadoras, e teve a satisfação de ver ainda em vida a sua Apple em muitos momentos ser avaliada como a empresa mais valiosa do mundo, o que o tornou não apenas um dos poucos homens a entrar para a galeria dos grandes personagens que mudaram a história do mundo ao lado de Henry Ford e Thomas Edison, mas também num dos grandes bilionários do mundo. E eu lhe pergunto: você acredita que a grande motivação de Steve Jobs era o dinheiro?

Tenho plena convicção que Steve Jobs e outros grandes personagens como Bill Gates (Microsoft), Mark Zuckerberg (Facebook), Edson Bueno (Amil) e Luiz Seabra, Guilherme Leal e Pedro Passos (Natura) nunca foram única e exclusivamente movidos pelo desejo de se tornarem bilionários, assim como outros tantos personagens de sucesso "anônimos", que longe de ser aclamados pela mídia, conseguiram realizar proezas ao transformar pequenos empreendimentos em grandes negócios de sucesso que empregam 5, 10, 20, 100 e milhares de pessoas, todas movidas por uma grande causa e um grande propósito. O que efetivamente os movia e move era e é o sonho de transformar e impactar positivamente o mundo com seus produtos, serviços e ideias brilhantes. O dinheiro era apenas uma das contrapartidas que o sucesso lhes traria.

Peço que não me entenda mal. Não estou dizendo que dinheiro não é importante. Dinheiro é importante sim, especialmente em vendas! Mas ele nunca deve ser entendido como fim em si, pois quando isso acontece, os nossos desejos, sonhos e propósitos de vida passam a ter papel de coadjuvantes em nossas carreiras, pois caímos na perigosa cilada de focarmos todos os nossos melhores esforços, dons e pontos fortes em torno do acúmulo pelo simples fato de acumular. Fuja disso e tenha sempre um grande propósito com a certeza de que quão maior e sensacional ele for, maior será a sua motivação para fazê-lo acontecer. Tenha um grande propósito e grandes sonhos e faça-os acontecer! Espero muito humildemente te ajudar nesta deliciosa jornada.

Resumo

Se você trabalha apenas pelo prazer de acumular dinheiro, talvez seja o momento de rever as suas prioridades. É pagar para ver. Tenha um grande propósito que lhe permita realizar os seus grandes sonhos. Que lhe permita fazer a diferença positiva no mundo. Que lhe permita fazer a diferença na vida dos clientes que você ajuda e serve. E que lhe permita também como consequência disso tudo ganhar muito dinheiro por fazer algo tão apaixonante que é vender!

Compromisso pessoal

Meu compromisso pessoal diante do desejo de ter sucesso e ganhar dinheiro é:
_____
_____
_____
_____
_____

2

Como eu faço para transformar meus sonhos em realidade?

> Se você pode sonhar, você pode realizar.
>
> *Walt Disney*

Você já assistiu ao maravilhoso filme *À procura da felicidade*? Ele narra a incrível saga de Chris Gardner que, desempregado, abandonado pela esposa, com um filho para cuidar sozinho e sem grandes perspectivas, dá uma incrível volta por cima ao se firmar como *broker* (corretor de bolsa de valores) de sucesso em uma corretora em São Francisco. Se ainda não tiver visto, por favor o faça (e se já o fez, repita quantas vezes necessário se fizer), para entender a importância de ter grandes sonhos e lutar de forma árdua para atingir a cada um deles a despeito das enormes e muitas vezes inevitáveis dificuldades e obstáculos aparentemente intransponíveis que passarão à sua frente.

E por falar em Chris Gardner e em grandes sonhos, sou um sujeito que acredita veementemente na força e no poder dos grandes sonhos. Muito embora muitos digam que quando for sonhar, é melhor sonhar grande, pois sonhar pequeno dá o mesmo trabalho, eu descobri desde muito cedo que o tamanho do sonho é diretamente proporcional ao esforço a ser empreendido para transformá-lo em realidade. Ou seja: um sonho grande equivale a muito mais trabalho e muito mais disciplina para realizá-lo! E um dos grandes sonhos envolvidos com a construção deste livro é te ajudar, motivar e inspirar a buscar sempre mais de você mesmo e realizar o seu máximo potencial não apenas em vendas, mas também em sua vida.

Preciso lhe confessar que o meu caminho como vendedor foi muito difícil especialmente em seu início. Quando eu estava literalmente quebrado, desesperado com as dívidas que só aumentavam, moralmente abalado pelo roubo da minha casa (onde foram levadas até nossas escovas de dentes), atormentado pela perda prematura do meu pai e do meu sogro (tudo junto e logo depois do casamento) e sem grandes perspectivas profissionais – em virtude de uma passagem profissional em uma empresa que, manchada pelo envolvimento em um grande caso de corrupção, tinha deixado de existir e de cumprir com as obrigações trabalhistas com milhares de profissionais dentre os quais este amigo que hoje fala aqui com você –, iniciei um negócio próprio de representação comercial sem capital algum e praticamente sem nenhum conhecimento sobre o mercado em que iria atuar.

Os primeiros anos como vendedor foram muito duros (em todos os aspectos) e em muitos momentos eu sequer tinha dinheiro para pagar os passes de metrô e de ônibus para ir ao escritório e também para visitar meus futuros clientes. Éramos eu e minha esposa, na época "multitarefas", pois atuava como minha sócia, secretária, gerente financeira, gerente de suporte e gerente de atendimento ao cliente, dentre outras tantas funções igualmente importantes na enxuta estrutura hierárquica da nossa empresa.

Vários foram os dias em que não tínhamos dinheiro para pagar os bilhetes de ônibus que nos levavam e traziam de volta a Higienópolis, onde morávamos, para o centro da cidade, onde na movimentada, histórica e popular Rua Barão de Itapetininga, mantínhamos o nosso escritório, que era como você pode imaginar: muito simples mesmo e sequer contava com um banheiro privativo dentro da sala.

O que fazíamos então? Aos que não são de São Paulo, Higienópolis é um bairro muito próximo do centro da capital paulista, uma "facilidade" importante para um casal que naquele momento específico dispunha em muitas ocasiões apenas da gostosa e saudável opção da caminhada para chegar ao escritório e ao final do dia voltar para casa.

O INESQUECÍVEL LANCHE DE 1 REAL

Muitas foram as vezes em que voltávamos para casa e parávamos em um destes carrinhos de lanche de porta de faculdade e nos deliciávamos com um X-Salada de 1 real. A despeito do seu baixo custo, o sabor era delicioso e nós nunca mais vamos nos esquecer destes deliciosos momentos que hoje fazem parte da nossa linda história de vida.

Eis que há aproximadamente 15 anos, estávamos lá neste carrinho nos deliciando com dois x-saladas e um refrigerante quando recebi no meu celular pré-pago (já há algum tempo sem crédito para efetuar chamadas) a

Lembro-me daquela conversa com absoluta riqueza de detalhes. O diretor de treinamento daquele futuro cliente me disse que "eles pensavam inicialmente em oferecer o *software* de treinamento de Inglês que eu vendia para algo em torno de 2 a 5 mil profissionais".

Wow, aquilo soava como música aos ouvidos de um vendedor, que se de um lado se apaixonava e se encantava cada dia mais por aquele novo mundo de grandes desafios, de outro precisava como ninguém fechar uma grande venda como aquela para deslanchar de vez em sua nova profissão, e para dentre outras necessidades tão triviais voltar a ter dinheiro para pagar as passagens de ônibus e ir à padaria comprar alguns gramas de muzarela e presunto o que, em muitos momentos, infelizmente não era possível.

Ao final da ligação me recordo também de uma frase que disse à minha esposa em um destes momentos mágicos em que casais enamorados precisam viver e lembrar para o resto de suas vidas: *Amor, pode anotar. Eu ainda vou me transformar em um super parceiro dessa empresa, oferecendo a nossa solução para milhares e milhares de profissionais.*

Depois desta ligação, foram necessários outros 6 anos (!) para enfim conquistar aquele grande "gigantesco cliente" e que depois, de fato, transformou-se em um dos maiores clientes globais de uma empresa que tive a honra de atuar como vendedor e diretor-geral, onde, em conjunto com uma supertalentosa equipe, transformamos a operação brasileira na maior do mundo antes da aquisição pelo maior grupo de educação do mundo.

Ou seja, um dos meus grandes sonhos havia se transformado em uma grande realização pessoal após uma jornada que uniu muita transpiração, fé, disciplina e persistência, que são definitivamente os elementos que nunca podem lhe faltar em sua jornada. Aconteça o que acontecer, nunca se distancie dos seus grandes sonhos, pois são eles a mola propulsora da sua realização pessoal e profissional.

Vendas é definitivamente uma área apaixonante, instigante, desafiadora e que necessita da existência de grandes sonhos que te permitam manter o tempo todo não apenas motivado mas principalmente imbuído do espírito de eterno aprendiz, pois em um mundo de mudanças aceleradas, os profissionais que mais se destacam e que continuarão a fazer a diferença positiva nele serão exatamente aqueles que mais acreditarem em seu verdadeiro potencial, que mais envolvidos estiverem do desejo de transformarem cada um dos seus grandes sonhos em realidade e que mais investirem de forma incansável em si mesmos.

Na sua jornada, é bastante possível que você já tenha enfrentado momentos tão ou até mais difíceis dos que eu rapidamente compartilhei aqui com você. E é em momentos assim que uma das mais importantes competências para brilhar em vendas precisa aparecer: a resiliência, que é um conceito oriundo da física e que se traduz na capacidade de se enfrentar grandes problemas e desafios e sempre retornar à sua forma ou estado original sem grandes deformações – o que é fundamental e necessário para quem vive e ama vendas e que, portanto, vive sujeito a pressões muitas vezes extremas e aos tantos "não" que você ouvirá sempre a despeito da sua competência e dos reais e poderosos diferenciais competitivos da sua empresa.

Não por acaso eu decidi iniciar este livro falando da importância de ter grandes sonhos e persegui-los de forma incansável para transformá-los um a um em realidade. O caminho é árduo, mas absolutamente possível se você estiver verdadeiramente focado em aprender com os erros, em investir o tempo todo em você mesmo e, principalmente, em ajudar e servir seus clientes, pois, como já lhe disse e aqui reforço, talvez o maior e mais importante segredo em vendas seja: vender é ajudar! Vender é servir!"

E para te ajudar nesta jornada, eu compartilho neste livro uma série de dicas práticas que lhe serão muito úteis para iniciar ainda hoje uma nova fase em sua vida com foco absoluto na realização dos seus grandes sonhos. Sucesso!

Resumo

Acredite no seu sonho e não se deixe abater nos momentos de maior dificuldade, que certamente sempre acontecerão em qualquer mercado e em qualquer atividade profissional. Trabalhe duro, enfrente os problemas de frente, tenha fé, disciplina, perseverança e incremente o tempo todo suas grandes habilidades e pontos fortes. Fazendo isso, as possibilidades de realizar todos os seus sonhos se multiplicarão.

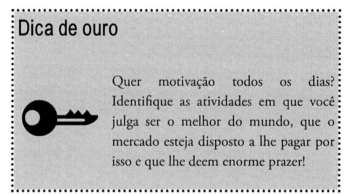

Dica de ouro

Quer motivação todos os dias? Identifique as atividades em que você julga ser o melhor do mundo, que o mercado esteja disposto a lhe pagar por isso e que lhe deem enorme prazer!

Dica prática: coloque no papel todos os seus sonhos e metas

Os dados abaixo foram compartilhados pelo meu amigo Raúl Candeloro, na maior e mais importante revista de vendas e marketing do Brasil, a *VendaMais*, onde também sou colunista, em sua edição nº 238 de fevereiro de 2014: Em 1979, a Universidade Harvard perguntou aos seus alunos de MBA: "Você estabeleceu e colocou no papel metas claras e objetivas e fez planos para alcançá-las?"

- 84% dos alunos não tinham objetivos específicos.
- 13% tinham objetivos mas não haviam feito planos nem colocado no papel.

- 3% dos alunos tinham objetivos, planos para alcançá-los e haviam colocado tudo no papel.

Em 1999, 20 anos depois, Harvard foi fazer um estudo de *follow-up*, entrevistando os alunos da mesma turma. Os resultados são impressionantes:

- Os 13% que tinham objetivos mas não haviam colocado no papel ganhavam o **dobro** do que os 84% que não tinham objetivos.
- Os 3% que tinham objetivos, planos e haviam colocado no papel, ganhavam 10 vezes mais do que os outros 97% **juntos**.

Portanto, tão ou até mais importante que sonhar, é colocar no papel os seus grandes objetivos e sonhos. Não adianta apenas sonhar! Para transformar seus sonhos e metas em realidade é preciso anotá-los e persegui-los de forma incansável o tempo todo.

Exercício prático 1: anote ainda hoje seus grandes sonhos

Anote ainda hoje cada um dos seus grandes sonhos e os coloque em uma área visível no seu escritório, na sua mesa ou ao lado da cama. O importante é que eles estejam visíveis o tempo todo para te lembrar que cada esforço e que cada momento bom ou ruim valem a pena, pois eles fazem parte da construção dos grandes sonhos da sua vida.

Sonho pessoal	**Sonho familiar**
Sonho de consumo	**Sonho de carreira**

Exercício prático 2: descubra seus 3 círculos

Um exercício bastante prazeroso e útil para te ajudar a transformar seus sonhos em realidade é o que lhe proponho abaixo e que se baseia parcialmente no excelente livro *Empresas feitas para vencer*, de Jim Collins – editado em sua versão mais atual pela Editora HSM –, onde o autor apresenta um método para identificar os traços das boas empresas que se transformaram em grandiosas.

Você já parou para pensar em quantas estratégias de defesa o porco-espinho tem diante das ferozes raposas que tentam caçá-lo o tempo todo? Uma, apenas uma e ela se chama "espinho". Encontre o seu "espinho" e foque o quanto puder neste que será o seu real diferencial competitivo, que o fará brilhar muito mais em sua vida e em sua carreira. Foco é o nome do jogo quando se fala em sonhos pessoais e profissionais! E o exercício abaixo lhe será muito útil para encontrar o seu "ponto certo" (em inglês *sweet spot*) para focar todos os seus melhores esforços, dons e talentos. Está pronto? Siga os passos abaixo:

- **1º Passo:** Desenhe 3 círculos, seguindo o modelo da próxima página.
- **2º Passo:** Anote no círculo de cima tudo aquilo que você tem real paixão. Vender, cozinhar, cantar, correr, competir etc. Vale tudo!
- **3º Passo:** No círculo da direita, anote as habilidades e competências em que você verdadeiramente julga ser o melhor do mundo. Talvez este seja o mais difícil dos 3 círculos, pois temos a equivocada tendência de acreditar que somos bons em tudo. Quanto mais crítico puder ser aqui, melhor!
- **4º Passo:** No círculo da esquerda, questione-se se esta habilidade específica é ou não valorizada pelo mercado, pois não adianta de nada você ser apaixonado por algo que tenha reais possibilidades de ser o melhor do mundo mas que ninguém esteja disposto a pagar por isso.
- **5º Passo:** Tendo descoberto a atividade que você tem paixão, que pode verdadeiramente se transformar no melhor e que o mercado

esteja disposto a lhe pagar muito dinheiro por isso, você terá encontrado o seu "espinho".

- **6º Passo:** Se você descobriu que é o melhor negociador do mundo, foque todos os seus esforços em incrementar esta competência específica com a certeza de que há sempre espaço para melhorar e que quão melhor você for, mais sucesso você terá!

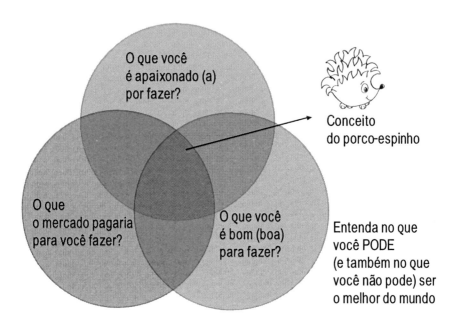

Para facilitar a assimilação e colocação em prática deste exercício, podemos usar a analogia dos grandes atletas e craques de futebol. Neymar, que em 2013 com apenas 23 anos já fora apontado pela 2ª vez para o prêmio de melhor jogador do mundo pela FIFA, por exemplo, é um garoto super talentoso e que faz o que mais ama, onde definitivamente tem a chance de se tornar o melhor do mundo, sendo também super bem pago por isso. São estes os 3 círculos que você precisa identificar para se tornar assim o "Neymar" no seu mercado de atuação específico. Não aceite de forma alguma a mediocridade, que nada mais é do que aceitação de ser alguém mediano, pois de medíocres o mercado está mais do que bem servido.

Exercício prático 3: 6 dicas práticas para definir suas metas

Abaixo eu divido com você 6 dicas super práticas e poderosas para te ajudar na definição das suas metas:

1. Estabeleça metas realistas e tente ser o mais específico que puder, como vender *x* reais por semana, visitar *y* novos potenciais clientes (que ao longo de todo o livro serão muitas vezes chamados de *prospects*) por semana, correr 100 quilômetros por mês ou economizar *x* reais por mês, por exemplo.

2. Nos primeiros meses e anos, crie metas menos agressivas, pois o prazer gerado pelas primeiras metas atingidas lhe dará mais confiança para estabelecer metas maiores ano a ano.

3. Se for casado, faça deste exercício um exercício do casal.

4. Tenha a disciplina de revisitar suas metas mensal, bimestral ou trimestralmente e de fazer os potenciais ajustes necessários.

5. Crie mecanismos acessórios que deem suporte às metas que foram estabelecidas.

6. Celebre cada meta atingida da mesma forma e com a mesma intensidade com que já o faz quando fecha uma grande venda ou bate uma agressiva meta de vendas.

Leitura recomendada

Vendedores vencedores – José Ricardo Noronha (download gratuito em: www.goo.gl/IJUJzW)
Empresas feitas para vencer – Jim Collins – Editora HSM
Sonho grande – Cristiane Correa – Editora Sextante

COMPROMISSO PESSOAL

Meu compromisso pessoal diante dos meus grandes sonhos é:

_____

_____

_____

_____

_____

_____

3

Como eu faço para descobrir meus pontos fortes?

> Temos observado que, na sociedade e no mundo em que vivemos, o egoísmo aumentou mais do que o amor pelos outros, e que os homens de boa vontade devem trabalhar, cada um com seus próprios pontos fortes e competências, para garantir que o amor pelos outros aumente até ficar igual e possivelmente exceder o amor por si mesmo.
>
> *Papa Francisco*

Ainda vejo muitas organizações e profissionais gastarem preciosos recursos como tempo e dinheiro para identificar, analisar e corrigir suas fraquezas. Esta busca constante pela identificação dos pontos fracos faz com que organizações, profissionais e vendedores negligenciem as ações mais cruciais que permitirão atingir o seu máximo potencial: as que estão ligadas à revelação, ampliação e máxima exploração dos nossos pontos fortes.

O Instituto Gallup (Clifton, 2006) realizou uma pesquisa com mais de 2 milhões de profissionais de 101 empresas em 63 países. A questão crucial colocada foi a de quantos realmente sentiam que seus pontos fortes estavam em ação. A surpresa: apenas 20% dos profissionais que trabalhavam nas grandes empresas participantes da pesquisa achavam que usavam seus pontos fortes todos os dias. Dado bastante preocupante e que precisa ser analisado atenciosamente por nós profissionais da área de vendas e das mais diversas áreas, pois muitas vezes ainda nos vemos altamente focados em descobrir e atenuar nossos pontos fracos ao invés de entender quais são os pontos fortes que realmente nos diferenciam, sendo eles os nossos principais diferenciais competitivos pessoais no cada vez mais concorrido e seletivo mercado de vendedores profissionais. Este processo de entendimento passa por algumas fases importantes que incluem a localização, a denominação e o consequente desenvolvimento destes pontos fortes.

Tenho por crença pessoal que devemos trabalhar de forma incansável para afinar e desenvolver nossos pontos fortes. E são também os nossos pontos fortes os principais elementos que devem formar a nossa motivação, pois quando entendemos quais são nossas reais e mais fortes habilidades e trabalhamos de forma inteligente para nos beneficiarmos delas, os resultados tendem a ser muito melhores. Vendedores e profissionais que adoram o que fazem despertam todos os dias muito mais motivados, pois têm a grata satisfação de mais um dia colocar em prática os seus pontos fortes a serviço dos seus clientes e da sociedade como um todo.

Se ao contrário, nos esforçamos de forma demasiada (e equivocada) para consertar nossas fraquezas, acabamos deslocando o nosso foco e as nossas energias em áreas ou habilidades que nunca nos farão ser os melhores naquilo que fazemos. Recorro novamente ao guru Jim Collins para reforçar que o processo de identificação das nossas principais competências e talentos passa também pelo entendimento das áreas em que por mais que nos esforcemos nunca teremos a chance de sermos os melhores. Resumidamente: quando identificamos nossos pontos fortes que permitem nos tornarmos os melhores naquilo que fazemos, o tempo e a energia gastos na identificação e na melhoria das fraquezas são um absoluto desperdício.

Já vi muitos vendedores excepcionais se transformarem em gestores e líderes de vendas medíocres, muito em virtude de terem sido incapazes de entender que muitos dos pontos fortes que os haviam transformado em super vendedores não seriam plenamente aproveitados em novas funções administrativas e executivas, onde algumas das novas competências exigidas se configuravam exatamente nas suas fraquezas. Quer um exemplo claro e próximo de você? É bastante possível que você mesmo conheça um vendedor frustrado por ter assumido uma função executiva e onde hoje sente falta do contato direto com o cliente e da experiência prática de vendedor na rua.

Para reforçar ainda mais os conceitos acima apresentados, permita-me compartilhar com você alguns ensinamentos do mestre Peter Drucker:

> Vivemos em uma era de oportunidades sem precedentes: se você tiver ambição e inteligência, chega-

> rá ao auge da profissão que escolheu, a despeito de onde tenha começado. Mas, com as oportunidades, vêm as responsabilidades. Atualmente as empresas não administram a carreira de seus funcionários. Os trabalhadores do conhecimento devem, na prática, ser seu próprio CEO. Cabe a você conquistar seu espaço, saber quando mudar o curso e manter-se atuante e produtivo durante uma vida profissional que pode durar cerca de cinquenta anos. Para fazer tudo isso com maestria, é necessário cultivar uma compreensão profunda de si mesmo, não apenas conhecer seus pontos fracos e fortes, mas também saber como aprender e como trabalhar com os outros, ter consciência de seus valores e de onde pode contribuir da melhor forma. Afinal, a verdadeira excelência é alcançada somente quando é possível colocar os pontos fortes em ação. (Drucker, 2006, p. 3)

Sou grande fã de Peter Drucker, considerado por muitos o "homem que inventou a Administração". Em um dos seus mais brilhantes artigos chamado *Gerenciando a si mesmo* (2006), de onde extraí os trechos acima, Drucker fala da fundamental importância de conhecermos nossos pontos fortes e fracos para que desta forma possamos aprender a desenvolver a nós mesmos.

Drucker defende também que "uma pessoa só pode ter um bom desempenho com base em seus pontos fortes" e que "ninguém depende de seus pontos fracos, muito menos do que simplesmente não é capaz de fazer". Drucker também afirma que a descoberta de seus pontos fortes só pode se dar através da análise de *feedback*, algo que deve ser feito com regularidade e que lhe permitirá concentrar-se nos seus pontos fortes que lhe farão produzir resultados cada vez melhores. Concordo com ele. Aliás, quem sou eu para discordar de Peter Drucker?

Todos os pontos acima estão relacionados a algo essencial na definição do perfil de um profissional realmente bem-sucedido na sua área de atuação. E como se chama este algo essencial? Autoconhecimento.

E o autoconhecimento só é possível a partir do momento em que, além da percepção aguçada dos seus pontos fortes e fracos, você também saiba quais são os princípios e valores que o norteiam, assim como quais são os seus reais objetivos pessoais e profissionais. Caso contrário, é bem possível que você nunca consiga ser o real "dono" da sua vida, pois não sabe nem onde está e muito menos aonde quer chegar. Fica aqui, aliás, um dos muitos sábios ensinamentos de Carl Jung: "Quem olha para fora, sonha. Quem olha para dentro, desperta".

E além disso tudo, é fundamental reforçar a importância de sempre colocar os seus pontos fortes, talentos e dons a serviço de todos os que têm o privilégio de conviver com você com especial ênfase aos seus familiares, amigos e clientes. Quanto mais servi-los e quanto mais ajudá-los, muito mais sucesso você terá em sua vida pessoal e profissional. Aliás, compartilho mais uma "dica de ouro" com você que, tenho muita confiança, irá lhe inspirar a colocar seus pontos fortes à disposição do outro: Quando muito se ajuda sem nada querer em troca, o mundo se incumbe de nos dar em troca muito mais do que imaginávamos que poderíamos atingir sozinhos.

Resumo

 Invista o quanto puder nos seus pontos fortes, pois investir em pontos fracos é desperdício. Uma vez identificados, trabalhe de forma incansável para refiná-los, maximizá-los e fazê-los visíveis aos olhos de todos!

Dica de ouro

 Já que estamos falando de uma jornada de autoconhecimento, tão importante quanto identificar seus pontos fortes é conhecer quais são os seus "pontos de melhoria" e trabalhar para que eles não o atrapalhem. Reforço: os seus melhores esforços devem sempre se concentrar na maximização dos seus pontos fortes. No entanto, você não pode descuidar dos seus pontos fracos a ponto de deixá-los atrapalhar sua carreira e seus sonhos.

Exercício prático: liste seus pontos fortes e incremente-os o quanto puder

Liste ainda hoje nas linhas abaixo os seus principais pontos fortes. Se tiver dúvidas sobre eles, peça ajuda aos seus colegas, clientes, fornecedores e familiares para que eles te indiquem quais são os pontos fortes que eles enxergam em você. Uma vez identificados estes pontos fortes, explore-os da melhor maneira possível. Faça cursos, assista a palestras e compre livros que lhe permitam refinar ainda mais estas habilidades, pois ao final do dia serão elas as grandes responsáveis por te fazer brilhar cada vez mais e encontrar grande realização pessoal em tudo o que fizer.

Meus pontos fortes são:
_____
_____
_____
_____
_____
_____

Leitura recomendada

Descubra seus pontos fortes – Marcus Buckingham – Editora Sextante
Destaque-se – Marcus Buckingham – Editora Sextante
Gerenciando a si mesmo – Peter Drucker – Harvard Business Review

Compromisso pessoal

Meu compromisso pessoal diante dos pontos fortes é:

_____

_____

_____

_____

_____

_____

4

Como eu faço para brilhar muito em vendas?

> Finja que cada pessoa que você encontra tem uma placa em torno de seu pescoço que diz: "Faça-me sentir importante". Você não vai ter só o sucesso em vendas, você terá sucesso na vida.
>
> *Mary Kay Ash*

Para muitos, ser vendedor é uma arte! E muitos têm me perguntado se o dom das vendas é algo que nasce conosco (inato) ou é algo que pode ser desenvolvido ao longo da vida, permitindo que milhões de vendedores e profissionais das mais diversas áreas de atuação possam se transformar em campeões de vendas, ou como eu os chamo em "vendedores vencedores".

Tenho convicção de que, como em outras tantas profissões e carreiras, a combinação de muito estudo e muita experiência prática (e que não por acaso resulta em uma trajetória de sucesso), pode sim ser aplicada com êxito no nosso apaixonante mundo das vendas. Resumidamente: é sim possível transformar-se em um campeão de vendas, desde que 5 "Ps" essenciais estejam presentes nesta "receita". Vamos a eles:

1. Paixão: Como em qualquer outra carreira, a paixão é o ingrediente mais importante para se ter sucesso naquilo que se faz. Na ainda estigmatizada área de vendas, que infelizmente não usufrui do devido respeito e da admiração de muitos, o que se percebe na prática é que vários profissionais "estão" vendedores e não "são" vendedores, o que explica o baixo desejo pelo aprimoramento contínuo e o de realmente fazer a diferença na vida de quem é mais importante: os clientes.

Recorro aqui novamente ao gênio Steve Jobs, que dentre outras tantas lições maravilhosas, ensinou-nos como transformar clientes em verdadeiros embaixadores da marca e também como criar dispositivos que até então não haviam sido imaginados por ninguém: *People with passion can change the world for the better* (*Pessoas com paixão podem mudar o mundo para melhor*, em tradução livre). É isso mesmo! Vendedores transformam o mundo para melhor e ajudam seus clientes a serem melhores!

Vender é servir! E só serve bem quem é verdadeiramente apaixonado pelo que faz. Paixão por servir aos outros e à sociedade. Paixão por ajudar as pessoas e empresas na resolução de seus problemas e na realização dos seus sonhos. Paixão por vendas!

2. Preparação: Em muitas das palestras, cursos e *workshops* que realizo no Brasil inteiro e também em minhas aulas de MBA para jovens, profissionais e líderes de grandes empresas, uso uma frase célebre de Benjamin Franklin que diz que "a falha na preparação é a preparação para a falha" (neste livro um dos eixos essenciais é preparação). E se a preparação já é importante em tudo o que fazemos em nossas vidas, no cada vez mais complexo e exigente mundo das vendas a preparação é ainda mais fundamental. E entenda-se por preparação, dentre outras coisas, muito, mas muito estudo mesmo!

Vendas é uma área multidisciplinar que exige o conhecimento amplo de diversas áreas do mundo acadêmico e humano: Economia, Administração, Psicologia, Contabilidade, Matemática Financeira, dentre outros. E é importante reforçar que neste aspecto ligado à educação formal e informal que vendas não difere em nada de outras carreiras como Medicina, Direito, Engenharia, Odontologia e Administração, onde geralmente os melhores cursos formam os melhores profissionais e outros tantos profissionais se tornam excelentes naquilo que fazem por investirem incansavelmente em seu próprio desenvolvimento pessoal e profissional.

Portanto, estudo é sim fundamental! Estude muito e acima de tudo pratique, pratique e pratique, pois de nada vale aprender muito se não colocar em prática estes ensinamentos para aumentar sua produtividade e suas vendas. Prática exercida com profundo conhecimento teórico é um dos grandes segredos dos profissionais de sucesso.

3. Proatividade: Se há algo importante para o tão sonhado sucesso em vendas, este elemento se chama proatividade. Aliás, costumo dizer que nascemos proativos e que o mundo nos torna reativos. Sim, nascemos proativos pois nos arriscamos bastante quando damos os primeiros passos

Como eu faço para brilhar muito em vendas?

que deixam nossos pais tão orgulhosos por aquela conquista e igualmente preocupados pelos queixos e testas machucados, tão característicos desta fase tão maravilhosa.

No entanto, por uma série de fatores que incluem a acomodação e a preguiça de buscarmos sempre mais e a aversão ao risco (que afeta diretamente a nossa capacidade de inovar), muitos de nós nos tornamos reativos e isso é um problema bastante recorrente em vendas. Ser proativo significa antes de qualquer coisa ser um agente de mudança. E a mudança que queremos ver em nossos negócios e em nossas vendas começa conosco mesmo! São características dos profissionais proativos:

- **Perguntam bastante:** A sua inquietude e desejo de aprimoramento contínuo o fazem e o tornam mais questionadores, sempre buscando perguntas e soluções que o permitam vender mais, melhor e entender o que é mais importante para atender aos reais anseios, expectativas e necessidades dos seus clientes. Vendedores reativos querem somente as respostas.

- **Têm foco em resultado:** Seu foco é sempre em incrementar a produtividade do seu negócio e da sua empresa (e consequentemente seus rendimentos). Este foco em resultado está também diretamente relacionado a um senso de insatisfação constante com os resultados já produzidos, pois o vendedor e profissional de ponta está sempre em busca de algo a mais. O profissional reativo é mais focado em ser um simples executor de atividades, fazendo com que seu foco seja muito mais orientado em apenas fazer aquilo o que lhe é pedido.

- **São agentes de mudança:** Profissionais proativos estão sempre em busca de mudanças que permitam incrementar os resultados da sua empresa e não se importam em testar métodos e ações novos. Os proativos geralmente são os agentes que promovem as grandes inovações nos processos de vendas das suas empresas. Já os profissionais reativos são meros agentes de execução.

- **São "caçadores" e construtores de imagens positivas:** Vendedores proativos "vendem" o tempo todo. Pelo amor, paixão e senso pleno de realização por aquilo que fazem eles prospectam e vendem seus produtos, serviços e ideias literalmente o tempo todo e muitas vezes sem perceber que o estão fazendo (mesmo os *farmers* ou chamados *fazendeiros* – na linguagem de vendas, quem têm maior habilidade em gerenciar e expandir contas já existentes – quando são apaixonados também vendem o tempo todo). Além disso, os vendedores proativos, apaixonados pelo que fazem e bem preparados que são, acabam construindo uma marca e uma imagem positiva das empresas que representam, pois os clientes tendem a comprar marcas e produtos das empresas e pessoas que eles mais confiam. Do outro lado, os reativos estão sempre esperando que novas oportunidades, novos clientes e novas vendas caiam em seu colo e tendem a colocar a responsabilidade pela geração de novos negócios 100% sobre a empresa que trabalham ou representam. Certamente, você deve conhecer estes dois perfis, certo?

4. Positividade: Sei que parece um tanto quanto simplório apontar a positividade dentre os 5 elementos essenciais de sucesso em vendas. No entanto, pare um pouquinho e pense bastante: dos inúmeros vendedores que você já se relacionou e com os quais ainda se relaciona, quantos deles têm um espírito positivo e aquele desejo genuíno de lhe ajudar e buscar sempre uma solução que satisfaça plenamente os desejos e necessidades das duas ou mais partes envolvidas na negociação? Baseado na minha interação de vida inteira com milhares de profissionais de vendas (lembrando sempre que ao final do dia somos todos vendedores) e na experiência que todos temos como compradores que somos, posso dizer que ainda são poucos os profissionais que têm sempre uma atitude positiva diante dos seus clientes.

Da falta de positividade derivam sérios problemas que afetam organizações dos mais diversos setores e dos mais variados portes, onde merece destaque o atendimento sofrível e absolutamente amador de tantas empresas e profissionais. Como é comum sermos atendidos por pseudoprofissionais que não entendem o que fazem, que não têm a menor preocupação em incluir emoções positivas em seus relacionamentos com os clientes e que, consequentemente, oferecem um atendimento sofrível por estarem sempre mal-humorados e única e exclusivamente focados em fazer a "venda pela venda". Aliás, uma das maiores pesquisadoras do mundo sobre positividade, professora Barbara Fredrickson, da Universidade da Carolina do Norte, afirma que as emoções negativas levam ao estreitamento da visão das pessoas e que acabam por impulsionar nelas o desejo de buscar estratégias de sobrevivência nos momentos mais difíceis, o que se traduz, por exemplo, em situações onde clientes amedrontados diante de vendedores mais agressivos preferem fugir a fazer negócio, o que em muito se explica pela ausência de emoções positivas por parte do vendedor.

Adote sempre uma atitude positiva que se caracteriza por alegria, apreciação, orgulho, sinceridade, interesse, amor, paixão, emoção, gratidão e inspiração. Seus resultados e o seu bolso lhe sorrirão e seus clientes ainda mais!

5. Profundo conhecimento daquilo que fazem: Já falei aqui da importância de se ter paixão pelo que se faz, o que acaba resultando num processo de preparação constante para se obter o tão sonhado sucesso em vendas e que, não por acaso, forja uma atitude sempre proativa e positiva diante do apaixonante, exigente e profissional mundo das vendas. No entanto, de nada adianta ter tudo isso se você não conhecer profundamente:

- **O seu mercado:** Seja um exímio conhecedor de todos os desafios, oportunidades, ameaças, concorrentes e tendências que cercam o seu mercado, pois isso o tornará um profissional que irá gozar de credibilidade e confiança ainda maiores e isso irá impactar diretamente na melhoria das suas vendas e na produtividade do seu negócio ou empresa[3]. Aliás, ao longo de todo o livro você irá se deparar por inúmeras vezes com o verbete "credibilidade". Credibilidade vem do latim *credo*, que significa "eu creio". E para vender bem, se destacar no mercado e construir uma carreira vitoriosa você precisará ser crível para vender, e esta credibilidade necessariamente passa pelo absoluto domínio de tudo o que cerca o seu mercado e de todos os pontos que lhe serão apresentados logo na sequência.

- **Os seus produtos e serviços (e os dos seu concorrentes também):** Fico ainda assustado quando percebo o baixo nível de conhecimento de milhares de vendedores sobre os produtos, serviços e benefícios reais daquilo que vendem. E fico ainda mais preocupado quando vejo vendedores que simplesmente ignoram os verdadeiros diferenciais competitivos que tornam os produtos

---

[3] Para aprofundar seu conhecimento sobre análise de cenários e ambientes competitivos, busque saber mais sobre análise SWOT, que de forma muito resumida é uma análise que irá lhe permitir avaliar melhor seus fatores internos, como suas Forças (*Strengths*) e Fraquezas (*Weaknesses*) e externos como Oportunidades (*Opportunities*) e Ameaças (*Threats*). Ferramenta realmente sensacional e prática para definir melhor sua estratégia competitiva. E assim que já tiver aplicado a análise SWOT em seu negócio, busque sempre fazer as análises dos seus principais concorrentes, pois isso lhe permitirá se posicionar muito melhor e competir em condições muito mais vantajosas.

e serviços que comercializam e que ao final do dia os tornam únicos e muito mais protegidos das ofertas dos concorrentes. Portanto, se você não souber disso tudo, saiba que a responsabilidade de saber não é do seu cliente!

- **As necessidades, expectativas, desejos e sonhos do seu cliente:** Se vender é ajudar, quanto mais você ajudar seus clientes, mais dinheiro irá ganhar. Desta forma, é absolutamente fundamental que você conheça profundamente as necessidades, expectativas, desejos e sonhos do seu cliente e do seu público-alvo. Para fazer isso, você precisará incrementar suas "habilidades investigativas" (*vide* capítulo 14, p. 105) através de perguntas bem formuladas e sempre pautadas por uma comunicação correta (o certo é ouvir muito e falar pouco) e estudo minucioso sobre as características e anseios do seu mercado consumidor.

- **O "porquê":** Este poderia até ser mais um P por aqui, mas entendo que ele se encaixa perfeitamente no P de profundo conhecimento, pois conhecer o "porquê" daquilo que faz facilita o processo de conexão com seu cliente que não compra o "que" e o "como" você faz e sim o "porquê" você faz! O "porquê" está muito ligado à missão e ao propósito de existência do seu produto, da sua empresa e, o mais importante, à sua missão pessoal nesta efêmera e fascinante jornada pela Terra. Por isso mesmo, comece sempre com o "porquê". E por falar em propósito, olha outro P importante aí!

6. Pessoas: Sempre digo e defendo como filosofia de vida que um dos elementos mais importantes em vendas é gostar de pessoas, entender as pessoas, servir as pessoas e encantar as pessoas. Portanto, de nada adianta ser um craque em tudo aquilo que cerca o mundo das vendas se você realmente não amar o próximo! Amar as pessoas é um ingrediente mais que imprescindível na receita que irá te transformar em um campeão de vendas!

Mas espera aí! Não eram 5 os "Ps"? Sim, eram mas eu fiz questão de lhe entregar 6. O fiz propositalmente, pois outra característica-chave que diferencia os vendedores e profissionais campeões dos vendedores e profissionais comuns é que eles sempre entregam mais do que prometem!

Resumo

Ame aquilo que faz (paixão)! Prepare-se para o sucesso (preparação)! Seja sempre proativo(a) (proatividade)! Tenha sempre uma atitude positiva (positividade)! Conheça seu mercado e seu cliente (profundo conhecimento)! E o mais importante: ame o próximo (pessoas)! Pense sempre nisso e tenha muito sucesso em sua vida e em suas vendas!

Ferramenta prática 1: escolha um elemento para trabalhar

Selecione ao menos um elemento deste capítulo específico e o coloque em prática imediatamente! Isso fará com que o poder de absorção do que hoje você aprendeu atinja impressionantes 90% *versus* apenas 10% se você nada fizer pelos próximos 30 dias (Curva do Esquecimento de Ebbinghaus). Aliás, esta é uma "dica de ouro" importante não apenas para melhor utilizar este livro, mas tudo que estiver relacionado à aquisição de um novo conhecimento: coloque-o sempre em prática quase que instantaneamente para evitar que ele seja "deletado" pela sua mente.

Selecione por exemplo o elemento "profundo conhecimento" e faça uma análise bastante ampla do seu mercado que inclua dentre outros aspectos:

- Quem é o seu cliente-alvo?
- Quais são suas necessidades específicas e os principais desafios que eles têm enfrentado?
- Quais sás as principais tendências neste mercado?
- Quem são seus principais concorrentes?

Ferramenta prática 2: inspire-se com o guru Tony Robbins

•**Dica 1: Conheça o seu propósito.** Em tudo o que fizer, tenha um grande sentido, um grande propósito!

•**Dica 2: Dê um significado positivo a tudo o que fizer.** O como você responde às derrotas é o que lhe faz alguém realmente especial!

- **Dica 3: Perceba que tudo o que faz tem uma consequência.** Não há neutralidade em vendas. Tudo o que você faz traz um impacto positivo ou negativo. Conheça seus pontos fortes e trabalhe para maximizá-los!

- **Dica 4: Saiba que todo mundo é único, diferente e incrível.** Entenda que toda pessoa que interage irá afetar positivamente a sua vida e sua performance!

- **Dica 5: Seja sempre guiado por um senso de aventura.** O que realmente o move? Descubra e trabalhe para fazer isso acontecer!

- **Dica 6: Espere o inesperado.** Esteja sempre preparado para as mais diferentes situações para responder de forma adequada e com as ações corretas!

Tony Robbins é um dos mais conceituados e brilhantes gurus, palestrantes e *coaches* do mundo! Se você ainda não o segue, faça-o com a certeza de que irá aumentar sensivelmente não apenas suas habilidades, competências e comportamentos mas principalmente sua capacidade reflexiva que lhe permitirá entender se o que faz hoje está ou não alinhado aos seus grandes sonhos e propósito de vida!

Compromisso pessoal

Meu compromisso pessoal diante dos 5 "Ps" é:

_____
_____
_____
_____

Como eu faço para ampliar o meu *networking*?

> *Networking* é mais sobre "cultivo" do que sobre "caça". *Networking* é cultivar relacionamentos com as pessoas que você conhece.
>
> Doutor Ivan Misner

No mundo dos negócios e também em nossa vida pessoal, uma das mais importantes atividades e habilidades dos bons profissionais é a de se estabelecer um bom e poderoso *networking*. E o que vem a ser *networking* mesmo, meu querido amigo Zé Ricardo? De forma bastante simples, penso que *networking* é a arte de se criar e fomentar ao longo do tempo uma rede de relacionamentos que tenha por princípios de existência o desejo genuíno de ajudar e aprender com o próximo e de se buscar oportunidades de negócios interessantes para ambas as partes (que muito tem a ver com o conceito de "*win-win*" ou "ganha-ganha", que também é abordado em maior amplitude no capítulo 25, p. 201).

No entanto, ao longo dos tempos, o conceito de *networking* ganhou novas facetas que nada têm a ver com os princípios acima. Ainda vejo muitos "profissionais do relacionamento" que saem distribuindo seus cartões de visita ou brochuras de seus produtos e serviços sem demonstrar qualquer desejo real de se estabelecer um relacionamento verdadeiramente interessado na outra parte e de onde podem (do verbo "poder") surgir oportunidades de negócios que tragam benefícios mútuos.

Aliás, já há algum tempo, ouvi em uma palestra excepcional do Alexandre Caldini, hoje presidente do Valor Econômico, que *networking* é "a arte de ser interessante, sem ser interesseiro". Descrição precisa, inteligente, realista e infelizmente não colocada em prática por tanta gente que ainda acredita que o mais importante no processo de montagem de uma rede de relacionamentos é a quantidade em vez da qualidade. Afinal, do que vale ter milhares de pessoas em suas redes de contato pessoais, profissionais e sociais (LinkedIn, Facebook etc.), se todos estes contatos forem apenas superficiais?

Abaixo eu compartilho 8 dicas muito bacanas para montar um *networking* eficaz e poderoso:

1. Tenha interesse genuíno nas pessoas: Mostre-se realmente interessado em conhecer outras pessoas, com visões e experiências distintas das suas e aprenda o máximo que puder com elas. A ideia é ampliar o seu repertório de conhecimento sempre. Pergunte como e de que forma pode ajudar e busque sempre, de forma proativa, conectar interesses comuns entre pessoas que muitas vezes sequer se conhecem. E quando for pedir ajuda, tente ser o mais específico que puder deixando claro os seus objetivos profissionais e as suas "empresas-alvo" que devem ser aquelas que você enxerga plena congruência entre os valores, princípios, missão e visão de existência com os seus.

2. Rede de relacionamento é para ser usada com sabedoria sempre: Não use sua rede de contatos somente quando estiver em busca de uma nova oportunidade profissional, pois isso soa interesseiro e oportunista demais e só serve para criar uma má reputação e espantar as pessoas. Crie o saudável hábito de manter contato contínuo com o maior número de pessoas da sua rede de contatos ao compartilhar informações e notícias que sejam relevantes e úteis a eles. Enviar um e-mail ou uma mensagem via LinkedIn, algo como: "Li este artigo e imediatamente lembrei-me de você" é algo muito poderoso e ainda pouco praticado. Demonstre sempre a sua prontidão em ajudar.

3. Não seja um mero distribuidor de cartões: Distribua cartões de visita nos momentos e ocasiões oportunas e sempre que puder faça pequenas anotações no verso do cartão que o permita depois registrar corretamente os dados e características peculiares daquela pessoa. E de nada adianta colecionar uma enorme quantidade de cartões. Importante mesmo é construir relacionamentos fortes com as pessoas que conheceu.

4. Ajude de bom coração: Mostre-se sempre pronto a ajudar os outros com conselhos, dicas, recomendações e indicações sem querer nada (absolutamente nada mesmo!) em troca. Tenha sempre a certeza de que quando ajudamos sem nada querer em troca, o mundo se incumbe de nos dar de volta muito mais do que aquilo que imaginávamos que poderíamos conseguir. Faça o que puder para ser sempre o elo que une os mais diversos interesses e possibilidades na sua rede de relacionamentos. Isso lhe permitirá criar um círculo virtuoso de criação de uma rede de relacionamentos poderosa e de alto valor a todos nela envolvidos.

5. Amplie a extensão do seu *networking* o quanto puder: O bom *networking* nunca deve se resumir apenas aos contatos de fora da sua empresa. Amplie as possibilidades ao se conectar com o maior número de colegas que puder, especialmente levando em consideração que a tendência é que eles sejam os melhores conhecedores das suas habilidades, pontos fortes, dons e competências específicas. Outra importante dica é buscar criar a rede mais diversa que puder, com profissionais das mais diversas áreas de atuação e das mais variadas formações, pois isso vai te ajudar e muito a ampliar os seus conhecimentos e as possibilidades de criar uma rede ainda mais vigorosa.

6. Nunca confie demais na sua rede de relacionamentos: *Networking* é apenas um dos muitos instrumentos que lhe permitem sempre estar bem colocado, com boa visibilidade e empregabilidade no mercado. Credibilidade e confiança se conquistam ao longo do tempo através de relacionamentos reais e pautados no interesse de desenvolvimento mútuo. Invista em sua marca pessoal (o capítulo 37 é inteiramente dedicado a isso, veja a p. 289) para se firmar como especialista e como uma grande referência em seu mercado.

7. Foque em qualidade e não em quantidade: "Regra de ouro" para um *networking* bem realizado. O foco deve ser sempre na construção de uma rede de relacionamento eficiente e a mais diversa possível (para ampliar suas possibilidades e oportunidades). E eficiência muitas vezes não combina com quantidade, pois quão maior for a rede de relacionamentos menores serão as possibilidades de se estabelecer relações reais e mais profundas com as pessoas.

8. Lei da reciprocidade: Vale aqui reforçar que *networking* é a arte de ser interessante, sem ser interesseiro. Busque sempre dar algo de valor a todos os que interagem com você. Além disso, sempre que obtiver a ajuda de alguém, faça o que puder para retribuir. Esteja sempre em contato com seus contatos e não apenas nos momentos em que precisar de ajuda. E sempre que puder compartilhe artigos e experiências que acredita serem de grande valia para seus contatos.

E por falar em reciprocidade, vale aqui destacar também os ensinamentos de um dos maiores estudiosos sobre a arte da persuasão e da influência no mundo, o professor Robert Cialdini, que é autor do *best-seller O poder da persuasão*[4], que elenca a reciprocidade dentre os "6 princípios universais da influência" e nos ensina que, quando damos algo a alguém, imediatamente criamos uma "obrigação" nesta pessoa de nos dar algo em troca. Aliás, peço sua especial atenção para não focar demais nesta "obrigação" do outro em lhe retribuir, que é algo que acontece naturalmente em decorrência do seu mais legítimo e verdadeiro interesse em ajudar as pessoas da sua rede de relacionamentos, o que cria um círculo virtuoso onde todos ganham e todos enxergam valor real em relações verdadeiras que fujam do aspecto "interesseiro", sendo ainda, infelizmente, dominante em tantos relacionamentos. Aliás, é bem possível que agora mesmo você esteja aí pensando na quantidade de pessoas interesseiras que cruzaram sua vida, certo?

Portanto, busque sempre dar algo de valor a todos os que têm o privilégio de usufruir da sua amizade e relacionamento. E faça isso sempre com o mais nobre dos propósitos que é o de ajudar e servir aos seus clientes e a todas as pessoas que possuem a honra de te ter como amigo.

Resumo

Invista de forma inteligente na construção do seu *networking* e lembre-se sempre que o importante é ser interessante e não interesseiro, o que se traduz em ter interesse verdadeiro e legítimo no outro e muito se distancia do conceito de somente procurar seus contatos quando precisar. Portanto, cuide sempre com o maior carinho e cuidado da sua rede de relacionamentos, pois ela é um instrumento poderosíssimo para o seu su-

---

4 Segundo Cialdini, os 6 princípios universais da influência e persuasão são a reciprocidade, a coerência, a validação social, a autoridade, a afinidade e a escassez. Dica mais do que recomendada para todos os que desejam incrementar suas habilidades de influência e persuasão.

Como eu faço para ampliar o meu networking?

cesso e para o sucesso dos seus contatos. Sim, reciprocidade é tudo quando se fala em *networking*! Sucesso!

Exercício prático: 10 dicas para você brilhar no LinkedIn

Como este capítulo é dedicado a te ajudar a construir uma rede de relacionamentos poderosa e de alto valor a todos os que dela fazem parte, eu compartilho com você 10 dicas sensacionais para você construir ou incrementar o seu perfil na mais importante rede profissional do mundo e que ganha cada vez mais espaço no Brasil, o LinkedIn. Aqui estão elas:

1. **Escreva uma *headline* (linha logo abaixo do seu nome) atraente:** saiba se diferenciar e crie uma *headline* realmente única que prontamente atraia e capture a atenção de quem lê e visita seu perfil. Fuja do comum e se diferencie!

2. **Selecione uma foto apropriada:** tenha o máximo de cuidado que puder e selecione uma foto profissional, com boa luz e trajes apropriados. A sua imagem profissional diz muito sobre você e é ela que estará facilmente localizável através das principais ferramentas de busca.

3. **Liste todo o seu histórico profissional e acadêmico:** enalteça e seja o mais específico que puder para destacar os resultados atingidos em suas experiências profissionais anteriores. Liste também o seu histórico educacional dando maior ênfase ao curso universitário, pós-graduação e outros cursos, congressos, palestras e seminários relevantes dos quais tenha participado e dos quais efetivamente tenham impactado positivamente sua carreira.

4. **Construa um resumo profissional de respeito:** concisão, objetividade e autoconfiança são elementos-chave aqui. Coloque-se sempre no lugar de quem visita seu perfil e só inclua o que de mais relevante e importante tenha acontecido em sua carreira, pensando sempre em ser atraente para quem buscar seu perfil.

5. **Preencha o campo de habilidades com suas competências-chave:** área específica no LinkedIn que te permite incluir suas competências, talentos e atributos-chave.

6. **Atualize seu *status* regularmente com postagens de qualidade, que tenham relevância para seus contatos e que tenham um propósito claro para cada mensagem compartilhada.** Lembre-se de que ao final do dia o que realmente vale no mundo profissional, social e real é sua reputação, credibilidade e confiança. Faça com que seus *posts* enalteçam tais elementos e busque sempre adequar o quanto puder as suas mensagens aos seus públicos-alvo. Quanto melhor direcionadas elas forem, melhores os resultados para você.

7. **Conecte-se a grupos de interesse e siga as empresas que te interessam:** conecte-se e participe dos grupos de interesse e acompanhe de perto o que tem acontecido com as empresas que admira e que fazem parte da sua cadeia de valor (clientes, fornecedores, parceiros etc.) Aliás, estudos diversos do próprio LinkedIn comprovam que o seu *ranking* de visibilidade na plataforma cresce de forma expressiva quando você está conectado de forma ativa a grupos de interesse, onde além de comentar os *posts* dos demais membros é super recomendado que você sempre compartilhe artigos seus e de outras fontes relevantes do seu mercado-alvo. Lembre-se sempre da "regra de ouro" de oferecer valor a todos os que têm a honra de interagir com você.

8. **Colete um bom número de recomendações:** as recomendações que mais saltam aos olhos dos *headhunters* (caçadores de talentos) são as dos profissionais que já lhe lideraram ou que foram liderados por você. Além destas, é sempre muito bacana e valioso ter recomendações de clientes que já trabalharam ou que idealmente ainda trabalhem com você, pois são elas que lhe dão as credenciais para se mostrar e se "vender" bem ao mercado.

9. **Crie um endereço virtual único para você:** o LinkedIn permite que você customize o seu URL. Faça isso e divulgue este endereço eletrônico em seus materiais de divulgação, cartão de visitas etc.

10. **Compartilhe seus trabalhos e dons:** área relativamente nova que te permite compartilhar apresentações em PowerPoint, teses defendidas, trabalhos apresentados em congressos etc. Se você ainda não conhece, eu também recomendo a ótima plataforma Slideshare (www.slideshare.com), que te permite compartilhar apresentações, *folders* e *cases* em formatos PowerPoint e PDF e conectá-la à sua conta no LinkedIn.

E uma última "dica de ouro" ainda relacionada ao bom uso do LinkedIn: para você que é micro ou pequeno empresário ou mesmo profissional liberal, vale muito a pena criar a página da sua empresa no LinkedIn. Dados do próprio LinkedIn confirmam que 50% dos seus membros relatam que é muito maior a probabilidade de comprarem produtos e serviços de empresas que eles já estejam conectados. E para complementar, um dado ainda mais importante e relevante: 80% dos membros do LinkedIn querem se conectar com empresas para ampliarem suas redes de relacionamento e seu conhecimento sobre os mercados com os quais se relacionam.

Portanto, ao final deste capítulo, dedique algumas boas horas do seu precioso tempo para montar o seu perfil no LinkedIn e, se for aplicável, o da sua empresa também. Este é mais um recurso extremamente poderoso para ampliar sua visibilidade e sua credibilidade com seus clientes e mercados-alvo. E será para mim também uma grande honra me conectar com você e receber os seus comentários, críticas e sugestões através desta ótima ferramenta! Anote aí o meu endereço: www.linkedin.com/in/josericardonoronha. Aliás, quando for se conectar com as pessoas no LinkedIn, fuja do convite padrão já oferecido pela ferramenta (*Eu gostaria de adicioná-lo à minha rede profissional no LinkedIn*) e busque sempre enviar mensagens personalizadas que já mostrem à outra pessoa que você é no mínimo diferente, mais interessado e preocupado em criar conexões legítimas.

Agora não é por falta de dicas práticas que você não vai trabalhar melhor o seu perfil no LinkedIn, certo? Boa sorte!

Bônus: os 10 grandes erros no *networking*

Agora que você já conhece algumas técnicas poderosas para construir a sua rede de relacionamentos, é importante conhecer também os 10 erros mais comuns e graves quando da construção da sua rede. Vamos a eles. Ou melhor, evite o quanto puder estes 10 erros:

1. Falar de você o tempo todo.
2. Querer receber algo antes de dar.

3. Ficar feliz só porque vê o número de conexões aumentar (quantidade vs qualidade).

4. Participar ativamente de inúmeros eventos sociais.

5. Distribuir cartões indiscriminadamente.

6. Só procurar os contatos quando estiver em busca de emprego.

7. Perder o interesse se a pessoa não puder ajudá-lo.

8. Deixar de fazer *follow-up* com as suas conexões (especialmente quando estiver em busca de novo emprego).

9. Confiar excessivamente nas redes sociais e ficar obcecado pelos "*likes*" e retornos dos contatos.

10. Conectar-se com títulos (diretor, gerente etc.) ao invés de se conectar com as pessoas.

COMPROMISSO PESSOAL

Meu compromisso pessoal diante da minha rede de contatos é:

_____

_____

_____

_____

_____

6

Como eu faço para me manter motivado em épocas de baixa?

> Se não puder voar, corra. Se não puder correr, ande. Se não puder andar, rasteje, mas continue em frente de qualquer jeito.
>
> *Martin Luther King*

Você já ouviu falar em Viktor Frankl? Se ainda não, Viktor Frankl foi um médico psiquiatra austríaco que dedicou sua vida ao estudo do sentido existencial do indivíduo e à dimensão espiritual da existência.

Quando as forças nazistas tomaram o poder na Áustria, Frankl e toda a sua família de judeus, incluindo sua mulher grávida, foram deportados para diferentes campos de concentração. Ao fim da guerra, Frankl foi libertado e tomou conhecimento que sua esposa não havia suportado as dores e o terror dos campos de concentração e que havia falecido. Além da esposa, Frankl perdeu também pais e irmãos neste episódio triste da nossa história representado pelo Holocausto nazista.

E daí, você me pergunta, e o que é que Viktor Frankl tem a ver com o nosso mundo das vendas, meu querido amigo vendedor caipira?

Por favor me permita compartilhar com você alguns outros dados essenciais ao pleno entendimento desta relação que enxergo tão clara entre os ensinamentos de Frankl e o nosso cotidiano de vendedores vencedores. Para isso, vou recorrer aos ensinamentos de dois dos mestres que mais admiro no Brasil, Eugenio Mussak e Mario Sergio Cortella, os quais tenho a honra de ter como colegas na oferta de cursos on-line no UOL Educação, extraídos do excelente livro *Liderança em foco* (pp. 50-51):

> Em todos anos que passou em Auschwitz, ele sobreviveu física e mentalmente porque criou para si e para aqueles que o rodeavam uma segunda realidade. Como fez isso? Ele usou uma faculdade que é exclusivamente humana, a noção do tempo, para deslocar a segunda realidade boa, pacífica – a ideia de guerra já terminada, com a Europa sendo

reconstruída e tornando-se melhor do que era antes – para o presente. Com o auxílio desse recurso, ele colocava nessa segunda realidade toda a sua emoção, toda a sua afetividade, e deixava na dura realidade do momento apenas a sua razão, a sua lógica – por isso ele sofria menos. Fez a ponte para o futuro.

Sim, e como líder que era, ajudava as pessoas a atravessarem esta ponte. Quando alguém sofria muito, estava muito mal, com depressão – e o que matava nos campos de concentração era principalmente a depressão, porque é um mal que enfraquece a imunidade e expõe o organismo a doenças fatais –, ele se dirigia a seu companheiro de infortúnio e dizia algo como: "Meu caro, seu problema é que você não tem sonhos, não tem objetivos na vida". E o outro reagia: "Puxa, como você quer que eu tenha objetivos na vida se estou num campo de concentração e não sei nem mesmo se estarei vivo amanhã?!". E Frankl insistia: "Pois é, é justamente a existência dos sonhos que garantirá que você esteja vivo amanhã."

Penso que agora você já deve estar criando por conta própria conexões mais claras entre os importantes ensinamentos deixados por Frankl com a sua vida profissional, certo? Se ainda não, me permita te ajudar, pois tenho interagido com milhares de profissionais de vendas no Brasil inteiro que têm compartilhado comigo as grandes dificuldades que enfrentam para brilhar e realizar seus sonhos e metas no cada vez mais complexo, competitivo e exigente mundo das vendas.

Vendas é sem sombra de dúvidas uma área apaixonante. Além de apaixonante, a área de vendas exige demais de todos nós profissionais. Metas cada vez mais agressivas, líderes pouco afeitos ao trato respeitoso e genuinamente interessados no desenvolvimento pessoal e profissional dos seus liderados, vendas decadentes ou cada vez mais difíceis e com margens menores, muitos concorrentes vendendo os mesmos produtos e soluções que você vende (comoditização), incapacidade de entender o real propósito e missão do que se faz e clientes que demandam muito e querem pagar pouco são apenas algumas das queixas mais comuns que tenho ouvido de tanta gente por onde ando no Brasil inteiro.

Penso que toda queixa tem sua legitimidade, pois ela está atrelada a um momento específico da vida daquele profissional de vendas. No en-

Como eu faço para me manter motivado em épocas de baixa?

tanto, por mais difíceis que as coisas estejam hoje, não podemos deixar em momento algum de sonhar e trabalhar por um futuro mais brilhante onde perceberemos que todas as dificuldades e barreiras que enfrentamos em nosso cotidiano de vendedores nos forjarão como profissionais melhores e mais resilientes (resiliência é a capacidade de não se deformar mesmo diante de pressões extremas como estresse, choque etc.)

Portanto, meu caro amigo, se você enfrenta hoje um momento de grande dificuldade em sua vida pessoal ou profissional, faça o que for possível para manter acesa a chama do seu grande sonho. Faça o que lhe for possível para canalizar toda a sua dificuldade enfrentada para a razão e para a lógica e direcionando-a à sua "segunda realidade", toda a sua emoção, afetividade e desejo de ajudar o mundo e a vida dos seus clientes.

Antes de terminar, tomo emprestado os ensinamentos de um dos maiores e mais respeitados gurus da Administração moderna, Jim Collins (autor dos excelentes *Empresas feitas para vencer: good to great* e *Vencedoras por opção*), que nos ensina, no *Empresas feitas para vencer*, o Paradoxo de Stockdale.

Jim Stockdale foi o militar de mais alta patente da Guerra do Vietnã. Mantido em cativeiro por mais de 8 anos e torturado por repetidas vezes, Stockdale manteve-se firme diante dos fatos mais brutais, dos quais viveu e sobreviveu. E o que diz exatamente o Paradoxo de Stockdale? Que é importante manter a fé de que podemos e iremos vencer no final, independentemente das dificuldades, e que ao mesmo tempo é fundamental encarar e enfrentar a dura realidade da nossa situação seja ela qual for.

Fé é fundamental em qualquer coisa que façamos em nossas vidas. Peça, reze e principalmente agradeça por tudo o que você já tem em sua vida. Celebre as pequenas vitórias e as pequenas graças diariamente. Encare e enfrente os problemas de frente.

Por mais clichê que possa parecer, é importante entender que grandes dificuldades e adversidades pessoais e profissionais (algumas delas realmente massacrantes) sempre existirão e que nada adianta ficarmos sempre e muitas vezes inutilmente procurando uma "razão" que nos permita entender o "porquê" disso tudo. É preciso ter muita fé, e saber lidar com as dificuldades e encará-las de frente de forma disciplinada sem se desconectar dos seus grandes sonhos e da consciência plena do trabalho árduo que terá pela frente para conquistá-los, pois quanto maior o sonho, maior é o trabalho para realizá-lo. Sonhar grande pressupõe, portanto, trabalhar mais e de forma ainda mais disciplinada e focada.

Aliás, se você já leu meu livro *Vendedores vencedores*, assistiu a minha palestra ou curso, conhece bem a minha jornada pessoal de superação e de transformação em um vendedor vencedor. Se você ainda não leu, fica aqui a dica, pois o livro é recheado de histórias fantásticas, dicas, habilidades e técnicas que lhe permitirão entender que é sim possível vencer mesmo diante das condições mais adversas e de dificuldades e adversidades gigantescas. O livro pode ser baixado gratuitamente no link: www.goo.gl/IJUJzW.

Resumo

Tenha sempre grandes sonhos, e não deixe que ninguém e que nenhuma barreira (mesmo as aparentemente intransponíveis) atrapalhem a viabilização de cada um deles.

Tenha fé de que vai vencer no final, enfrente a sua realidade atual e mantenha sempre acesa a sua "segunda realidade", pois é ela que você deve perseguir incansavelmente o tempo todo. São exatamente os sonhos que garantem que estejamos vivos amanhã, como tão bem nos ensinou Viktor Frankl.

Leitura recomendada

Liderança em foco – Eugenio Mussak e Mario Sergio Cortella – Editora Papirus

Empresas feitas para vencer – Jim Collins – Editora HSM

Vencedoras por opção – Jim Collins – Editora HSM

Compromisso pessoal

Meu compromisso pessoal diante dos momentos mais difíceis é:

_____

_____

_____

_____

_____

7

Como eu faço para incorporar as atitudes dos campeões?

> O maior dia de sua vida e da minha
> é quando assumimos a responsabilidade
> total pelas nossas atitudes. Esse é o dia
> em que realmente crescemos.
>
> *John C. Maxwell*

Dominar novas técnicas de vendas é super importante. No entanto, sempre digo que mais importante do que dominar a técnica A de Abordagem, a B de persuasão ou C de negociação, é ter as atitudes corretas sempre pautadas em criar relacionamentos de longo prazo baseados em confiança, reputação, credibilidade, ética e honestidade, valores que infelizmente não são os mais corriqueiros à figura dos vendedores e que quando vividos e percebidos com intensidade pelo mercado se configuram como suas fortalezas para brilhar ainda mais em tudo o que se propuser a fazer da vida.

Para te ajudar a incrementar as atitudes que vão impactar positivamente em suas vendas e em sua vida, eu compartilho abaixo 10 atitudes que enxergo serem cruciais e determinantes para o seu sucesso:

1. Paixão por vendas: É preciso ser apaixonado por vender, se relacionar com pessoas e sempre lembrar que "vender é servir" e que "vender é ajudar" os seus clientes na resolução dos problemas e na realização dos sonhos deles. Seja vendedor (não esteja vendedor), tenha paixão pelo que faz e a torne visível e tangível aos seus clientes. Todo e qualquer cliente ama se relacionar com vendedores e profissionais apaixonados pelo que fazem.

2. Ajuda e amor ao próximo: Se "vender é ajudar" e "vender é servir", ajude os seus clientes (inclua aqui amigos e familiares também) o máximo que puder, com a certeza de que quanto mais você os ajudar, mais sucesso eles terão e consequentemente mais sucesso você também terá. Para isso acontecer, coloque sempre as necessidades, expectativas e sonhos dos seus clientes (todos eles) a frente dos seus. Aliás, a "fórmula" aparentemente simples que aqui lhe é apresentada quando colocada em prática e vivida como um hábito contínuo pode transformar a sua vida. Ajude muito com a certeza de que quanto mais ajudar seus clientes mais sucesso você terá!

3. Proatividade: Já disse isso e aqui reforço – o mundo das vendas é dos proativos, dos profissionais que fazem acontecer. Não espere que sua empresa o capacite. Corra atrás de novos conhecimentos o tempo todo. Não espere seu telefone tocar. Busque novos clientes o tempo todo, pesquisando-os o quanto puder antes de prospectá-los. Pesquise o quanto puder sobre seus concorrentes e sobre as tendências que cercam o seu mercado. Quanto melhor for o seu entendimento, melhor preparado estará para vencer.

4. Persistência: Especialmente na área de vendas, ser persistente é absolutamente crucial para alcançar o tão sonhado sucesso. Sonhe sempre grande com a certeza de que quão maior for o seu sonho, mais terá que trabalhar e mais perseverante terá que ser para enfrentar as inevitáveis dificuldades que certamente aparecerão à sua frente. Persista e persevere.

5. Resiliência: Mantenha-se firme e forte diante dos grandes obstáculos e da pressão e estresse que certamente acontecerão em muitos momentos da sua jornada. Por mais duras que forem as "pancadas" ao longo da sua trajetória, busque voltar ao seu "estado natural" o mais rápido que puder, sempre tendo extraído alguma lição importante que o ajude evitar novas quedas ou novos problemas. Sei que esta dica parece um tanto quanto "clichê", mas pode acreditar, é mantendo-se firme e resiliente que você irá conseguir ser melhor dia a dia, mês a mês e ano a ano.

6. Positividade e otimismo: Em tudo o que fizer, transpire otimismo (sem deixar de prestar a devida atenção à realidade que o cerca) e positividade em tudo o que fizer. Ninguém gosta de se relacionar e comprar de gente pessimista e negativa. Bom humor e disposição em ajudar (sempre!) continuam sendo características essenciais dos profissionais de sucesso.

7. Humildade: Tenha a humildade de entender que há sempre espaço para melhorar. Leia muito e tenha curiosidade de conhecer novas áreas, novas pessoas e pontos de vista divergentes dos seus. Saiba pedir desculpas e oferecer a devida reparação pela sua falha. Questione suas suposições, valorize as posições contrárias às suas e aprenda a aprender.

8. Coragem: Tenha a coragem para se distanciar de tudo o que não lhe dá prazer e de tudo o que lhe é custoso para o corpo e para a alma. Coragem para tirar do papel e da cabeça o seu grande sonho e torná-lo realidade. Coragem para dizer adeus aos seus clientes que só lhe trazem problemas e que lhe tiram o sono e a tranquilidade. Coragem para dizer "obrigado e até mais" ao seu atual empregador, onde você não está feliz por não encontrar um propósito que lhe instigue e que lhe dê a possibilidade real de colocar em prática os seus grandes dons e pontos fortes. Coragem para mudar hoje e sempre.

9. Foco: Descubra seus 3 círculos (*vide* capítulo 2, p. 13). Primeiro: Encontre aquilo que você tem verdadeira paixão. Segundo: Questione-se se na sua paixão você pode ou não ser o/a melhor do mundo. Terceiro: Entenda se o mercado está disposto a pagar por esta sua paixão. Quando se tem o encontro destes 3 círculos, foque todos os seus esforços para fazer o(s) grande(s) sonho(s) da vida acontecer. E nunca deixe que nada te desvie do foco no resultado que precisa (e vai) atingir.

10. Tirar a bunda da cadeira: Com o pedido antecipado de desculpas pelo linguajar não apropriado mas aqui perfeitamente aplicável, é preciso parar de sonhar e começar a fazer. De nada adianta planejar muito e não colocar em prática a estratégia que lhe permitirá fazer o grande sonho da sua vida acontecer.

Se você hoje trabalha em algo que não lhe dá prazer e real e plena satisfação pessoal, busque inspiração em François Chateaubriand:

> Um mestre na arte de viver não faz uma distinção nítida entre trabalho e diversão: trabalho e lazer; mente e corpo; instrução e recreação. Ele dificilmente sabe qual é qual. Simplesmente segue sua visão de excelência em tudo o que está fazendo e deixa os outros determinarem se ele está trabalhando ou se divertindo. Para si mesmo, ele sempre parece estar fazendo as duas coisas[5].

Pare de sonhar e comece ainda hoje a realizar.

---

[5] Disponível em: <http://www.hubspot.com/marketing-statistics>. Acesso em 24 out. 2014.

Resumo

Incremente e amplie o seu repertório de técnicas de vendas o quanto puder, mas tenha sempre a certeza de que são as atitudes que fazem e sempre farão a diferença nas suas vendas, na sua vida e na vida dos seus clientes. Ética, paixão, integridade, persistência, resiliência, positividade, humildade, coragem, foco e trabalho muito árduo ainda são e sempre serão os elementos essenciais na construção do seu sucesso. Aliás, se alguém lhe oferecer algum atalho mágico que fuja ou se desvie um pouco destes elementos, diga "não" com todas as suas forças, pois o grande campeão de vendas e o grande profissional é aquele que é sempre firme e fiel aos seus princípios, valores e crenças.

Entrevista com o super headhunter Robert Wong

Para quem ainda não conhece o Robert, ele é, em suas próprias e sempre sábias palavras, um ser humano – *tricultural* – que foi presidente da Korn Ferry para o Brasil e América Latina, uma das maiores empresas do mundo em recrutamento e seleção de altos executivos. Foi considerado pela prestigiada revista *The Economist* um dos 200 mais destacados *headhunters* do mundo por seu genuíno interesse nas pessoas e por seu talento em descobrir qualificações, às vezes até desconhecidas pelo próprio candidato. Atualmente, Robert Wong é CEO da Robert Wong Consultoria. Robert é um ser humano *tricultural*: cidadão brasileiro de origem chinesa, fluente em inglês, português e chinês. É autor dos livros *O sucesso está no equilíbrio* que está em sua 14ª edição e *Super dicas para conquistar um ótimo emprego*; é reconhecido como um dos palestrantes mais influentes e destacados no mercado. E acima de tudo isso, ele é um grande amigo, prefaciador do meu primeiro livro *Vendedores vencedores* e com enorme honra deste aqui também e um dos meus maiores e mais importantes gurus!

José Ricardo Noronha: Robert, meu querido, muito agradecido mesmo pela sua ajuda. Obrigado de coração, amigo!

Robert Wong: Querido Noronha, muito agradecido pelas suas carinhosas palavras! Espero poder ajudar os milhares de profissionais que o acompanham e o prestigiam.

José Ricardo Noronha: Para você, quais são as principais características dos profissionais campeões e dos líderes de vendas?

Robert Wong: São 3 os principais elementos que forjam os profissionais de grande sucesso:

1. Atitude: Tem que ter atitude! E atitude é o fator interno, que não é "ensinável" e é diferente de comportamento. São fatores como proatividade, positividade, genuíno interesse nas pessoas e no negócio, e a busca pela excelência. Nossa atitude determina nossa maneira como encaramos a vida e nossos relacionamentos com as pessoas, é a principal diferença entre o fracasso e o sucesso, e pode transformar nossos problemas em oportunidades... e por isso mesmo é tão essencial em tudo o que fazemos.

2. Competências: Diferentemente das atitudes que não podem ser ensinadas, as competências podem ser ensinadas e aprimoradas ao longo da vida. Aprender uma nova habilidade, aperfeiçoar nossa comunicação, ouvir atentamente, ter mais foco no que está fazendo, tratar as pessoas como gostaria de ser tratado e fortalecer nossa obstinação para transformar cada sonho em realidade são competências essenciais dos profissionais de grande sucesso.

3. Sadia insatisfação: Falo aqui do "vendi e atingi minhas metas, mas dá para fazer melhor?" Eu mesmo progredi gradativamente em minha carreira porque sempre quis fazer melhor. É o que chamo do "efeito *wow*", que é, além de buscar fazer o melhor, surpreender sempre o cliente. E os melhores vendedores e profissionais que conheço sempre sabem surpreender seus clientes! E para que isso aconteça, é preciso ter sempre acesa aquela chama que nos leva a patamares cada vez maiores. Gosto daquela celebre frase em inglês que diz: *There is a better way... every day!* (*Há sempre um melhor caminho... todo dia!* – em tradução livre).

José Ricardo Noronha: Quais são suas dicas para que possamos nos manter em constante atualização e capacitação?

Robert Wong: Tudo começa com a atitude! Precisa ter aquela eterna curiosidade de si próprio e sobre o outro, pois especialmente em vendas é importante que a pessoa sempre pense *"Wow*, este cara falou isso para mim! Aprendi mais uma!"

Outra dica muito importante é praticar, praticar e praticar. Vamos pegar aqui os exemplos do tenista Rafael Nadal e do ex-jogador Oscar Schmidt. Eles se tornaram os melhores única e exclusivamente em virtude dos seus talentos natos? Claro que não. Eles treinaram e praticaram muito e de forma incansável. Ou como tão bem nos ensina o Oscar: "Eu não tenho a mão santa, eu tenho a mão treinada!"

Outra dica muito legal é observar sempre os vencedores e os campeões. Eu criei uma expressão que diz: "Seja uma criança no que você faz e um adulto em como você o faz." Quero dizer aqui que é ideal agir sempre com a curiosidade, imaginação, destemor, irreverência, energia e entusiasmo de uma criança e com a objetividade, foco, planejamento e racionalidade de um adulto. Pegue o melhor dos 2 mundos. É a combinação vencedora!

José Ricardo Noronha: E, Robert, como conseguir o tão sonhado equilíbrio (Robert é autor do sensacional *best-seller O sucesso está no equilíbrio*)?

Robert Wong: Trata-se de um tripé do equilíbrio onde se deve dividir o dia, que tem 24 horas, em 3 partes:

- 8 horas dedicadas ao trabalho. E digo trabalho mesmo! Trabalho sem enrolação e sem tempo gasto à toa com redes sociais, fofocas, papos e reuniões sem propósito. Aliás, sempre digo que com 8 horas bem trabalhadas, você consegue sim fazer tudo o que precisa e de forma bem-feita.

- 8 horas dedicadas ao descanso para se recuperar da labuta diária e acumular a energia para o novo dia.

- E 8 horas para você mesmo! Aqui entram o lazer, a leitura, o aprendizado, o tão importante tempo com a família, os *hobbies*, o serviço comunitário, a alimentação, o tempo com os amigos e um tempo para cuidar de si mesmo, do corpo, mente e alma.

Fazendo isto, você vai ter mais equilíbrio e melhores resultados, pois não vai "roubar" horas do descanso ou as horas para si, pelo simples fato de que você teve que "trabalhar" mais do que as 8 horas alocadas ao trabalho.

José Ricardo Noronha: E para terminar, por favor compartilhe com todos nós mais uma "dica de ouro" para o tão sonhado sucesso em vendas e na vida.

Robert Wong: Não faça só o que você gosta, mas sim goste do que você está fazendo! Esta é a atitude vencedora que vai fazer uma profunda diferença em sua vida. Garanto!

José Ricardo Noronha: Robert, mais uma vez eu lhe agradeço de coração pela sua ajuda a todos nós! Tê-lo como amigo e guru é uma honra e um presente divino para mim. E tê-lo aqui compartilhando seus dons e conhecimentos com tantos milhares de vendedores é um presente para toda a nossa comunidade de vendedores apaixonados. Muito agradecido mesmo!

COMPROMISSO PESSOAL

Meu compromisso pessoal diante das atitudes dos campeões é:

_____

_____

_____

_____

_____

8

Como eu faço para transformar paixão por vendas em resultados?

> Encontre uma ocupação que você ame
> e não terá que trabalhar um único dia
> em sua vida.
>
> *Confúcio*

Já falei algumas vezes aqui da importância de fatores emocionais (amor e paixão, dentre outros) para o tão desejado sucesso em vendas. A área comercial ainda é caracterizada por ser uma área onde a grande maioria dos profissionais não planejou e muitas vezes sequer desejou seguir uma carreira profissional.

A profissão de vendedor não tem o glamour de outras tantas profissões, talvez até por esta característica de ainda ser encarada como uma área marginal ou secundária onde militam milhões de profissionais com e sem formação acadêmica e sem uma capacitação realmente adequada e orientada a vendas. Talvez seja este um dos principais motivos de hoje não conhecermos tantos "vendedores". Conhecemos sim executivos de contas, consultores de vendas, gerentes de relacionamento, *key account executives* e assim por diante. Penso que ao final do dia, somos todos vendedores e precisamos ter orgulho disso. E para termos orgulho, precisamos buscar de forma constante e incansável a capacitação tão necessária que nos fará ter credibilidade e reconhecimento cada vez maiores no mercado.

Originalmente estudamos para nos tornar administradores, advogados, contabilistas, engenheiros, médicos, psicólogos, economistas, dentistas, agrônomos, arquitetos, biólogos e por aí vai. Os nossos próprios pais criaram expectativas em torno destas carreiras, digamos assim, mais tradicionais. Eu particularmente conheço poucos pais que sonham que os filhos se tornem vendedores. Ou seja, muitos de nós não nos preparamos de forma apropriada para nos tornarmos vendedores. E uma grande maioria dos profissionais de vendas se transformam em vendedores em virtude de inúmeros fatores externos como necessidade, oportunidade e percepção da existência de boas habilidades interpessoais, dentre outros.

Só que muitos de nós, ao percebermos ser a área de vendas uma área deliciosa, desafiadora, divertida e bastante recompensadora do ponto de vista financeiro, damos então início a um processo de encantamento que, por sua vez leva à paixão, a tão necessária paixão por vendas. Se você não é um apaixonado por vendas e por vender, já é passado o momento de reavaliar todo o seu planejamento de carreira, pois não há nada pior que um vendedor que não é apaixonado pelo que faz. E se você é apaixonado por vendas, mas não tem paixão alguma pela empresa em que trabalha ou pelos produtos, serviços e soluções que vende, é também passada a hora de buscar um novo desafio, pois você pode estar desperdiçando o seu talento e as suas competências no lugar errado.

Não hesite também se tiver que abandonar uma empresa ou um empreendimento que já o absorveram demais e que não lhe trouxeram os resultados esperados, pois muitas vezes nos tornamos cegos para entender que, mesmo sendo apaixonados por uma empresa ou determinados produtos e soluções, o mercado não se mostra receptivo ou interessado por eles.

Você, como eu, já teve milhares e milhares de experiências de venda e de compra de produtos e serviços. Fazemos isso diariamente. Talvez você se lembre de que que foram poucas as vezes em que se deparou com vendedores com aquele "brilho nos olhos" bastante característico das pessoas apaixonadas. Este mesmo "brilho nos olhos" deve ter ajudado aquele vendedor ou aquela vendedora que o atendia a criar uma experiência de compra muito mais agradável, única e talvez inesquecível.

O processo de persuasão, tão essencial no mercado de vendas complexas de serviços corporativos, por exemplo, certamente fica muito mais facilitado quando a paixão do vendedor pelos produtos, serviços, soluções e pela empresa que representa, fica evidenciada. Sim, a paixão é contagiante e ajuda a criar uma energia positiva em todos as fases de interação com os nossos clientes, seja no pré-vendas, na venda propriamente dita e também no pós-venda.

Quando somos apaixonados por aquilo que fazemos, nós buscamos nos tornar melhores naquilo dia a dia, mês a mês e ano após ano. Investimos recursos próprios para adquirir novas competências e também para incrementar as habilidades já existentes. Tornamo-nos interessados em entender novas técnicas e estratégias de vendas. Adoramos ouvir histórias de outros vendedores e profissionais de sucesso. Acordamos todos os dias com aquele enorme desejo de prosperar e vender muito, que somente os apaixonados têm. Quando não somos, nós simplesmente encaramos todo dia como outro dia ordinário qualquer. Não há o desejo e muito menos o interesse em prosperar, e acabamos nos transformando em vendedores medíocres.

Falo e repito quantas vezes for preciso: eu amo vender! Eu sou apaixonado pelo que faço! E hoje tenho a certeza de que este é um dos componentes que diferenciam os grandes profissionais de vendas, pois um vendedor profissional, bem treinado, interessado em prosperar, investidor em si próprio, comprometido com seus valores e com os da sua empresa e apaixonado pelo que faz, tende a entregar resultados sempre superiores para si próprio e para a empresa que trabalha ou representa.

Importante reforçar que se de um lado a paixão é um componente crucial em vendas, de outro é igualmente fundamental pontuar que não basta ser somente apaixonado pelo que faz. Este livro aborda outros inúmeros fatores que têm impacto direto na melhoria das vendas. No entanto, é importante encarar a paixão como a cereja do bolo. O bolo que tem em seu processo de preparação várias fases como a correta seleção dos melhores ingredientes, a utilização das medidas corretas de cada um deles e o esmero e carinho em seu preparo, fica ainda mais gostoso quando tem a deliciosa cerejinha em cima. Entendamos todas as fases do ciclo de venda como as do feitio daquele bolo delicioso que a vovó fazia. Todas as fases são importantes e se bem executadas tendem a apresentar um ótimo resultado e um bolo muito gostoso. E se a cobertura com cerejas, que é a Paixão, estiver presente, o bolo tenderá a ser simplesmente delicioso.

Propósito e simplicidade

E para transformar sua paixão em melhores resultados, outros dois elementos são igualmente essenciais: propósito e simplicidade!

Tenha um grande propósito e seja apaixonado por ele! E para você que já é líder: ofereça um grande propósito de existência aos seus profissionais e aos seus clientes! Quão maior for o seu propósito, maior é a chance de você inspirar seus clientes, seus profissionais e o mundo como um todo!

Outro elemento absolutamente essencial para transformar sua paixão por vendas em melhores resultados é a simplicidade. Não resta dúvidas de que vivemos em mercados cada vez mais complexos que exigem novos produtos, serviços e ideias e igualmente novas competências, habilidades e comportamentos. No entanto, não podemos ser infectados por esta tal "complexidade" e deixarmos de lado a tão fundamental simplicidade em tudo aquilo que fazemos. Processos, princípios e estratégias precisam ser o mais simples possíveis. Simples assim!

Questione-se o tempo todo. Se a sua estratégia só é facilmente entendida por uma pequena parte dos seus clientes ou por um grupo específico de executivos, você tem um problema. Se os seus processos de compra e venda são excessivamente complexos a ponto de complicar a venda para seu cliente, você tem um problema. Se a sua linha de produtos e serviços é tão ampla que nem mesmo a sua força de vendas consegue ter total domínio sobre tudo o que pode oferecer aos seus clientes, você tem um problema. Se os diferenciais competitivos reais da sua empresa não estão claros e cristalinos na mente de todos os seus colaboradores (incluindo aqui até os cargos mais operacionais), você tem um problema. Se você e sua empresa não conhecem quem são seus clientes e principalmente quem são os "não clientes", você tem um problema. E todos estes problemas existem muitas vezes em virtude da excessiva complexidade que nos afasta da tão importante simplicidade, exatamente o que o "senhor mercado" ou "senhor cliente" tanto aprecia.

Resumo

Paixão, propósito e simplicidade: o trio de ouro para transformar sua paixão por vendas em melhores resultados para seus clientes, sua empresa e para você mesmo!

Bônus: o empreendedorismo e as vendas

Dados da Endeavor (www.endeavor.org.br) são claros: 3 em cada 4 brasileiros desejam empreender, mas na prática poucos o fazem. E muitos dos que se lançam em direção aos grandes sonhos da sua vida cometem um erro mortal ao negligenciar a importância do elemento "venda" em sua estratégia e plano de negócios.

Por mais brilhante e viável que seja uma ideia para um pequeno, médio ou grande empreendimento, ela irá necessitar de pessoas muito apaixonadas, muito capacitadas e muito conhecedoras das principais habilidades, atitudes e comportamentos que caracterizam os profissionais campeões para que consigam desta forma vender suas ideias, produtos, serviços e soluções, assim transformando seus grandes sonhos em realidade.

Sim, o principal elemento responsável pela transformação do sonho do empreendedor em realidade chama-se venda! Se o produto, serviço ou solução não tiver viabilidade comercial, o empreendimento irá fracassar e engrossar a lista das micro e pequenas empresas que fecham as portas nos primeiros 5 anos de vida (dados do Sebrae, outra fonte fantástica para a ampliação e a aquisição de inúmeros novos conhecimentos para os milhares de empreendedores brasileiros).

Todo bom empreendimento carece de uma série de componentes que incluem dentre outros:

- A definição de um modelo de negócios viável.
- A estruturação do negócio.
- A definição da estratégia de lançamento (*go to market*).
- A montagem de um time vencedor com competências e habilidades complementares.
- O correto posicionamento da empresa e dos seus produtos, serviços e soluções.
- A construção de um modelo econômico-financeiro sustentável e atrativo aos olhos dos investidores externos.

- A potencial busca de capital externo para viabilizar o crescimento mais acelerado e até a potencial abertura de capital em um futuro próximo.

- A delicada e crucial fase de execução do negócio.

É interessante revisitar cada um dos pontos acima e buscar uma conexão de cada um deles com a seguinte questão: "Esta ideia, produto ou solução tem potencial de venda e a minha proposta única de valor (*Unique Selling Proposition* – USP) é realmente única?"

Se a resposta for incerta ou se os questionamentos forem maiores do que a certeza de que aquele empreendimento x ou y poderá de fato mudar o mundo, ajudar milhares de pessoas a realizarem seus sonhos e solucionar seus problemas, daí meu caro amigo sonhador e empreendedor, você tem um grande problema!

Você pode ter a melhor ideia do mundo, mas se ela não tiver viabilidade comercial ou se você não souber como transformá-la em um grande sucesso de vendas, o seu empreendimento estará fadado a deixar de existir.

Por isso mesmo, eu reforço uma vez mais o quão fundamental é você investir de forma incansável no seu repertório de habilidades, técnicas, comportamentos e atitudes de vendas. Compre livros, participe de palestras e cursos, converse com especialistas, use a internet com sabedoria para ampliar seus conhecimentos sobre vendas e, acima de tudo, seja sempre o grande vendedor da sua ideia e do seu sonho! É agindo assim, de forma incansável e corajosa, que você vai conseguir transformar a sua paixão por vendas em melhores resultados para todos na sua cadeia de valor.

Aliás, uma "dica de ouro" que sempre dou em minhas aulas, cursos e palestras: Não "esteja" vendedor! "Seja" vendedor!

COMPROMISSO PESSOAL

Meu compromisso pessoal diante da minha paixão e da busca por resultados é:

_____

_____

_____

_____

9

Como eu faço para não ficar refém do dinheiro?

*Tenha uma vida financeira equilibrada;
venda e viva muito mais e melhor!*

Logo no início deste livro, falei da importância de estabelecer "metas pessoais". Dentre elas, é fundamental incluir as metas financeiras, sempre tão delicadas especialmente para nós vendedores, que temos boa parte ou em muitos casos a totalidade da nossa remuneração, atrelada à nossa performance de vendas.

Antes de me aprofundar sobre este tema, penso ser importante reforçar que não sou um grande *expert* em finanças pessoais como o Gustavo Cerbasi, autor do *best-seller Casais inteligentes enriquecem juntos* (Gente, 2013) que foi transformado nos filmes de enorme sucesso *Até que a sorte nos separe* (1 e 2), e de outros livros de sucesso. Foi com a execução de muitas das dicas dele e de outros especialistas que, com muita disciplina, determinação e foco, acabei me tornando um vendedor bem-sucedido em termos de resultados pessoais e corporativos, e um investidor inteligente.

Como citei no início do livro, os primeiros anos da minha carreira como vendedor foram muito difíceis. Hoje enxergo que quando mais jovem me faltou a tão fundamental "inteligência financeira" de me aproveitar da combinação de bom salário e custos fixos baixos que me permitiria desde muito cedo desenhar uma estratégia para a minha independência financeira. Resultado? Aos 26 anos de idade eu estava absolutamente quebrado e com uma enorme dívida a saldar em bancos e administradoras de cartão de crédito. Na classificação do Gustavo Cerbasi, eu definitivamente me encaixava no estilo "descontrolado",[6] marcado pela indisciplina, pagamento desnecessário de juros e absoluta desorientação.

---

[6] Gustavo Cerbasi em seu ótimo livro *Casais inteligentes enriquecem juntos* (Gente, 2004) define 5 perfis de como lidamos com o dinheiro: poupadores, gastadores, descontrolados, desligados e financistas. Livro mais que recomendado para todos os vendedores e profissionais de quaisquer áreas!

Quebrado e com um novo negócio onde a minha remuneração era 100% decorrente dos resultados efetivamente gerados (vendas), entendi que precisaria criar uma estratégia de curto, médio e longo prazo que me permitisse, em um primeiro momento, buscar o equilíbrio entre as potenciais receitas decorrentes das vendas e a quitação das despesas pessoais e dos acordos firmados com os credores, e nos momentos seguintes construir um bom patrimônio com o mais baixo nível de endividamento possível.

A construção desta estratégia envolveu, antes de qualquer coisa, uma mudança radical de postura em relação ao dinheiro, que devo lhe confessar não foi a parte mais difícil, pois como o dinheiro era muito limitado eu fui praticamente obrigado a ser muito mais consciente no seu uso e no entendimento das suas limitações e potencialidades. Esta fase chamarei de "mudança de postura".

O segundo momento foi e é ainda marcado como uma fase de assimilação de conhecimento em série sobre como fazer uma boa gestão financeira, pessoal e familiar. Participei e ainda participo de inúmeras palestras, *workshops* e cursos (boa parte gratuitos) e também já li e ainda leio dezenas de livros sobre investimentos, planejamento de aposentadoria, seguros, gestão tributária, dentre outros. Esta fase chamarei de "educação financeira".

O terceiro momento foi e ainda se caracteriza pela construção efetiva de um planejamento financeiro em que levei em consideração sonhos e objetivos de curtíssimo, curto, médio e longo prazo, e que sempre contou com a participação direta da minha esposa. Definimos juntos como casal uma série de metas, objetivos e planos que, se por um lado eram absolutamente motivadores, de outro exigiam uma disciplina bastante rígida, incluindo até hoje o preenchimento constante e não exatamente prazeroso de planilhas de fluxo de caixa, orçamento mensal e anual, patrimônio líquido familiar, dentre outros tantos instrumentos acessórios. Chamarei esta fase de "planejamento financeiro e execução".

O quarto momento é o do usufruto das grandes conquistas que a boa gestão financeira nos trouxe. A satisfação que temos hoje de comprar tudo o que queremos à vista (sempre pedindo descontos) é para nós dois um grande presente. A não existência de grandes dívidas que gerem incertezas e que nos tornem muito mais suscetíveis diante das inevitáveis crises financeiras globais e familiares é outro fator que também nos deixa muito felizes. O planejamento da aposentadoria é hoje algo prazeroso, pois já conseguimos vislumbrar claramente o quanto teremos para viabilizar novos e distintos sonhos, muitos deles bastante característicos da "melhor idade" como viajar bastante pelo Brasil e pelo mundo. A esta fase darei o nome de "usufruto das conquistas".

E como conseguimos tudo isso, sendo que nós, como você, somos vendedores? A maior parte das dicas já está direta ou indiretamente acima citada. Penso que a "mudança de postura" nos levou a investir conscientemente em nossa "educação financeira", que nos ajudou a construir um "planejamento financeiro" e uma "execução" eficazes, que por sua vez nos permitiram "usufruir" de algumas grandes conquistas e que nos permitirão realizar sonhos ainda maiores em médio e longo prazo. Todas as etapas acima descritas tiveram como componentes sempre presentes, uma forte disciplina e uma estratégia sempre voltada à execução. Estes 3 componentes (disciplina, estratégia e execução) que já fazem parte da nossa vida como vendedores, são absolutamente fundamentais para atingir o sucesso na vida financeira também.

Ainda tenho grandes sonhos (olha eles aqui de novo) relacionados ao usufruto das conquistas que o bom planejamento financeiro e a sua boa execução irão me proporcionar.

Abaixo eu compartilho 22 dicas práticas e poderosas para uma melhor gestão financeira pessoal baseadas na grande transformação do meu perfil de "descontrolado" para "investidor inteligente":

1. Invista em sua educação financeira.
2. Leia inúmeros livros e artigos sobre finanças pessoais.
3. Participe de cursos, *workshops* e palestras sempre com a mente aberta e disposta a assumir novos compromissos pessoais e familiares relacionados à forma com que você se relaciona com o dinheiro.
4. Estabeleça metas e as monitore regularmente através de planilhas e outros instrumentos acessórios.
5. Tenha metas de curto, médio e longo prazo.
6. Tenha absoluto controle sobre o quanto ganha, o quanto gasta e o quanto pode poupar.

7. Minimize o quanto puder suas despesas fixas, o que irá lhe ajudar a ter dinheiro e recursos disponíveis nos meses de *vacas magras*.

8. Inclua a poupança mensal dentre as despesas fixas.

9. Renegocie suas dívidas para obter taxas de juros mais baixas.

10. Elimine os passivos.

11. Só compre à vista.

12. Economize.

13. Não caia na tentação de assumir dívidas de longo prazo que nos tornam reféns e suscetíveis a crises (cada vez mais frequentes, diga-se de passagem).

14. Planeje corretamente sua aposentadoria e preste atenção às taxas de carregamento e administração dos planos de previdência.

15. Tenha recursos disponíveis para imprevistos.

16. Invista com disciplina e inteligência.[7]

17. Torne-se um *expert* em juros compostos.

18. Compre ativos que gerem renda.

19. Diversifique suas fontes de renda.

20. Trabalhe com foco na sua independência financeira.

21. Poupe, invista e usufrua.

22. Comemore as pequenas e as grandes conquistas.

Os resultados que você pode esperar desta mudança de postura? Ciente de que um dos maiores problemas enfrentados pelos vendedores é a nossa inabilidade em gerenciar bem nosso suado dinheiro, posso lhe assegurar de uma posição bastante confortável de quem já passou *muita* dificuldade não apenas em virtude dos percalços diversos da vida, mas também pela incompetência no trato com o dinheiro, que tão logo você tenha uma vida financeira equilibrada os seus resultados, o seu ânimo e a sua motivação para prosperar e vender irão crescer ainda mais, de forma exponencial.

Não é fácil, mas dá para fazer!

---

[7] "Investir é adiar o consumo e aplicar o dinheiro agora, para pegar mais dinheiro de volta no futuro. E só existem duas perguntas: uma é quanto você vai pegar de volta, e a outra é quando. As taxas de juros – o custo de pegar dinheiro emprestado – explicou Buffett –, são o preço do quando. Elas estão para as finanças como a gravidade está para a física". (Schroeder, 2008)

Resumo

Para vender mais e melhor, é preciso estar com as finanças pessoais bem organizadas. Caso contrário, você sempre estará focado e preocupado em vender única e exclusivamente focado nas suas necessidades em vez de focar nas necessidades do seu cliente. Esqueça as muitas besteiras que já ouviu como "vendedor bom é vendedor endividado" e comece ainda hoje uma jornada de transformação em um investidor inteligente. Posso lhe dizer, como alguém que já passou muita dificuldade na vida, que você e seus clientes só têm a ganhar com esta nova postura que lhe dará muito mais tranquilidade para prosperar, vender e ganhar muito mais dinheiro!

Exercício prático

Visite ainda hoje o *site* do Gustavo Cerbasi e faça o *download* das planilhas de orçamento mensal, de escola dos filhos, de compra ou aluguel da casa, de aposentadoria e de outras igualmente úteis, para mudar positivamente a sua vida (www.maisdinheiro.com.br/simuladores).

Aproveite a visita ao *site* para se deliciar com os excelentes artigos do meu amigo Gustavo Cerbasi, pois tenho certeza que lhe serão muito úteis para melhorar sua vida financeira e seus resultados de vendas também, estando um intimamente ligado ao outro. Fica ainda a indicação dos ótimos livros do Gustavo, incluindo aí o *best-seller* com mais de 1 milhão de cópias vendidas *Casais inteligentes enriquecem juntos*.

Entrevista com o craque em finanças pessoais, Gustavo Cerbasi

Para te ajudar ainda mais a incrementar o seu conhecimento sobre a importância da boa gestão financeira pessoal em sua vida, eu convidei o meu querido amigo e guru

Gustavo Cerbasi para dividir com todos nós dicas preciosas que se colocadas em prática, se transformarão em poderosas aliadas para uma carreira ainda mais vitoriosa e uma vida muito mais equilibrada. Beba e se alimente da incrível sabedoria de um dos mais respeitados e brilhantes profissionais brasileiros que se dedicam ao mundo das finanças pessoais:

José Ricardo Noronha: Antes de mais nada, obrigado de coração por contribuir com os milhões de profissionais que se dedicam de corpo e alma ao fascinante mundo das vendas. E vamos direto às perguntas. Baseado na sua interação no Brasil e no mundo inteiro com milhares de profissionais de vendas, quais são as grandes dificuldades que a maioria de nós, vendedores, enfrenta no trato com o nosso dinheiro?

Gustavo Cerbasi: Em linhas gerais, os problemas são os mesmos de qualquer profissional. Excesso de prestações tornam os orçamentos engessados, sem opções de gastos a descartar diante de imprevistos. Os imprevistos frequentes – resultado da dificuldade de planejar – consomem as raras verbas para lazer e poupança e, diante do sentimento de escassas recompensas, há um aumento compulsivo no consumo e na perda de controle. Com isso, a poupança é insuficiente, as verbas para o lazer são insuficientes e o uso indevido do crédito é mais frequente do que o recomendado.

Especificamente no caso dos profissionais de vendas, essa realidade ruim se agrava com a necessidade de conviver com ganhos variáveis. Como parte da renda geralmente depende de comissões, e essas são incertas, o excesso de compromissos certos a pagar é incompatível com o ganho desconhecido, muitas vezes causando dificuldades financeiras que se acumulam rapidamente.

José Ricardo Noronha: Na sua visão, qual é o impacto direto de uma frágil saúde financeira pessoal na performance de vendas?

Gustavo Cerbasi: Não é difícil entender o ciclo que se cria. A falta de controle leva a gastos imprevistos, que criam dificuldades de pagar compromissos assumidos. Isso aumenta o nível de ansiedade do profissional e prejudica seu sono, que acaba por resultar em um cansaço mental que nos deixa menos dispostos, menos criativos e menos atentos para incontáveis situações de risco na vida pessoal e nas negociações. Com isso, os imprevistos aumentam, as dificuldades crescem e o ciclo vai se alimentando em níveis cada vez mais intensos, destruindo a motivação necessária para uma venda criativa e eficiente.

José Ricardo Noronha: Quais são as suas dicas de ouro para vendedores que têm a maior parte ou todo o seu salário variável?

Gustavo Cerbasi: Há dois segredos importantes para lidar com ganhos variáveis. O primeiro é ter um bom controle de sua sazonalidade, acompanhando o orçamento ao longo do ano anterior para se preparar para períodos de queda nos ganhos.

O segundo segredo é conhecer bem três indicadores: ganho máximo, ganho médio e ganho mínimo, e jamais assumir prestações e compromissos fixos que, somados, ultrapassem o mínimo de ganhos que é garantido a cada mês. A média de ganhos é a referência que deve ser considerada para sua verba que inclui gastos com lazer e também poupança. O estilo de vida (seu custo fixo) deve ser mais simples, porém com mais gastos variáveis do que o trabalhador de carteira assinada e ganhos fixos. Em alguns meses, não há lazer ou poupança, mas no mês seguinte se compensa isso.

Uma alternativa a esse modelo é manter uma poupança robusta para lidar com os gastos fixos nos meses em que a renda cai. Isso funciona para quem é muito bem controlado, e essa reserva não deve ser confundida com outra reserva importante, a que ajuda a concretizar os sonhos ao longo da vida – incluindo o da aposentadoria.

José Ricardo Noronha: De que forma os vendedores podem incluir a educação financeira e a melhor gestão financeira pessoal dentro das suas metas mensais?

Gustavo Cerbasi: Sou contra complicar demais as coisas. Os vendedores já têm uma rotina suficientemente estressante e atribulada, por isso não recomendo a adoção de *softwares* complexos ou a busca de cursos sobre esse tema. O ideal é ter uma planilha simples e personalizada, atualizada mensalmente com o controle dos gastos pessoais e com ajustes nos planos de longo prazo.

No *site* www.maisdinheiro.com.br/simuladores eu ofereço gratuitamente uma planilha de orçamento doméstico prática e eficaz. Comprovantes devem ser arquivados em uma pasta ou gaveta para que sejam lançados de uma vez, sem perder muito tempo diariamente com isso.

Vendas: como eu faço?

E é importante que os profissionais se estimulem mutuamente a conversar sobre dinheiro, principalmente sobre investimentos, crédito e dúvidas, para que se construa um aprendizado mútuo com as experiências de sucesso e de fracasso dos outros. Poucos profissionais se reúnem tanto em eventos e convenções quanto os profissionais de vendas. Esse é o ambiente ideal para refletir sobre a qualidade das escolhas e sobre estratégias para domar os impulsos relacionados ao dinheiro. Como expliquei acima, essa é a condição fundamental para inspirar o profissional para um bom trabalho.

José Ricardo Noronha: Quais são as grandes armadilhas que devem ser evitadas por todos os profissionais para não se endividarem?

Gustavo Cerbasi: As dívidas nascem de más escolhas, que, por sua vez, nascem da dificuldade de raciocinar, da preguiça, da ansiedade ou da urgência. As pessoas tendem a colocar a culpa de uma má escolha naquele que vende o produto ou serviço que não deveria ter sido comprado, como se fosse um sedutor mal intencionado. Mas, já que falo aqui para profissionais de vendas, ninguém sabe melhor do que vocês que vender é uma arte e que aquele que vende o que o cliente não queria comprar é um profissional bem-sucedido em suas técnicas de trabalho.

Em vez de culpar o sucesso, prefiro creditar o erro ao fracasso de quem compra. Nenhuma armadilha é maior do que a falta de preparo para uma situação de compra. Quem sabe o que precisa comprar, conhece a verba que tem e está consciente de seus limites e, realizado com suas escolhas, não cede a tentações de consumo. Quem, por outro lado, não tem qualidade de vida, não se organiza e não se atenta às armadilhas, gastando mais do que pode, se endividando e só aumentando os problemas.

José Ricardo Noronha: Por favor, compartilhe uma dica final para todos os vendedores que, como eu, literalmente mudaram muito a vida financeira em virtude dos seus preciosos ensinamentos e que tanto têm a aprender com você.

Gustavo Cerbasi: A vida é feita de escolhas. Problemas, sejam eles financeiros ou não, nascem de escolhas ruins. Cultive a habilidade de prever seu futuro. Imagine-se lidando com uma decisão de crédito ou de consumo daqui a alguns meses, ou de investimento daqui a alguns anos. Leia e debata mais sobre o tema, para exercitar técnicas de fazer isso. A cada decisão que você toma, de alguma maneira, você está moldando seu futuro. Se não está feliz hoje, não espere sair de férias para melhorar ou aliviar sua vida. Venda o carro ou a casa, compre outro mais barato e liquide seus problemas para adotar o quanto antes uma vida mais equilibrada. Enriquecer é uma questão de escolha, mas saber escolher isso é questão de educação e consciência.

José Ricardo Noronha: Muito obrigado de coração, meu querido amigo Gustavo Cerbasi!

COMPROMISSO PESSOAL

Meu compromisso pessoal diante do planejamento financeiro pessoal é:

_____

_____

_____

_____

_____

10

Como eu faço para me tornar ainda mais produtivo?

Uma das grandes obsessões de todos os profissionais de vendas no mercado extremamente competitivo que hoje vivemos é incrementar a sua produtividade pessoal. Questões-chave como:

- Como eu devo planejar melhor o meu dia para alcançar produtividade máxima?

- Qual é o impacto de uma agenda indomável sobre a minha produtividade pessoal?

- Como eu faço para melhor integrar minha vida profissional com minha vida pessoal sem que isso impacte negativamente em minha produtividade?

Enfim, questões que afligem desde os profissionais novatos em vendas até os grandes líderes que têm sob sua responsabilidade metas muito agressivas e equipes gigantescas para liderar e inspirar.

Embora não haja nenhuma certeza e muito menos uma ciência acerca dos principais hábitos e ações que configuram os profissionais de sucesso em vendas e, não por acaso aqueles que apresentam maior produtividade na área, acredito – por experiência prática e, principalmente, pela convivência com milhares de vendedores no Brasil e afora –, que são várias as ações que possuem impacto direto no incremento da produtividade. Para te ajudar, eu listo a partir de agora 10 práticas que considero muito poderosas. Vamos lá:

1. Defina um período do dia para as coisas mais importantes: Faça as coisas mais importantes do dia no seu período específico de maior produtividade e criatividade pessoal (veja a diferença entre o que é urgente, importante e circunstancial no capítulo 11, p.85, onde o craque em gestão do tempo e produtividade pessoal Christian Barbosa nos brinda com uma série de dicas muito legais). Na maioria dos casos, isso se dá na parte da manhã, mas pode ser que para você isso se dê ao final do dia de trabalho quando o fluxo de ligações e reuniões já lhe permite focar nas suas atividades mais importantes e que estejam diretamente ligadas aos resultados e metas buscadas por você. E mais uma dica de ouro aqui: liste, foque e trabalhe sempre primeiro as suas prioridades e não as dos outros. Saiba dizer não.

2. Revise diariamente o seu funil de vendas e indicadores: Além de checar como andam todas as suas transações listadas no seu funil de vendas – que idealmente devem estar em um *software* de Gestão de Relacionamento com o Cliente (CRM) –, é fundamental visitar todos os indicadores-chave de performance definidos pela sua empresa ou por você mesmo (vendas, visitas, reuniões, taxas de conversão, tíquete médio etc.) E por falar em funil de vendas, compartilho com você 4 dicas de ouro para um bom funil de vendas:

- Um bom funil de vendas não é o que possui mais oportunidades, e sim o que possui as melhores oportunidades que derivam de *leads* bem qualificados e que estão intimamente ligados ao quão bem você definiu o seu cliente e mercado-alvo. Portanto, foque em qualidade e não em quantidade.

- Monitore frequentemente as taxas de conversão do seu funil de vendas. Quantos clientes hipotéticos se transformaram em potenciais? Quantos potenciais se transformaram em compradores? Quantos compradores se transformaram em contas-chave?

- Monitore também o tempo gasto na conversão de clientes potenciais em compradores.

- Se você já é líder de vendas, crie metas e mecanismos de recompensa relacionados ao crescimento do funil de vendas. Ao privilegiar e ao premiar as boas atitudes e práticas, você irá sempre fomentar em toda a sua equipe a importância da proatividade e disciplina em vendas.

Todas as dicas acima ajudam incrivelmente a aumentar a sua produtividade e a da sua empresa, além de serem ferramentas extremamente úteis para focar nos clientes e mercados-alvo corretos, pois quem atira para tudo quanto é lado, geralmente colhe resultados muito aquém dos que têm uma estratégia focada e orientada a servir e vender para mercados bastante específicos.

3. Escolha um aplicativo para anotar todas as suas ideias e *insights*: Outra dica muito legal é fazer uso constante de ferramentas de anotações disponíveis via internet que nos permitem registrar todas as boas ideias (algumas certamente brilhantes) que muitas vezes temos no trânsito entre a visita a um cliente e outro, ou na recepção de uma empresa e que ao final do dia simplesmente esquecemos. Eu uso o *Evernote* (www.evernote.com) que é gratuito em sua versão mais básica e que me ajuda enormemente no melhor gerenciamento e organização das minhas ideias e pensamentos. Outro recurso legal é usar o "gravador", disponível na maioria dos smartphones.

4. Evite ser multitarefas: Defina horários específicos do dia para checar seus e-mails, para fazer ligações e para se reunir com clientes e *prospects*. Quando estiver redigindo uma proposta ou estiver ao telefone com um cliente, feche todos (repito e reforço: *todos*) os programas que estavam abertos em seu computador e que possam lhe distrair. Quanto mais atenção você der ao seu cliente, maiores serão as chances de conquistar novos negócios e expandir o relacionamento, atividades que andam lado a lado das quais requerem algo que anda muito em falta atualmente, e que é tão valorizado por todos: a atenção.

5. Faça pequenas pausas ao longo do dia: Outra dica prática e aparentemente tão simples, mas praticada com regularidade por pouquíssima gente. Faça pausas para se reunir com você. *Como é que é, Zé? Me reunir comigo mesmo?* Sim, isso mesmo. Faça algumas pausas estratégicas para se questionar se as atividades que você havia programado têm sido realizadas eficazmente, para meditar um pouco, para dar uma volta pelo jardim ou pelo *lobby* do seu prédio para "arejar" um pouco suas ideias e assim por diante. Enfim, presenteie-se ao longo do dia com pequenas pausas que se mostrarão fundamentais para o tão necessário e desejável equilíbrio mental para fazer bem-feito tudo o que tem para fazer.

6. Escolha um único programa gerenciador de tarefas e reuniões: Pode ser o Outlook, pode ser uma agenda de papel, pode ser um dos tantos programas gratuitos de agenda disponíveis na *web*. O importante é transformar este recurso em um poderoso aliado para incrementar a sua produtividade.

7. Ao final do dia revise tudo o que fez e planeje o dia seguinte: Dica de fundamental importância e que serve não apenas para já começar a organizar o dia seguinte, mas principalmente para se certificar de que todas as tarefas, reuniões e atividades que você tinha em sua agenda para o dia foram realizadas de forma eficaz e dentro do cronograma planejado. Quanto mais coisa importante for deixada para trás, maior será o número de coisas urgentes a cuidar no dia seguinte e que, possivelmente, afetarão negativamente sua performance e produtividade pessoal.

8. Seja mais sucinto, objetivo e claro em todas as suas comunicações: Ainda vejo muita gente patinar nesta importante habilidade de enorme impacto em nossa produtividade pessoal. Ao escrever um e-mail, ao se reunir com um cliente e ao fazer uma ligação para um *prospect*, dentre outras atividades tão corriqueiras na vida de todos nós vendedores, certifique-se que fez o "trabalho de casa" direitinho ao preparar-se bem para aquela ligação ou reunião específica, ao revisar os objetivos estratégicos para aquela interação e ao ter de forma absolutamente clara o que espera como próximo passo daquela atividade. Feito tudo isso, seja sucinto, objetivo e claro em todas as suas interações. Se não fizer isso, é quase certo que você vai gastar mais do seu tempo e o que é ainda pior: o tempo dos outros.

9. Tenha a disciplina de estabelecer horários para checar as redes sociais: Se há algo que tem impacto direto na baixa produtividade em vendas este "algo" responde pelo nome de *redes sociais*. Embora elas sejam instrumentos de fundamental importância para todos nós vendedores (*vide* o capítulo 39, p. 299, que trata disso exclusivamente), o tempo gasto nas redes sociais com coisas e atividades pessoais é muito alto e impacta negativamente sua atenção e, principalmente, a gestão de todas as suas atividades do dia, visto que cada minuto gasto com coisas supérfluas é 1 minuto a menos para prospectar, ler mais sobre os desafios dos seus clientes e assim por diante. Portanto, a dica aqui é bastante direta: redes sociais – use-as com muita moderação e com um olhar cada vez mais profissional!

10. Inclua um espaço diário em sua agenda para ler: Vivemos um tempo de excesso no acesso às informações, o que torna o desafio de filtrar o que é realmente importante para nossos negócios e para os negócios dos nossos clientes ainda maior. De qualquer forma, a sua habilidade de saber escolher bem os jornais, revistas, livros e *sites* que lhe serão realmente úteis só irá se aprimorar ao longo do tempo, quando você já tiver incorporado o super saudável hábito da leitura ao seu cotidiano. Não custa lembrar: clientes adoram ser bem atendidos por pessoas que entendem os seus desafios e problemas e que tenham a capacidade de lhes ensinar algo novo e valioso. Mas para entender bem isso tudo é preciso ler e estudar muito. Neste livro, eu compartilho com você inúmeras dicas de leitura das quais tenho certeza que lhe darão igual ou maior prazer ao que você agora experimenta com a obra deste seu amigo vendedor.

Embora todas as dicas acima possam parecer simples demais, quando colocadas em prática elas geram um resultado muito legal mesmo. Mãos à obra!

Resumo

Alta produtividade é um dos principais elementos que fazem parte das características dos grandes profissionais e dos campeões em vendas. Neste capítulo de rápida leitura, eu compartilho com você uma série de dicas práticas das quais tenho certeza que irão impactar positivamente sua produtividade pessoal e consequentemente sua performance de vendas. Todas elas precisam de outro elemento essencial: disciplina. Portanto, se puder, anote quais ações específicas extraídas deste capítulo irá incorporar ao seu dia e dia e comece desde já a monitorar os resultados advindos desta mudança de postura. Estou muito confiante mesmo de que você irá se surpreender com os resultados.

Dica bônus: como usar um CRM com eficácia

Ao longo de todo este livro, eu irei reforçar a importância da preparação e da disciplina para o incremento da sua performance e produtividade de vendas. E é exatamente sobre um dos principais segredos dos profissionais que mais vendem e que possuem maior produtividade que quero agora falar com você: a utilização de um bom *software* de CRM.

Tudo, absolutamente tudo que você realiza junto aos seus clientes e mercados-alvo precisa estar registrado em um *software* de CRM. Reuniões, ligações telefônicas, e-mails, pedidos, contratos, apresentações, notas fiscais, reclamações, sugestões, *rating* (classificação) do cliente etc. Enfim, tudo mesmo!

Aliás, uma recomendação importante que tenho dado a várias grandes empresas que presto consultoria no Brasil inteiro e, que aqui compartilho com você, é de atrelar diretamente a boa utilização do CRM aos principais indicadores de performance da sua empresa, conhecidos como *Key Performance Indicators* ou *Indicadores-chave de Desempenho* (KPIs) e à remuneração variável de seus profissionais. *Pera aí, Zé, você quer dizer que além de todas as metas que já perseguimos, precisamos também ter uma meta específica de utilização do CRM?* Sim, sem sombra de dúvidas, pois a experiência prática comprova que ainda há um gigantesco espaço de melhoria no que se refere à disciplina dos profissionais de vendas de registrar todas as suas interações com seus clientes.

Importante reforçar também que nada adianta registrar tantas informações preciosas se você e sua organização não souberem o que fazer com elas. Como o próprio nome diz, um CRM é uma ferramenta que tem por principal objetivo melhorar o relacionamento com seus clientes, o que só acontece quando objetivos claros são estabelecidos e devidamente comunicados e praticados por todos os profissionais da sua empresa. *E quais são estes objetivos, hein, Zé?* Abaixo eu sugiro alguns dos quais, tenho certeza, lhe serão de grande valia:

- Incrementar o número de oportunidades em potencial no funil de vendas.
- Melhorar o índice de retenção, satisfação e lealdade dos seus clientes.
- Melhorar a performance de vendas cruzadas e de produtos, serviços e soluções superiores (*up selling*).
- Uma gestão mais precisa de todo o processo de vendas.
- Um modelo de prospecção mais claro e bem definido com clientes-alvo melhor identificados.

COMPROMISSO PESSOAL

Meu compromisso pessoal diante da minha produtividade pessoal é:

_____

_____

_____

_____

_____

11

Como eu faço para melhor gerenciar o meu tempo?

Reuniões, visitas a novos clientes, ligações de *follow-up*, viagens, eventos etc. *Wow!* A agenda do profissional de vendas é cada vez mais intensa e muitas vezes exaustiva. Diante disso, um fator de primordial importância é saber gerenciar bem o tempo para não apenas dar conta de tudo, mas principalmente de fazer tudo com muito mais qualidade e eficácia.

É pensando em te ajudar a melhorar o gerenciamento de tempo – o que tem impacto direto no incremento da sua produtividade e na tão essencial preparação, uma das responsáveis diretas pelo seu sucesso profissional –, que convidei o amigo e parceiro Christian Barbosa, um dos maiores e mais respeitados profissionais de gerenciamento do tempo e da produtividade pessoal no Brasil. Autor de *best-sellers* como *A tríade do tempo* e *Mais tempo, mais dinheiro*, este último em parceria com o também amigo, guru e parceiro Gustavo Cerbasi, ambos editados pela Editora Sextante. Como grande autoridade do Brasil, Christian compartilha com você uma série de dicas práticas e de impacto imediato na sua produtividade.

José Ricardo Noronha: Cara, que legal tê-lo aqui conosco para compartilhar suas dicas e ensinamentos com todos nós, que tanto amamos vender e que tanto precisamos gerenciar de forma mais eficaz nosso tempo para vender mais e melhor e ter uma vida mais equilibrada. Mas, respeitando o tempo de quem nos lê, vamos direto às perguntas. Você tem rodado o Brasil e o mundo inteiro e tem tido a oportunidade de interagir com milhares de profissionais de vendas. Quais são os principais desafios relacionados à gestão do tempo que os vendedores têm enfrentado?

Christian Barbosa: Eu vejo duas coisas. Primeiro, o vendedor ainda trabalha sob demanda, o que faz com que ele pouco planeje e pouco prospecte. Ele fica muitas vezes lá parado esperando que a venda surja e vira uma vítima das circunstâncias e do fator "tempo", logicamente. Se ele tiver muitos pedidos e negócios naquele momento, ele vai se desorganizar completamente e se tiver poucos pedidos e negócios ele acaba não sendo proativo para gerar mais vendas. Enfim, falta o planejamento no curto prazo, o que o faz mais reativo do que proativo. E o segundo ponto, que é algo incrível que acontece com o vendedor, é a urgência do final do mês, de bater a sua cota de vendas. Em virtude da falta de tempo e planejamento o que acaba acontecendo é que ele abre algo que não deveria abrir, que é a margem, fazendo com que ele e a empresa percam dinheiro, literalmente em virtude da inabilidade de melhor gerenciar o tempo. Ou seja, o tempo faz ele perder dinheiro.

E como melhor gerenciar isso? Ao dividir, por exemplo, a sua cota mensal em cotas semanais. Se ele tem 40 produtos para vender ao longo do mês, ele tem que vender 10 por semana e não 30 na última semana do mês e 10 ao longo das 3 primeiras semanas do mês. Isso é algo que eu vejo que o vendedor ainda faz muito e isso gera o desespero. Outra coisa é aquele vendedor que está na rua e que trabalha de 8 a 10 horas por dia. No entanto, ele não trabalha 8 horas propriamente ditas. Ele trabalha 5 horas e gasta outras 3 no trânsito. E o que acaba acontecendo? Ele ainda tem que chegar em casa e ter mais 2 ou 3 horas de trabalho para colocar o pedido no sistema e responder aos e-mails, o que acaba o tornando muito mais improdutivo diante do cansaço, que o consome aos poucos.

E se ele fizer uma visita a menos por dia para conseguir melhorar o relacionamento com os clientes, responder aos e-mails e colocar os pedidos dentro do expediente e evitar estas horas extras? Sim, você pode dizer "mas é uma visita a menos", mas isso pode representar ao final do mês um aumento do faturamento e uma maior produtividade, pois não é o número de visitas que o faz vender mais, e sim o tempo investido com qualidade com quem realmente tem resultados e que faz a coisa funcionar da forma correta.

José Ricardo Noronha: Muito legal mesmo, Christian! Você conseguiu sintetizar muito bem alguns dos principais erros que todos nós vendedores cometemos o tempo todo. E concordo com você que precisamos investir mais tempo de qualidade com os nossos melhores clientes, especialmente diante dos tempos mais difíceis, com ofertas tão comoditizadas e com agendas tão cheias. E falando em agenda, por favor compartilhe conosco algumas dicas de ouro para melhor gerenciar e organizar a agenda. Qual é o tempo que devemos dedicar à organização das nossas agendas e o que é mais importante, qual é o "tempo para frente"que devemos organizar? Devemos organizar os dias, a semana, o mês ou o trimestre? O que é mais eficiente e gera melhores resultados?

Christian Barbosa: Como tão bem nos ensinou Peter Drucker: "nós não gerenciamos o que não medimos". Então o vendedor tem que ter uma métrica diante dele que o permita avaliar a ferramenta de produtividade que ele for utilizar. Como fazer isso? Pode ser pelo número de propostas enviadas, pelo faturamento ou pelo número de coisas urgentes *versus* o número de coisas importantes que ele teve na semana. Enfim, alguma métrica precisa ser estabelecida até para que ele veja progresso e comece a partir de então se vincular com aquilo. Precisa ser algo que o permita dizer que, ao final de um período determinado, ele melhorou x % o tempo dele em vez de ser algo mais intangível como "Eu acho que melhorei nisso ou naquilo." Não tem que ter *acho*. Tem que ter *número*.

Outra coisa muito importante. O vendedor tem várias agendas e ele anota onde for mais cômodo para ele. Se ele estiver com o notebook aberto na frente do cliente, ele vai anotar no *notebook*. Se ele estiver com um bloco de anotações, ele vai anotar neste bloco. Se ele estiver com o celular, ele vai anotar no celular. Resultado: ele tem diversas anotações em vários lugares e coisas diferentes para fazer em cada lugar e ele acaba se perdendo. E uma analogia simples aqui: você está com fome e vai a cozinha e pega um prato. Deixa este prato na sala e vai à despensa pegar um doce. Deixa este pratinho com o doce em outro lugar. Quando você ver, você tem vários pratos em vários lugares e ao lavar a louça você deixa outros pratos espalhados pela casa. A mesma coisa acontece com o tempo: você coloca um monte de coisas na agenda, mas deixou outras 4 ou 5 coisas espalhadas em outros lugares que são coisas que podem gerar venda e que podem gerar a insatisfação do cliente diante da falta de *follow-up*.

Enfim, é nos pequenos detalhes que a coisa acontece e em vendas muitas vezes é aí que o vendedor se perde em virtude de não usar uma agenda única. Tem que usar uma agenda única ou que possa ser sincronizada com todos os equipamentos que você utiliza. O que é importante é que todas as informações estejam em um mesmo lugar.

Sobre quanto tempo planejar: muitas vezes temos muita dificuldade em gerenciar mais tempo. Minha dica: planeje 3 dias, pois isso já vai ajudar muito mesmo. Se você o for fazer na segunda-feira, por exemplo, planeje como será de terça a quinta-feira, pois essa tríade já vai ser bastante funcional. O que é planejar? Planejar não é saber tudo o que você vai fazer. Planejar é se tornar uma pessoa mais preparada para as coisas que você não sabe que vão acontecer. Isso é planejamento! Então, você tem que planejar uma parte e deixar buracos na outra.

José Ricardo Noronha: E quais são suas dicas para todos que querem ser campeões de vendas e que consigam ter tempo para equilibrar bem atividades profissionais com suas atividades pessoais, algo tão essencial para que ele se sinta mais produtivo e que tenha uma agenda muito melhor organizada?

Christian Barbosa: Eu não sei o que fazer para o cara ser um campeão de vendas. Mas acredito que para qualquer coisa que você vá fazer você precisa ter tempo. Tem que ter tempo para o trabalho, tem que ter tempo para a família e tem que ter tempo para o lazer, porque isso dá muito mais motivação, disposição, vontade e energia para fazer tudo o que se precisa fazer. Então, quando o vendedor começa a se incluir na agenda, percebe que consegue melhorar. Aquela pequena pausa, aquele esporte que ele faz, aquele *hobby* que vai desenvolver, aquele filme que vai ver. São exatamente estas coisas que fazem com que ele perceba que está vivendo o importante e, ao mesmo tempo, cumprindo com sua obrigação.

Não adianta querer trabalhar 10 horas e achar que isso vai te trazer resultado. Trabalhe 5, mas que traga um resultado de 10 horas. Esse é o ponto! Trabalhar de forma inteligente, não trabalhar mais.

José Ricardo Noronha: Acredito exatamente nisso! O que vale em vendas e na vida não é trabalhar muito. O que vale é trabalhar melhor! E para trabalhar melhor e evitar aqueles incêndios que afetam diretamente nossa produtividade, como é que devemos separar o que é importante do urgente e do circunstancial? Como dar atenção, foco e energia a cada uma destas tarefas?

Christian Barbosa: Este é o conceito da tríade do tempo que se o vendedor consegue mensurar, consegue melhorar bastante o seu dia a dia. Primeiro o conceito do que é *importante:* são as coisas que te trazem resultado em curto, médio e longo prazo. São aqueles clientes que te trazem mais faturamento. São aqueles clientes que em uma venda batem a sua cota. São aqueles clientes que são parceiros seus. Estes são os clientes importantes e que te trazem valor e que fazem você saber que está na estrada certa. *Urgente* é tudo aquilo que o tempo acabou e que você precisa fazer imediatamente. Então pode até ser este seu cliente especial e importante, mas que chega em um determinado momento que aquele pedido que ele fez no início do mês você esqueceu, e tem de ser feito "hoje" de qualquer jeito. Ou seja, o importante migrou para o urgente. O urgente vai ter o estresse, a pressão e a correria. Por isso mesmo, a gente precisa trabalhar para passar muito menos por isso. E *circunstancial* são todas as coisas que não te trazem resultado. É aquele cliente que cota com você todo mês e que nunca compra ou que compra uma vez a cada 6 meses. Este é cliente que você tem que saber dizer "não, obrigado" e dizer que vai atender em um outro momento. Mas daí você me pergunta: Vou deixar de atender um cliente? Sim, e vai deixar mais tempo e dar mais foco para atender aquele cliente de verdade. Nem todo mundo é cliente, esse é o ponto. Se você quiser vender tudo para todo mundo, você não vai conseguir fazer uma venda boa.

Por isso mesmo, a gestão de tempo aqui é tão fundamental. E o circunstancial é o mais difícil de identificar, pois é onde você acha que vai ganhar tempo, onde você acha que vai conseguir algo e que, ao final, você não tem resultado nenhum. Então, precisamos saber o que precisamos fazer, o que não precisamos fazer e os clientes que devemos parar de atender.

José Ricardo Noronha: Então, tem que saber demitir o cliente, Christian?

Christian Barbosa: Tem que saber organizar seu tempo e se precisar demitir o cliente que só te ajuda a consumir tempo, que seja assim.

José Ricardo Noronha: Fiz esta brincadeira, pois algo que compartilho com todos os meus clientes é que a mesma energia que você gasta para conquistar novos clientes é a energia que você precisa investir para entender quem é e quem não é o seu cliente. Agora para terminarmos, por favor, compartilhe uma dica prática para que todos nós vendedores consigamos melhor gerenciar nosso tempo.

Christian Barbosa: Uma dica muito boa mesmo é a seguinte: pare por um tempinho e escreva algo de até meia hora de duração. Se você realmente fizer, isso vai te trazer um resultado incrível para as suas vendas, para a sua vida e para o seu time. Não sei o que é. Pode ser, por exemplo, melhor planejar o seu roteiro de vendas. Esta tarefa de meia hora tem que se encaixar em sua agenda nos próximos 5 dias úteis da sua vida. Não é possível que você não tenha meia hora para encaixar este exercício. Quando é que você vai colocar e iniciar isso? No primeiro período da manhã idealmente em uma terça-feira. Se necessário for, acorde mais cedo e chegue ao seu escritório ou empresa um pouco mais cedo para fazer isso. Quem quer faz, quem não quer arruma uma desculpa.

José Ricardo Noronha: Obrigado de coração por compartilhar tantos conhecimentos e sabedoria com todos nós vendedores. Tenho absoluta convicção de que quanto melhor soubermos utilizar nosso tempo, mais produtivos e muito mais eficazes seremos!

Resumo

Façamos bom uso de algumas dicas de ouro do craque em produtividade pessoal e gestão do tempo, Christian Barbosa:

1. Planeje-se melhor para ser mais proativo e menos reativo.
2. Fracione a sua cota mensal em 4 cotas semanais.
3. Visite menos para visitar melhor.
4. Escolha uma métrica para medir sua produtividade.
5. Use apenas uma agenda (ou idealmente uma que sincronize em todos os seus equipamentos).
6. Trabalhe com mais qualidade, o que significa trabalhar melhor e não trabalhar mais.
7. Invista mais tempo nos seus clientes mais importantes.
8. Saiba separar bem o que é importante, urgente e circunstancial.
9. Pare um momento e escolha uma atividade de meia hora para executar já!

Leitura recomendada

A tríade do tempo – Christian Barbosa – Editora Sextante
Mais tempo, mais dinheiro – Christian Barbosa e Gustavo Cerbasi – Editora Sextante

COMPROMISSO PESSOAL

Meu compromisso pessoal diante do gerenciamento do tempo é:
___
___
___
___
___

12

Como eu faço para identificar melhor o meu público-alvo?

Já disse isso desde o início do livro, mas não custa mais uma vez lembrar: vendas é uma área apaixonante! E por mais paradoxal que possa parecer, muitas vezes o que se percebe é que é exatamente pelo excesso de paixão pelo que fazemos, pelos nossos produtos e serviços e pelo desejo de transformar o nosso grande sonho em realidade que cometemos um erro que pode ser fatal, que é o de falharmos na hora da boa identificação do perfil do nosso cliente e também do perfil do nosso "não cliente".

No processo de identificação do cliente-alvo (que em Marketing chamamos de *persona*), muitas empresas criam a falsa impressão de que um bom produto, serviço ou ideia conseguirá atingir com o mesmo sucesso o mercado como um todo. Ledo engano. Segmentação é o nome do jogo aqui, e isso requer um profundo entendimento do comportamento e das necessidades específicas do consumidor que você e sua empresa pretendem servir e uma cuidadosa análise estratégica de Marketing, que deve incluir 3 pontos de fundamental importância:

- A correta segmentação de mercado e criteriosa seleção dos mercados-alvo propriamente ditos: focar o mercado como um todo é para poucos. Invista um bom tempo em dividir os segmentos que você, sua empresa e seus produtos irão servir. Uma vez identificados, é recomendado que você tenha uma estratégia de Marketing específica para cada um deles (muitas empresas têm produtos e serviços que atendem a diferentes públicos com características absolutamente distintas, o que se traduz na prática, na necessidade de se criar campanhas que levem em consideração as peculiaridades, necessidades e anseios de cada público).

- O cuidado extremo com a diferenciação que se traduz em oferecer valor real ao que o cliente espera e o que permite que você se diferencie dos seus concorrentes.

- O correto posicionamento de mercado baseado fortemente nos benefícios e diferenciais competitivos do seu produto ou serviço.

E para que tudo isso aconteça da melhor forma, uma ferramenta muito legal que irá te auxiliar bastante é a do Marketing Mix, onde estão os famosos 4 Ps do marketing, que são: Produto (*Product*), Praça (*Place*), Promoção (*Promotion*) e Preço (*Price*) e que se aplicam a todos os mercados. Produto é o bem ou serviço que você irá oferecer no mercado. Preço é o valor que seu cliente está disposto a pagar por ele. Praça é/são o(s) meio(s) utilizado(os) para levar o produto/serviço ao cliente (lojas, comércio eletrônico, via distribuidores etc.) E a(s) forma(s) com que o vendedor promove junto ao comprador os benefícios do seu produto ou serviço é a promoção, que engloba diversos instrumentos como pesquisa, propaganda e publicidade, eventos, *merchandising*, *franchising*, venda pessoal, marketing direto, venda *on-line* etc.

Quão melhor você e sua empresa executarem as tarefas acima fazendo o bom uso da ferramenta dos 4 Ps do marketing, maiores serão as chances de você se tornar um fornecedor de valor em seu mercado exatamente por oferecer o que os clientes precisam, desejam e estão dispostos a pagar, não apenas agora mas ao longo de todo um relacionamento de longo prazo, criando lealdade e se traduzindo em maiores lucros ao longo do tempo.

De forma bastante simplificada, eu acabei de compartilhar com você os pilares de construção de uma estratégia de marketing de valor que está umbilicalmente ligada ao conceito que mais acredito em marketing, que é o de criar uma empresa 100% centrada no cliente (em inglês chamamos isso de *Customer Centricity*).

E para te ajudar neste processo crucial de posicionamento de mercado, eu compartilho quatro perguntas recheadas de dicas práticas e perfeitamente aplicáveis em qualquer negócio, e tenho certeza de que lhe serão super úteis para a criação dos "perfis de cliente-alvo" da sua empresa:

QUEM É O SEU CLIENTE-ALVO?

- Se for pessoa jurídica: qual o setor de atividade, qual o tamanho ideal da empresa etc.
- Se for pessoa física: de qual classe social, de quais regiões específicas etc.

- Em ambos os casos uma ação especialmente árdua precisará acontecer: é você e sua empresa quem irão decidir os mercados que irão focar e os mercados que não irão focar. Sim, será preciso dizer "não" aos mercados que você não vai focar.

QUAL É O PROBLEMA QUE VOCÊ VAI SOLUCIONAR?

Em ambas situações (PJ e PF) você deve saber responder de forma precisa a seguinte pergunta: *Qual é o problema que o meu produto, serviço ou solução irá resolver para o meu cliente e que somente a minha empresa pode ajudá-lo?* Perceba que fiz questão de lhe desafiar um pouco no que diz respeito a trabalhar o quanto puder para identificar o que faz sua empresa e oferta verdadeiramente únicas, pois quanto mais únicas elas forem, infinitamente maiores serão as chances de se obter muito sucesso em seu negócio.

QUAIS SÃO OS CANAIS DE VENDA PARA CHEGAR ATÉ ELES E OS MEIOS PARA SE MANTER ENGAJADO COM ELES DE FORMA CONTÍNUA?

Outro ponto que exige uma análise aguçada de todos os meios que você irá utilizar para vender seus produtos e serviços é o *Place*, Praça, dos 4 Ps do marketing que acabei de lhe falar. Loja física, vendas corporativas, venda através de representantes comerciais, internet etc., são alguns dos canais a serem considerados nesta etapa. E tão importante quanto definir quais serão os canais de venda, é identificar os meios para influenciar, educar e se engajar (de forma contínua) com seus clientes e futuros clientes sobre os benefícios e características únicas do seu produto, serviço ou solução. Redes sociais, *site*, anúncios em jornal, TV etc., são alguns dos meios que, uma vez bem utilizados, lhe serão essenciais ao sucesso e perenidade do seu negócio. Dica de ouro para empresas e profissionais com orçamentos mais enxutos de marketing: as redes sociais são um canal muitíssimo poderoso de identificação, conquista e fidelização de clientes.

POR QUE ELES DEVEM COMPRAR DE VOCÊ E NÃO DO SEU CONCORRENTE?

É aqui que lhe sugiro que faça um profundo trabalho de identificação dos diferenciais competitivos do seu negócio, que idealmente devem contar com três grandes elementos: único, importante e defensável (é raro encontrar empresas com mais de três). Sim, os seus diferenciais competitivos precisam ser verdadeiramente únicos para você, importantes para o seu cliente e defensáveis diante dos seus concorrentes. E é até triste dizer mas se você não tiver um ou mais diferenciais competitivos reais, você se transformará em mais um fornecedor de *commodity*, onde o poder na relação comercial se desloca muito mais para o lado do comprador que tende a basear sua compra pelo menor preço (tendência cada vez maior face à crescente comoditização de produtos, serviços e soluções em todos os mercados).

E para você que já tem uma empresa ou é líder em alguma organização e possivelmente está neste momento questionando o seu posicionamento estratégico no mercado cada vez mais exigente, concorrido e repleto de informações em que todos vivemos, fica a dica: o processo acima serve perfeitamente para você repensar e, se necessário for, remodelar seu posicionamento estratégico, sempre tendo em vista a tão necessária diferenciação que irá incrementar suas vendas, suas margens de lucro e a sua felicidade!

Resumo

Para ter sucesso em vendas, é fundamental entender quem é o seu cliente-alvo e também o "não cliente". E para identificar o seu cliente-alvo, você precisará responder quatro perguntas absolutamente essenciais:

1. Quem é o seu cliente-alvo?
2. Qual é o problema que você vai solucionar?
3. Quais são os canais de venda para chegar até eles e os meios para se manter engajado com eles de forma contínua?
4. Por que eles devem comprar de você e não do seu concorrente?

Compromisso pessoal

Meu compromisso pessoal diante da identificação do meu público--alvo é:

_____

_____

_____

_____

_____

13

Como eu faço para entender melhor as necessidades dos meus clientes?

Em todas as palestras, cursos, aulas em MBAs e *workshops* que tenho ministrado no Brasil inteiro, sempre digo que os melhores vendedores são aqueles que sempre colocam as necessidades, desejos, expectativas e sonhos dos seus clientes acima dos seus, o que se traduz em uma postura de absoluto compromisso em servir e ajudar os clientes na resolução de seus problemas e na plena realização dos seus sonhos. Aliás, não custa reforçar dois conceitos absolutamente fundamentais e que, não por acaso, são as molas mestras deste livro e os grandes "mantras" do meu trabalho como educador em vendas: Vender é ajudar! Vender é servir!

No entanto, é preciso reconhecer que muitos de nós ainda trabalhamos e vendemos muito mais motivados pelos nossos desejos e necessidades em detrimento aos dos nossos clientes. E agora eu quero falar exatamente sobre a importância da boa identificação dos desejos e necessidades dos clientes para incrementar a sua performance em vendas e a sua satisfação em trabalhar com algo tão apaixonante como vendas, onde ajudamos pessoas e empresas na resolução de seus problemas e na realização dos seus grandes sonhos.

Geralmente, as necessidades são muito mais fáceis de identificar do que os desejos dos clientes. Pensemos juntos. Do que exatamente os clientes precisam quando vão a uma concessionária de carros? De um carro. Do que exatamente os clientes precisam quando vão a uma agência de viagens? De uma viagem. E a identificação das necessidades que tende a ser bastante simples exatamente por parecer tão óbvia, muitas vezes nos atrapalha na identificação dos desejos dos clientes quando da compra dos produtos e serviços que comercializamos.

Sim, a identificação dos desejos exige um trabalho e uma preocupação maiores por parte de todos nós vendedores, pois são muito menos evidentes que as necessidades. Usando os mesmos exemplos acima, o cliente de uma concessionária Audi, BMW ou Mercedes-Benz, pode estar em busca do *status* proporcionado por um carro de luxo, pelo alto desempenho e pelo *design* diferenciado e exclusivo, que são apenas alguns dos componentes das marcas mais *premium* de automóveis do mundo. Já o cliente da agência de viagens pode estar em busca daquela viagem inesquecível com a família à Disney, onde certamente se renderão ao encanto e magia dos personagens e parques fantasticamente concebidos pelo gênio Walt Disney.

Neste livro eu também abordo a importância da mais real possível definição do perfil do seu "cliente-alvo". Questões como: quem é, como vive, o que quer e do que precisa o seu cliente-alvo são imprescindíveis para que todos os esforços de desenvolvimento de produtos e serviços (P&D), marketing, vendas, investimentos, distribuição e de uma execução perfeita da estratégia formem a combinação perfeita que irá culminar no sucesso do seu negócio, da sua área e, logicamente, no seu sucesso pessoal.

Aqui no livro eu falo também sobre a fundamental importância de conhecer o seu "não cliente", pois se há algo errado e infelizmente ainda tão presente no mundo corporativo, é a falsa impressão que um bom produto, serviço ou ideia conseguirá atingir com o mesmo sucesso o mercado como um todo. Com uma cuidadosa análise estratégica de marketing que deve incluir segmentação de mercado, seleção dos mercados-alvo e o correto posicionamento de mercado baseado fortemente nos benefícios e diferenciais competitivos do seu produto ou serviço, você estará apto para entender o comportamento do consumidor e segmentar seu produto.

Portanto, uma vez identificado o seu público e mercado-alvo e definidos os benefícios e diferenciais competitivos da sua oferta, é fundamental que você busque entender da forma mais plena possível quais são não apenas as necessidades dos seus clientes, mas principalmente os desejos e sonhos que os movem em direção à compra do seu produto ou serviço. Para fazer isso, eu compartilho com você cinco dicas simples e super eficientes para entender os verdadeiros motivadores de decisão dos seus clientes:

1. **Pergunte sempre:** Faça bom uso das perguntas abertas (quem, o que, quando e como, por exemplo) que lhe permitirão conhecer mais precisamente todas as necessidades, desejos, sonhos e expectativas dos seus

clientes. Quão maior for o seu entendimento sobre cada um destes pontos, melhor será o atendimento oferecido aos seus clientes e incrivelmente maiores serão as chances de ganhar um cliente e "fã" leal, disposto a compartilhar esta experiência positiva com amigos e familiares. E uma dica de leitura bacana para você que é profissional do mercado de vendas complexas, ou *business-to-business* (B2B), e que precisa incrementar suas habilidades de liderar o processo de vendas através de perguntas é o excelente *Spin Selling*, de Neil Rackham da Editora M. Books, (S de situação, P de problema, I de implicação e N de necessidade de solução).

2. **Anote e sintetize os pontos principais:** Crie o hábito de anotar todos os principais pontos que o seu cliente tem dividido com você, pois são exatamente estes pontos que lhe permitirão construir um discurso de vendas poderoso e embasado nas expressões que ele compartilhou com você. Exemplo: se ele lhe disse que a compra do carro novo se justificava também pelo desejo de maior conforto à família, tenha certeza de incluir uma expressão como "este carro é reconhecido mundialmente exatamente pelo conforto que o/a senhor(a) tanto busca neste carro". Anote tudo e não confie em seu cérebro. Sugiro também usar um *software* que permita o registro de todas as interações com os seus clientes. A melhor solução que conheço para gerenciamento de processos de vendas é o Salesforce.com, que oferece inúmeras ferramentas de avaliação de *performance*, indicativos e gráficos que facilitam e profissionalizam a gestão de vendas.

3. **Colha informações dos seus clientes o tempo todo:** Não basta apenas fazer aquela pesquisa que afere em uma escala de 0 a 10 se o cliente foi bem atendido. Empresas e profissionais que oferecem um atendimento nota 10 e que promovem o real encantamento dos seus clientes, estão o tempo todo coletando informações sobre novas necessidades, novos desejos, novos sonhos e principalmente sobre melhorias que podem ser incorporadas aos produtos e serviços que você e sua empresa vendem. Este canal de comunicação e obtenção de *feedback* do cliente precisa funcionar o tempo todo. E aqui reforço: registre tudo o que puder em um *software* específico para isso.

4. **Emoções e sonhos:** As melhores vendas e os melhores relacionamentos são aqueles permeados por emoções e por grandes sonhos.

Emoções não são nada mais nada menos do que os sentimentos que seus clientes experimentam e vivem no contato com a sua empresa e no contato cotidiano com você. Por isso, é tão importante saber incluir a emoção como um dos eixos essenciais do relacionamento com seus clientes. Além disso, é preciso entender quais são os sonhos que movem seus clientes, pois quando você os entende e consegue fazer a conexão do sonho do cliente com o produto e serviço que você comercializa, muito maiores serão as chances de conquistar mais um "fã" para o seu negócio.

Para reforçar ainda mais a importância das emoções no processo de vendas, pego emprestado um ensinamento precioso de Samuel Adams: "A humanidade é governada mais pelos sentimentos do que pela razão".

5. **Não é sobre você e muito menos sobre seus produtos:** Lembre-se sempre de que o objetivo de toda e qualquer empresa e profissional é entender profundamente as necessidades, desejos e sonhos dos seus clientes e público-alvo. De fato e por mais duro que possa parecer, eles pouco se importam com você e com a sua empresa. Eles se preocupam de verdade com eles próprios e com a forma que a sua empresa, produto ou serviço podem ou não satisfazer suas necessidades, desejos e sonhos.

Quando implementar este "modelo" aqui sugerido em seu negócio, você precisará se preocupar muito menos com vendas e receitas, pois terá clientes muito mais fiéis, leais e que, não por acaso, consomem muito mais seus produtos e serviços, pois confiam profundamente que o propósito e missão da sua empresa é oferecer valor real e servir de forma integral às suas expectativas, necessidades e sonhos.

Portanto, lembre-se sempre de que os vendedores vencedores são aqueles profissionais que sempre colocam as necessidades, desejos, expectativas e sonhos dos seus clientes acima dos seus, e que quanto mais você ajudar seus clientes, mais sucesso e mais dinheiro irá ganhar. E entenda que se por ventura esta "equação" estiver temporariamente invertida, ou seja, se estiver ganhando muito dinheiro e ajudando pouco seus clientes, que esta relação tende a não se sustentar e perenizar ao longo do tempo.

Resumo

Só vende muito quem entende perfeitamente as necessidades, desejos, expectativas e sonhos dos seus clientes. Use estas cinco dicas vistas acima para incrementar o seu entendimento esses pontos:

1. Pergunte sempre.
2. Anote e sintetize os pontos principais.
3. Colha informações do seu cliente o tempo todo.
4. Venda emoções e sonhos.
5. Lembre-se de que não é sobre você e muito menos sobre seus produtos.

E lembre-se de que quanto maior for o seu entendimento, maiores e melhores serão as chances de você vender muito mais. Vender é servir! Vender é ajudar! Ajude muito e tenha muito sucesso!

Compromisso pessoal

Meu compromisso pessoal diante do entendimento das necessidades dos meus clientes é:

_____
_____
_____
_____

14

Como eu faço para incrementar minhas habilidades investigativas?

Se existe uma competência fundamental para o profissional, valorizada pelas empresas e crucial para o sucesso em vendas no cada vez mais especializado, exigente e competitivo mundo das vendas profissionais, esta competência responde pelo nome de "habilidades investigativas".

Sim, entender profundamente o seu mercado, seus produtos e soluções, as ofertas dos seus concorrentes e as principais tendências e novidades do seu mercado específico é apenas uma parte pequena do tão importante processo investigativo que cerca todas as etapas de qualquer ciclo de venda nos mais diversos e variados mercados.

E aí você me pergunta: *e além de conhecer o que faço, como faço e por que faço* (o ideal, aliás, é sempre começar com o porquê, pois os clientes compram pelas razões deles e não pelas suas), *o que mais é preciso saber?*

Tão importante quanto dominar tudo o que cerca o seu mercado específico, é entender quem é o seu cliente e quem não é. Este é um exercício muito mais difícil e complexo que o abordado no parágrafo anterior, pois exige do profissional de vendas e das equipes de gestão e marketing uma capacidade aguçada de fazer boas análises que levem à melhor definição possível do perfil do "cliente" e também do "não cliente" da sua solução ou produto.

Especialmente para os vendedores B2B (vendas complexas), recomendo fortemente um recurso maravilhoso, altamente disponível e que ainda é infelizmente negligenciado por muitos vendedores. Este recurso responde pelo nome "internet". Sim, a internet, meu querido leitor, é uma excelente fonte de informações que nos permite, em muitos casos, entender de forma precisa a empresa e seus clientes, seus objetivos e planos estratégicos bem como os riscos os quais as empresas e clientes correm e que podem ser resolvidos pelas soluções ou produtos que vendemos.

Falo, por exemplo, das empresas de capital aberto que por questões legais são obrigadas a divulgar relatórios, planilhas, resultados operacionais, atas e comunicados ao mercado que trazem informações sempre relevantes e úteis para que as empresas e seus vendedores formulem melhor o seu discurso de vendas.

Para lhe ajudar a desenvolver suas habilidades de "detetive" eu compartilho abaixo quatro dicas muito valiosas para você incrementar suas habilidades de investigação e que são especialmente aplicáveis ao mundo das vendas complexas (com ciclos de vendas longos e múltiplos pontos de contato e decisão):

1. **"Especialista *no* e *do* seu cliente!":** Aprenda tudo o que puder sobre o negócio do seu cliente. Mercados-alvo, concorrentes, tendências, ameaças, oportunidades ainda não exploradas etc. Enfim, torne-se o grande especialista no negócio do seu cliente, o que lhe dará ainda mais credibilidade como alguém realmente desejoso de fazer a diferença no negócio dele e que o transformará em fonte confiável para inúmeras demandas já fornecidas por sua empresa e outras tantas que não o faz (isso é se tornar o especialista do seu cliente – quando ele lhe pergunta sobre soluções que você não fornece).

2. **A arte de fazer boas perguntas:** Pergunte, pergunte e pergunte! Desenvolva suas habilidades de fazer perguntas abertas, que lhe permitam entender de forma ainda mais aprofundada as necessidades do seu cliente (muitas delas ainda não detectadas nem por ele mesmo). Um livro excelente que lhe indico para incrementar esta habilidade específica é o *Spin Selling* – alcançando excelência em vendas, de Neil Rackham, publicado no Brasil pela Editora M. Books.

3. **Ouça muito e fale pouco:** Seja um exímio ouvinte e "ouça com empatia" (com verdadeira atenção e com os ouvidos, coração e alma focados no cliente), como diz Stephen Covey em seu excelente livro *Os 7 hábitos das pessoas altamente eficazes* – os melhores vendedores são aqueles que ouvem muito, tomam notas de tudo e que falam pouco e, nos momentos apropriados, utilizando-se de expressões utilizadas pelo cliente para formular o seu discurso de vendas (técnica de parafrasear) baseado na linguagem e no perfil psicológico do cliente.

4. **Saiba lidar bem com as objeções:** Entenda as objeções do seu cliente como sinais de alguém interessado em suas soluções e produtos e esteja muito bem preparado para entendê-las verdadeiramente (veja a conexão com os pontos 2 e 3), pois muitas vezes uma objeção traz embutida em seu escopo uma oportunidade de melhoria do seu processo ou mesmo uma oportunidade para vender ainda mais valor para aquele cliente específico, que tende a valorizar, por exemplo, o prazo de entrega.

Exemplo prático: Em uma negociação complexa entre uma construtora e seu cliente, o cliente queria ampliar a multa pelo eventual atraso na entrega da obra contratada para hipotético 1 milhão de dólares. O competente e hábil negociador da construtora, depois de várias perguntas certeiras, entendeu que a entrega da obra no prazo e principalmente antes do prazo contratado era muito valorizada pelo cliente. Diante disso, ele topou que a multa fosse majorada desde que fosse incluída uma nova cláusula prevendo um bônus de 1 milhão de dólares para o caso de entrega um mês antes do prazo contratado. Resultado final: a obra foi entregue antes do prazo, a construtora recebeu um bônus substancial e o cliente ficou extremante satisfeito. Objeções muitas vezes trazem escondidas oportunidades de vender ainda mais valor e quão melhores forem as suas habilidades investigativas, melhores serão seus resultados. Dica extra: O capítulo 28, p. 223, trata exclusivamente do tema "Objeções".

Resumo

O trabalho de todos nós, vendedores, requer cada vez mais habilidades, competências e técnicas do mais talentoso e conhecido detetive da história: Sherlock Holmes. Não perca tempo e comece desde já a afinar suas habilidades de detetive. Sua motivação e suas vendas lhe sorrirão! E os seus clientes ficarão ainda mais felizes e satisfeitos por negociar com alguém que entende de verdade suas demandas e sonhos! Excelentes vendas investigativas!

Leitura recomendada

Spin Selling: alcançando excelência em vendas – Neil Rackham – Editora M. Books

Compromisso pessoal

Meu compromisso pessoal diante das habilidades investigativas é:
___
___
___
___
___

15

Como eu faço para nunca parar de aprender?

Nunca as empresas investiram tanto em capacitação e treinamento, além de políticas cada vez mais agressivas de remuneração, para a retenção de seus profissionais e talentos como agora, pois são eles os seus mais preciosos e valiosos "ativos" na era do conhecimento em que vivemos.

Por quê? Em um mundo onde as vendas estão cada vez mais especializadas e os compradores e vendedores cada vez mais bem preparados e exigentes, o conhecimento passa a ser "o" ou "um" dos principais componentes de sucesso em qualquer segmento de mercado.

Na era industrial, o que valia era o maquinário das indústrias e a sua efetiva capacidade de produção em grande escala. Na era do conhecimento em que hoje vivemos, o conhecimento e a capacidade intelectual presentes nas empresas e em seus profissionais e a sua consequente capacidade em transformar tal conhecimento em novos produtos, serviços, processos ou soluções inovadores, é sem sombra de dúvidas um dos mais importantes diferenciais competitivos. A própria expansão da internet não gerou uma grande quantidade de *players* que efetivamente vieram a desafiar modelos já tão arraigados à economia global? Sim, sem dúvida alguma. Exemplos? Telefonia convencional *versus* Skype. Cursos tradicionais *versus* educação a distância. Comércio tradicional *versus* comércio eletrônico e por aí vai.

Outras empresas surgiram e ainda "jovens" já se transformaram em ícones de inovação e em grandes e bem-sucedidas corporações globais. O Facebook e o Google são hoje duas das empresas mais valiosas do mundo e têm a inovação e a incrível competência de jovens absurdamente talentosos com espírito empreendedor em seu DNA.

Penso que neste cenário de mudanças aceleradas e forte estímulo ao conhecimento contínuo, os profissionais campeões têm que ser, além de autodidatas, senhores absolutos da sua capacitação profissional, pois é ela que definirá o seu sucesso ou o seu fracasso. Não se pode, portanto, adotar uma postura passiva sempre esperando que a sua empresa empregadora ou a que você representa cuide do seu desenvolvimento profissional.

Os exemplos citados (Facebook e Google) dizem muito sobre a nova ordem da economia global, onde o conhecimento é muito mais acessível e democrático, o que torna o desafio da sua capacitação e transformação pessoal em um profissional realmente diferenciado ainda maior.

Novos produtos e serviços surgem com uma velocidade impressionante e com uma diferença bastante expressiva do que antes se percebia, como tão bem pontua em seu fantástico livro *O mundo é plano* (Objetiva, 2007), de Thomas Friedman. Hoje o seu e o meu concorrente também (seja na pessoa física ou na pessoa jurídica) podem estar na Índia, na China, no Leste Europeu ou no México e as empresas e profissionais precisam estar devidamente capacitados e prontos para os desafios de um mundo cada vez mais conectado, sem barreiras e, como diz Friedman, "plano".

Em vendas, o cenário não é diferente. Ao contrário, o cenário é até mais complexo, pois com a velocidade que novos produtos, serviços e necessidades surgem, o profissional de vendas passa a ser muito mais requisitado como alguém que tem a capacidade de transformar novos produtos e serviços em grandes sucessos de vendas e com uma velocidade cada vez maior.

E se aqui não houver o preparo e a capacitação necessários, não tenha dúvidas de que alguém o fará em seu lugar. Neste cenário, não basta estar bem informado, já que a quantidade de informações disponíveis acerca de qualquer assunto é infinitamente superior a nossas capacidade e possibilidades de absorção (em especial pelo fator tempo[8] que nos limita bastante), além do fato de todos (sem exceção) terem acesso às mesmas informações (dá-lhe Google). O grande desafio está na "filtragem" de toda esta infor-

---

[8] Todos nós já ouvimos a frase "tempo é dinheiro" inúmeras vezes. Na carreira de vendedor, a boa gestão do tempo e do dinheiro é absolutamente essencial para atingirmos o tão desejado sucesso. O livro *Mais tempo, mais dinheiro* (Ediouro, 2009) – escrito a 4 mãos por Gustavo Cerbasi (considerado um dos maiores especialistas em finanças pessoais do país e que me ajuda a tornar este livro ainda mais relevante e útil para você) e Christian Barbosa (considerado o maior especialista em gerenciamento de tempo e produtividade do país e que também contribui com seu conhecimento e *expertise* nesta obra) –, traz dicas excepcionais para ajudá-lo a gerenciar melhor o seu tempo e também o seu dinheiro.
Aliás, ambos têm *sites* muito legais com inúmeros recursos gratuitos (www.christianbarbosa.com.br e www.maisdinheiro.com.br). Leitura e navegação super recomendadas.

mação e na posterior conversão dela em conhecimento. Informação não processada é apenas informação. Informação processada e compartilhada é conhecimento adquirido. Eis o diferencial que você deve perseguir.

Esta busca constante do conhecimento deve ser sempre orientada à maximização de seus pontos fortes (*vide* capítulo 3, p. 23). E este conhecimento pode ser dividido em dois tipos distintos: o conhecimento factual e o conhecimento empírico, onde de forma bastante resumida e simplificada, o primeiro pode ser entendido como o conteúdo e o segundo, mais difícil, é representado por tudo aquilo que não é ensinado e nem encontrado nas salas de aula. A boa notícia para todo profissional e vendedor é que ambos podem ser adquiridos e refinados.

MBAs, especializações, cursos de Inglês, cursos pela internet, livros, jornais, revistas, palestras, seminários etc. Todos se configuram em importantes ferramentas para uma capacitação constante (conhecimento factual), que é o que o mundo de hoje exige. Além disso, as experiências obtidas no seu cotidiano são muito valiosas (conhecimento empírico), pois cada cliente é único, cada necessidade é singular e cada venda tem a sua peculiaridade, criando desta forma um ciclo interminável de novas experiências, que, por sua vez, precisam igualmente ser convertidas em novos conhecimentos. Por isso mesmo é tão importante registrar tudo o que acontece em cada uma das suas interações com seus clientes e potenciais clientes idealmente em um *software*, pois são estas experiências que lhe permitirão conhecer cada vez melhor quais são as melhores práticas e conhecimentos para lhe ajudar a brilhar ainda mais em suas vendas e em sua vida.

Dica de ouro: Eduardo Bom Ângelo, ex-Presidente da Brasilprev, autor do livro *O empreendedor corporativo* (Campus, 2003), um dos mais brilhantes líderes empresariais do Brasil e que tão precocemente nos deixou, também nos ensinou nesta sua bela obra que ninguém fica desempregado. Ele prega que desempregado é o conhecimento que as pessoas tinham e que hoje não encontram qualquer aplicabilidade.

Concordo com ele. E uma série de grandes empresas nacionais e multinacionais corrobora esta "tese", já que não conseguem preencher todas as vagas que têm disponíveis, simplesmente por não encontrarem no mercado profissionais com todas as habilidades, competências, atitudes e comportamentos requeridos.

Se você ainda imagina que conhecimento não faz a diferença, torça para não fazer parte deste grupo de pessoas que tem conhecimentos sem qualquer empregabilidade no mundo atual. E para instigar ainda mais o seu desejo pelo aprimoramento contínuo, eu termino este capítulo com mais um ensinamento do mestre Peter Drucker: "O ativo mais valioso de uma organização do século XXI será formado pelos seus trabalhadores do conhecimento e pela sua produtividade."

Resumo

No mundo de aceleradas mudanças em que vivemos, nunca foi tão importante quanto agora o "aprender a aprender". Seja um eterno "insatisfeito" com o conhecimento que você já detém. Busque sempre mais. Invista em você mesmo sem esperar que os outros o façam por você. E enxergue cada real e cada hora gastos em capacitação como investimentos de alto valor e de longo prazo, pois não há nada mais valioso no mundo do que o conhecimento por nós adquirido. Importante também refinar o conhecimento em torno dos seus pontos fortes e talentos, pois como já disse aqui, são eles que farão a diferença e que lhe permitirão atingir a excelência em vendas e na sua atividade profissional em qualquer área de atuação. Entenda que o retorno de investimento citado acima "pode" (de possibilidade) sim se dar no curto prazo, mas aqui vale reforçar outra "regra de ouro" no mundo das vendas: gerenciar expectativas é fundamental, pois é sempre melhor superá-las do que não alcançá-las em virtude do seu mau e incorreto dimensionamento.

Ferramentas práticas

A seguir eu compartilho com você alguns *sites* de instituições que se dedicam a promover o compartilhamento de cursos, palestras e vídeos, realmente sensacionais e muitos deles gratuitos. Cadastre-se ainda hoje para incrementar seu repertório de habilidades, técnicas e conhecimentos em vendas e na sua área específica de atuação:

- **UOL Desenvolvimento Profissional** (www.desenvolvimentoprofissional.uol.com.br): Um canal dentro do maior portal de internet do Brasil repleto de vídeos de curta duração com alguns dos maiores especialistas do Brasil e do mundo em suas respectivas áreas. Eugenio Mussak, Mario Sergio Cortella e este amigo vendedor caipira fazem parte do *casting* de craques do UOL para te ajudar a brilhar em sua carreira e em suas vendas.

- **CIEE** (www.ciee.org.br): O CIEE promove regularmente em São Paulo e também nas sucursais do Brasil todo eventos focados nas mais diversas áreas de conhecimento e nas mais diferentes indústrias. São eventos gratuitos, onde palestrantes, escritores, empresários e gurus de grande destaque em suas respectivas áreas lideram palestras brilhantes e muitas vezes com a distribuição gratuita de seus livros aos participantes.

- **TED** (www.ted.com): O TED (Tecnologia, Entretenimento e Design) é um *site* onde grandes líderes, palestrantes, escritores, empresários, executivos etc., compartilham em palestras fantásticas, de em média 15 minutos, histórias que poderão impactar forte e positivamente sua vida. Além disso, o TED é um recurso excelente para você incrementar suas habilidades de apresentação em público, algo tão essencial para todos nós vendedores e profissionais das mais diversas áreas.

- **Coursera** (www.coursera.org): O Coursera é uma plataforma sensacional que oferece centenas de cursos gratuitos (muitos deles já em Português) de algumas das mais prestigiadas instituições de ensino do mundo. Eu mesmo já fiz alguns cursos da prestigiada Escola Wharton da Universidade de Pensilvânia.

- **MBA 60** (www.mba60.com): O MBA 60 é um *site* muito bacana onde você encontrará dicas e ensinamentos preciosos de grandes líderes e *experts* nas mais diversas áreas do conhecimento.

- **HSM Expo Management** (www.expomanagement.com.br): Evento que acontece geralmente no mês de novembro na cidade de São Paulo, onde além do evento principal (que é pago), são oferecidas inúmeras palestras com líderes de empresas, autores e *experts* nas mais variadas áreas do conhecimento.

COMPROMISSO PESSOAL

Meu compromisso pessoal diante da aprendizagem contínua é:

_____

_____

_____

_____

_____

16

Como eu faço para criar e comunicar melhor meu discurso de vendas?

Você já parou para pensar sobre a importância dos primeiros momentos de interação com seus clientes? E sobre a importância da eficácia do seu discurso de vendas? E sobre o quão diferente e realmente relevante para as necessidades do seu cliente é o seu discurso de vendas?

Se ainda não, o grande objetivo deste capítulo é te ajudar a criar um discurso de vendas (o tão famoso "*pitch* de vendas") eficaz, relevante e sempre orientado à ação traduzida em vendas por fazer o cliente se mover em direção ao seu produto e serviço em detrimento das demais ofertas cada vez mais abundantes encontradas ao seu redor.

Já nos cansamos de ouvir a batida frase "a primeira impressão é a que fica", certo? E por mais incrível que possa parecer muitas vezes nos descuidamos deste momento tão crucial que é o do primeiro contato com o cliente – não por acaso o momento em que ele estabelece sua percepção acerca do quanto você e sua empresa são e estão aptos a lhe ajudar.

Para que você realmente se diferencie da multidão, é preciso entender friamente que os seus clientes e mercados-alvo pouco se importam com os seus produtos, serviços, soluções e o quão grandioso e bom você e sua empresa são. Sim, é duro admitir isso mas o cliente não está nem aí para seus produtos e serviços! A grande preocupação dele está concentrada no "porquê" ele precisa do seu produto, serviço ou solução para ajudá-lo, seja na resolução de um problema ou na realização de um grande sonho. Portanto o seu papel é fazer a perfeita conexão entre os benefícios de seus produtos com as necessidades do cliente. Feita esta conexão, o discurso de venda e a venda propriamente dita ficam muito mais fáceis, pode ter certeza. Eis aqui o primeiro grande segredo de construção de discursos de vendas realmente eficazes: eles precisam estar diretamente relacionados às necessidades dos seus clientes e mercados-alvo.

Abaixo eu compartilho inúmeras dicas práticas para que você crie um discurso de venda (o seu *pitch*) realmente espetacular:

1. **Revisite todos os seus materiais de divulgação:** Todos os seus materiais de divulgação, incluindo *folders*, *site* da empresa, redes sociais, blog etc. devem estar fortemente orientados ao problema que seu produto ou serviço se propõe a resolver e não em *como* você e sua empresa são "bons", "líderes" ou "maiores e melhores". É claro que é sempre desejável ser bom, líder, melhor e maior. Mas o mais importante mesmo é ser "o melhor para o seu cliente" e o mais apto a ajudá-lo agora e para sempre.

Aliás, invista alguns minutos do seu tempo ainda hoje para revisitar todos estes materiais citados acima, pois é bastante possível que eles estejam o tempo todo focados na "incrível qualidade" dos seus produtos e serviços, na "grandiosidade e liderança" da sua empresa e no "quão bons" você e tudo o que sua empresa produzem são. Feito isso, coloque-se no lugar do seu cliente e questione se estas informações são verdadeiramente relevantes para as necessidades dele.

2. **Redirecione todo o seu discurso:** O potencial processo de reconstrução de todos os materiais de divulgação abordado no item anterior necessariamente envolve o departamento de marketing e a alta liderança da sua empresa é que precisam entender que nesse mercado cada vez mais exigente, que a sua empresa precisa ser *customer centric* (ou em tradução livre "centrada no cliente") ao invés de ser *company centric* ("centrada na empresa", em tradução livre).

Exemplo prático: selecione abaixo qual é o discurso de vendas que você enxerga ter maiores possibilidades de êxito:

- Somos a empresa líder global em soluções de treinamento de vendas com mais de 20 anos de experiência e escritórios em mais de 25 países. Nosso foco é ajudar as empresas a se tornarem ainda mais eficazes e lucrativas através do incremento da sua performance de vendas.

- Vendas é uma área tão apaixonante quanto complexa por envolver diversas áreas do conhecimento – o que requer dos seus profissionais constante capacitação e desenvolvimento para produzir resultados cada vez mais sólidos. Cientes destes desafios que incluem, dentre outros, o fato de que apenas 15% dos profissionais de vendas conseguem atingir todas as suas metas, nosso foco é unir teoria, prática e paixão para ajudar você e sua empresa a brilharem ainda mais em projetos 100% customizados às suas necessidades.

É bastante possível que você tenha selecionado a segunda opção, certo? A primeira opção está mais "centrada na empresa" e não traz componentes importantes tão diretamente ligados à necessidade específica do cliente; já a segunda opção tende a ser mais orientada aos problemas e preocupações do seu cliente acerca da tão fundamental capacitação e treinamento da sua força de vendas. Além disso, a segunda opção, mais "centrada no cliente", cria melhores possibilidades de obter o tão necessário "gancho", que é despertar no seu cliente o desejo de ouvir e entender melhor suas ofertas. Ao afirmar que apenas 15% dos profissionais de vendas têm atingido todas as suas metas, você abre uma importante janela de entendimento sobre quais são os índices específicos daquele cliente, o que lhe permite não apenas validar o seu discurso de vendas mas principalmente demonstrar a partir daquele momento que somente você e sua empresa têm as credenciais para resolver este problema em um modelo de parceria de longo prazo e 100% orientado à melhoria deste e de outros índices de vendas.

3. **Use perguntas inteligentes para adequar ainda mais seu discurso de vendas:** Tendo conseguido a devida atenção para este ou outros problemas específicos enfrentados pelos seus clientes, é importante dominar a arte das perguntas (*vide* capítulo 34, p. 267) que lhe permitirão entender ainda mais de que forma você irá posicionar suas soluções para aquele cliente específico. Portanto, para conseguir a atenção integral dos seus clientes, é fundamental que você foque todo o seu esforço de comunicação no perfeito entendimento das suas necessidades para somente depois disso enaltecer os benefícios e as fortalezas da sua solução para resolver e endereçar cada um dos problemas que o cliente enfrenta e também os que ele ainda não consegue identificar mas que você já consegue visualizar.

4. **Fuja do PowerPoint:** Outra "dica de ouro" que tenho compartilhado com grandes empresas no Brasil inteiro, que têm investido vigorosamente em discursos de vendas verdadeiramente diferenciados, é investir fortemente em *workshops* e ações práticas capazes de permitir a seus vendedores

utilizarem somente os seus *folders* e apresentações em PowerPoint quando realmente for necessário.

Digo isso, pois em tempos de clientes que de um lado demandam mais atenção e de outro dispõem de menos tempo, a assertividade e a habilidade de concisão de seus profissionais passam a ser outros elementos de fundamental importância para fazer de cada minuto da interação com seus clientes minutos realmente valiosos, que adicionem "valor real" à sua oferta e que o diferenciem como alguém verdadeiramente capacitado e habilitado para resolver aquele problema específico.

Resumo

Ter um discurso de vendas realmente poderoso e eficaz passa antes de mais nada pela avaliação mais transparente possível sobre o quanto este discurso é relevante e importante para os seus clientes e mercados alvo que você e sua empresa servem, pois de nada adiantar criar um discurso que não enderece os problemas que sua empresa resolve ou os sonhos que ela realiza. Para fazer isso, siga algumas dicas bastante eficazes e que lhe serão de grande valia para incrementar a força do seu discurso e plena aderência às necessidades dos seus clientes:

1. Revisite todos os seus materiais de divulgação.
2. Redirecione todo o seu discurso.
3. Use perguntas inteligentes para adequar ainda mais seu discurso de vendas.
4. Fuja do PowerPoint.
5. Dica bônus: comece sempre com o "Porquê".

Exercício prático

Invista exatos 18 minutos para assistir ao vídeo do professor Simon Sinek sobre como criar um discurso fortemente baseado no "Por quê?" e não no "Como?" e nem no "O quê?". O vídeo sobre o "Círculo Dourado" está disponível através do link: www.goo.gl/Ammv5a

Ao final do exercício, crie o seu próprio "círculo dourado" com o(s) "por quês?" e também os "quês" e "como" da sua oferta. E para maximizar e incrementar ainda mais a importante habilidade de melhor direcionar o seu discurso às reais necessidades e problemas do cliente, ensaie este exercício com os seus colegas e se possível grave em vídeo estas atividades para entender o que e como precisa ser melhorado para tornar seu discurso ainda mais aderente e relevante aos desafios do cliente.

Leitura recomendada

Por quê: como grandes líderes inspiram ação – Simon Sinek – Editora Saraiva

COMPROMISSO PESSOAL

Meu compromisso pessoal diante do melhor discurso de vendas é:
_____
_____
_____
_____
_____

17

Como eu faço para incrementar minha habilidade de ouvir melhor?

> Coragem é o que preciso para ficar de pé e falar. E coragem é também o que preciso para sentar e ouvir.
>
> *Winstom Churchill*

Ao longo de todo este livro, eu reforço a importância de entender profundamente as necessidades, os anseios, as expectativas e os sonhos dos seus clientes e do seu mercado-alvo. E para que isso aconteça, eu também falo bastante aqui da habilidade de "ouvir com empatia", com o coração, a mente e a alma verdadeiramente conectados com o seu interlocutor, o que ajuda na construção de um bom *rapport* (habilidade para captar e compreender os sentimentos de outras pessoas para, desta forma, criar uma conexão legítima e harmoniosa que vai muito além da consciência racional).

No entanto, muitos ainda confundem o bom vendedor com o bom "comunicador" ou com o bom "falador". Trata-se de uma visão equivocada e distorcida da realidade do mundo cada vez mais profissionalizado das vendas. Os clientes, sejam eles pessoas físicas ou jurídicas, estão cada vez mais bem informados, exigentes e seletivos. Por isso mesmo eles querem ser ouvidos[9]. Querem e merecem que suas demandas, necessidades e anseios sejam plenamente entendidos. E o mais importante de tudo: todos os clientes querem se sentir especiais, como verdadeiramente o são.

Quantas não foram as vezes que ouvi depoimentos de "pseudovendedores" que se tornaram "vendedores" por se considerarem bons "comunicadores". Como já fiz questão de dizer em outro capítulo deste livro, o erro de se considerar um grande e exímio "comunicador" e confundir esta

---

[9] Além de ouvir atentamente, é muito importante que a sua *body language* (linguagem corporal – *vide* capítulo 19, p. 135), transmita ao cliente a percepção real de que você está 100% atento e ouvindo-o de verdade. Importante também saber incluir alguns dos pontos que foram ditos pelo cliente, ou *prospect*, em seu discurso de vendas (técnica da paráfrase). Isso demonstra que você realmente ouviu e entendeu os problemas e necessidades por ele enfrentados – o que fará com que a conversa se torne ainda mais fluida e profunda.

importante habilidade como a mais importante para se tornar um grande vendedor é bastante comum e inclusive me atrapalhou muito nos primeiros anos de carreira, quando eu era praticamente um catálogo ambulante e que logo no início da reunião eu já abria meu computador para falar o quão sensacionais eram meus produtos e serviços sem sequer entender se havia a necessidade do cliente e quais poderiam ser os produtos e serviços mais indicados a cada um deles. Aliás, ainda hoje, eu me policio bastante para ouvir mais e falar menos.

Vários são os estudos, teses e pesquisas que comprovam que os melhores vendedores são aqueles que melhor ouvem e que melhor sabem perguntar. E não basta ouvir atentamente. É preciso ouvir com empatia; "para estabelecer confiança e integridade, as pessoas precisam ouvir e verdadeiramente tentar compreender umas às outras". (Covey, 2005)

Doutor Ozires Silva, autor do livro *Cartas a um jovem empreendedor* (Silva, 2007)[10] – e um dos homens mais importantes da nossa história contemporânea, por ter idealizado e concebido a empresa que hoje coloca o Brasil nos céus do mundo através das asas da Embraer –, disse certa vez que seus ouvidos tinham saído roucos de uma reunião de tanto ouvir. Façamos do sábio conselho do doutor Ozires um novo e saudável hábito.

Em um mercado cada vez mais inflado de vendedores (boa parte deles sem perfil adequado e sem desejo de se tornar realmente profissional), um dos principais diferenciais de sucesso dos profissionais campeões é certamente a plena percepção das necessidades e interesses do seu cliente, algo que só se consegue com ouvidos muito atentos e realmente "interessados" em ouvir as suas histórias e problemas. Paciência também é fundamental, pois muitos vendedores atropelam a conversa em virtude de avaliações prematuras sobre as necessidades reais do cliente.

Em mercados muito "comoditizados", como o de vendas de serviços de *outsourcing* e terceirização de mão de obra ou *Business Process Outsourcing* (BPO),

---

[10] *Cartas a um jovem empreendedor* é um livro rápido e delicioso que traz dicas práticas de um dos mais visionários, competentes e inspiradores líderes brasileiros, doutor Ozires Silva, com quem já tive a grata satisfação de trocar algumas impressões e ideias sobre o mercado de educação no Brasil. Movido por um grande sonho, o doutor Ozires criou a Embraer, empresa que hoje nos enche de orgulho. Leitura super-recomendada para aqueles que sonham em empreender e também para os que precisam da inspiração e dos conhecimentos maravilhosos deste que é, em minha modesta visão, um dos maiores brasileiros de todos os tempos.

por exemplo, a "vitória" que se caracteriza pela conquista do cliente está muitas vezes no detalhe do detalhe. E para chegar lá é preciso ter ouvidos muito atentos para captar de forma precisa as necessidades, desafios, fatores de decisão[11] e expectativas do cliente, pois o fator principal da tomada de decisão da outra parte poderá ser revelado nas entrelinhas de uma boa e produtiva reunião (onde você deve "sair rouco de tanto ouvir") ou ao longo de todo o ciclo de vendas em doses homeopáticas e que precisam estar devidamente registradas em um *software* de CRM.

Não me envergonho em dizer que tenho inúmeras experiências pessoais negativas para compartilhar com você. Várias delas aconteceram nos primeiros anos da minha carreira como vendedor profissional e talvez ainda aconteçam hoje, mas em número bem mais reduzido. Quantas não foram as reuniões em que eu simplesmente falava sem parar dos inúmeros recursos e benefícios das soluções que vendia sem sequer entender quais eram a realidade, os desafios e as necessidades específicas daqueles clientes? E para piorar ainda mais, muitas foram as reuniões em que eu saí da sala com a nítida impressão de ter causado um enorme impacto com as minhas "incríveis habilidades de comunicação". Enfim, estava muito mais preocupado comigo mesmo do que com os meus clientes, um erro absolutamente primário para quem deseja prosperar em vendas.

Pobre coitado deste vendedor caipira que teve de apanhar muito para entender que o bom processo de comunicação só se dá quando há perfeito equilíbrio entre os interlocutores e que muitas vezes este equilíbrio só ocorre quando assumimos um papel muito mais de ouvinte do que o de um "tagarela" que fala sem parar.

Outra técnica muito legal que compartilho aqui com você é sempre ouvir seu cliente tendo três componentes-chave como molas mestra da sua comunicação:

Ouça com sinceridade: lembre-se sempre de que o cliente está focado nos problemas e desafios dele e não nos seus. Isso dito, é fundamental que você entenda os principais tópicos que o fizeram investir seu tempo

---

[11] No mercado de vendas corporativas são muitos os fatores de decisão (muitas vezes elencados nos pedidos de proposta ou *Request For Proposal* – RFP): preço, competência comprovada da equipe de suporte e atendimento, qualidade geral do serviço e acordo de nível de serviço (*Service Level Agreement* – SLA), entre outros. De qualquer forma, eu reitero que as vendas e as relações sempre se dão entre pessoas. *People buy from people* ("Pessoas compram de pessoas", em tradução livre).

para conversar com você e entender de que forma você pode ajudá-lo. Se, ao contrário, você insistir em seguir um rito predeterminado em que você basicamente fala o tempo todo de você e sua empresa, você perderá uma chance de ouro de melhor entender o seu cliente para melhor atendê-lo e conquistar sua lealdade e confiança.

Ouça com ética: *como é que é, Zé, ouvir com ética? O que isso significa, hein?!* Pego aqui emprestado um dos muitos ensinamentos preciosos de um dos maiores e mais respeitados autores de negócios de todos os tempos, o Dale Carnegie, em seu excelente e mais que obrigatório livro *Como fazer amigos e influenciar pessoas*. Ele diz que "um homem convencido contra sua própria vontade, conserva sempre sua opinião anterior". Não caia na tentação de querer convencer o cliente a qualquer custo, pois isso pode lhe custar as incontáveis vendas futuras que deixarão de acontecer exatamente por você ter "forçado a barra" e ter vendido algo que não satisfazia plenamente as necessidades e problemas dele. Vender bem é criar uma relação de confiança, sempre baseada em integridade e ética, que, ao final do dia, serão os elementos que o farão ficar marcado como um profissional diferenciado na cabeça do seu cliente e que ele sempre vai querer comprar de você.

Ouça com perguntas: *ô, Zé, lá vem você de novo falar que eu preciso perguntar melhor!* Faço isso de forma absolutamente proposital, pois para ouvir bem é preciso saber perguntar. E para vender bem é preciso saber ouvir e perguntar melhor. Estas duas habilidades não vivem uma sem a outra. Ouça o quanto puder seus clientes e faça bom uso das inúmeras técnicas de perguntas que também recheiam esta obra. Ao fazer isso, você terá muito mais sucesso!

Sinceridade, ética e boas perguntas: mais três elementos-chave para quem quer ouvir e vender melhor!

Resumo

Ouça muito, fale pouco e feche a venda. E lembre-se sempre que: Saber ouvir é muito mais importante do que saber falar. Aliás, Deus não nos deu dois ouvidos, dois olhos e apenas uma boca à toa, certo?

No capítulo a seguir (Como eu faço para ouvir melhor meus clientes e funcionários?) eu me aprofundo nesta competência essencial, e ainda negligenciada por muitos de nós, que é a de ouvir melhor nossos clientes e também nossos funcionários (dica essencial para quem é líder).

COMPROMISSO PESSOAL

Meu compromisso pessoal diante de ouvir melhor é:

_____

_____

_____

_____

_____

18

Como eu faço para ouvir melhor meus clientes e funcionários?

> Se eu tivesse perguntado a meus clientes o que eles queriam, eles teriam respondido: um cavalo mais rápido!
>
> *Henry Ford*

Ainda que a frase acima soe minimamente controversa especialmente em um capítulo dedicado a ouvir melhor seus clientes e funcionários, devo-lhe confessar que ainda me surpreendo negativamente com o incrível descaso que muitas empresas, profissionais de vendas e líderes têm dedicado à tarefa essencial e vital de ouvir, da forma mais ampla possível, seus clientes e também os seus funcionários. É claro que é sempre legal respeitar seus instintos especialmente quando da criação de um negócio único com grande potencial de crescimento. No entanto, para a gigantesca maioria das empresas, profissionais e situações cotidianas do mundo das vendas e dos negócios, ouvir bem continua a ser um elemento de fundamental importância para todos nós que queremos brilhar.

E daí você pode me perguntar: *E o que é verdadeiramente importante ouvir dos meus clientes e funcionários, Zé?* Antes de compartilhar algumas dicas práticas para incrementar esta competência essencial, faz-se necessário ressaltar que a habilidade de ouvir com empatia (com coração, alma e mente verdadeiramente interessados no que o outro tem a dizer) é uma das principais e mais valorizadas competências dos grandes vendedores, líderes e empresas. Amparado em minha própria experiência como vendedor, líder e principalmente através da convivência com centenas de líderes (alguns verdadeiramente espetaculares), posso afirmar sem medo de errar que, em tempos de mercados mais complexos, clientes muito mais exigentes e ofertas comoditizadas, a habilidade de ouvir funcionários e clientes é um valiosíssimo diferencial competitivo. Ouvir é, mais do que nunca, fundamental para quem lidera pessoas e para quem sonha em fazer suas empresas líderes em seus respectivos mercados!

Isso dito, vamos às seis dicas práticas para você ouvir melhor seus profissionais:

1. **Pergunte** e procure descobrir sempre quais são os sonhos pessoais e profissionais dos seus liderados. E além de ouvi-los muito, incentive-os a falar e a compartilhar tudo o que sabem, querem e sentem, pois, sentindo-se parte de algo, a tendência é que eles performem muito mais e que coloquem seus dons à serviço da missão da sua empresa.

2. **Demonstre** genuína preocupação com os sentimentos e necessidades dos seus profissionais e não crie barreiras para ideias que possam inicialmente parecer equivocadas.

3. **Ofereça** *coaching* o quanto puder para ajudá-los na realização dos sonhos e principalmente na conexão destes sonhos com os objetivos que você traçou de crescimento da sua área e empresa.

4. **Questione** se a missão e o propósito de existência da sua empresa e negócio são fortes e legítimos o suficiente para fazer a mente e o coração dos seus profissionais trabalharem com força máxima, exatamente por enxergarem congruência entre os valores, missão e sonhos da empresa com os deles.

5. **Ajude** seus profissionais o tempo todo a realizarem o seu verdadeiro potencial e a serem bem-sucedidos. Entenda o "porquê" de todos os seus liderados e busque conectar o "porquê" deles com o "porquê" da existência da sua empresa.

6. **Compartilhe** conhecimento com eles o tempo todo com a certeza de que profissionais motivados e com *sense of belonging* (senso de pertencimento a uma causa e a um grande propósito) trabalham muito mais motivados e empenhados em torno da realização da grande causa da qual você é o principal catalisador.

E abaixo eu compartilho seis dicas igualmente essenciais para você ouvir melhor seus clientes e transformar seus *feedbacks*, críticas, ideias e sugestões em uma poderosa máquina de retenção, lealdade e encantamento:

Como eu faço para ouvir melhor meus clientes e funcionários?

1. **Pontos de escuta:** Como a Disney tão brilhantemente nos ensina, é fundamental usar de forma inteligente inúmeros pontos de escuta com seus clientes ao longo de toda a "cadeia de experiências" deles com seus produtos e serviços. Pesquisas feitas com potenciais clientes (atividades que se encaixam no pré-vendas), no *call center*, pesquisas mais estruturadas e amparadas em modelos como o *Net Promoter Score* – NPS (*vide* o capítulo 43, p. 325, que aborda detalhadamente o assunto), questionamentos informais em reuniões presenciais etc. Enfim, obtenha sempre o *feedback* mais cândido que puder de seus clientes e use-os para aprimorar seus produtos, processos e até sua missão de existência com foco absoluto no incremento da experiência de compra, satisfação e lealdade de todos os clientes que serve e ajuda.

2. **Pergunte sempre:** Esqueça muito do que já ouviu sobre vendas e saiba que a habilidade de comunicação mais importante é saber ouvir e falar pouco e nos momentos apropriados. Para isso, amplie o repertório de perguntas abertas que lhe permita entender as reais necessidades, desejos e sonhos dos seus clientes para na sequência moldar o seu discurso de vendas a cada cliente específico. Uma dica de ouro aqui é criar um *script* (roteiro) de perguntas para entender melhor o seu cliente e transformar cada interação com ele em uma enriquecedora troca de informações e conhecimento.

3. **80/20:** Dica ainda mais valiosa aos profissionais envolvidos em vendas complexas (ciclos longos e elevados valores) e umbilicalmente ligada à dica anterior de perguntar mais, ouvir muito e falar menos. Deixe com que o seu cliente fale 80% do tempo (vale a mesma lógica da Regra de Pareto aqui, que nos ensina que 80% dos seus resultados vêm de 20% dos seus clientes mais importantes). Se você ainda estiver distante destes números, busque mudá-los gradativamente ao longo do tempo: 50/50, 60/40, 70/30 e 80/20 (cliente/você). Dica valiosíssima: ensaie com colegas e se puder filme estes exercícios. Tenho certeza de que você vai se surpreender com o quanto ainda pode melhorar.

4. **Porquê:** Lembre-se sempre que seus clientes não compram nem o **que** e nem o **como** você vende. Entenda o **porquê** de eles precisarem do seu produto ou serviço e faça tudo o que for possível para satisfazê-los hoje e sempre. Feito isso, reformule o seu discurso de vendas para que ele

sempre se inicie com o **porquê** de sua existência, que é na grande maioria das vezes, o de ajudar seus clientes e mercados a solucionar problemas e a realizar sonhos.

5. **Redes sociais:** Na "era da recomendação e da experiência" em que vivemos, as redes sociais são um instrumento poderoso para entender melhor seus clientes, se engajar e dialogar com eles e construir relacionamentos cada vez mais poderosos e de longo prazo. Dica de ouro: não basta estar presente nas redes sociais. O essencial é usar este meio para divulgar seus produtos e serviços e também para captar tendências, necessidades e se engajar o tempo todo com seus clientes.

6. **Observe-os:** Além de ouvi-los, observe os seus clientes o tempo todo para identificar novas e potenciais demandas que nem sequer por eles foram identificadas. Busque inspiração em uma das grandes lições do gênio Steve Jobs e que se aplica perfeitamente aqui: "não é responsabilidade dos clientes saber o que eles precisam".

Resumo

Problema: poucos são os líderes e empresas que ouvem com empatia seus funcionários e clientes.
Realidade: ouvir é absolutamente fundamental para quem lidera pessoas e sonha fazer suas empresas líderes em seus respectivos mercados. E ouvir com excelência se configura em um importante diferencial competitivo para você e sua empresa. Ouça muito!
Solução: ouça mais seus funcionários e clientes.

Dica "bônus": saiba ouvir o que o cliente não está lhe dizendo

Além de todas as técnicas e dicas acima, é fundamental que você preste atenção a tudo o que o cliente não está lhe dizendo. *Como é que é, Zé?* Sim, é isso mesmo, esteja atento o tempo todo à linguagem corporal dos seus clientes. Se eles parecerem agitados, desconfortáveis ou zangados com algo, busque entender o porquê disso. Muitas vezes é melhor agendar um dia mais apropriado e calmo para tratar daquele assunto de crucial importância para você e para o seu cliente, do que forçar a barra em um dia que o seu cliente está envolvido em outro problema que você não tenha controle. Pense nisso e aja com muito mais inteligência para ouvir melhor seus clientes e funcionários!

6 dicas práticas para ouvir melhor seus profissionais

1. Pergunte sobre seus sonhos.
2. Demonstre preocupação genuína.
3. Ofereça *coaching* o tempo todo.
4. Questione sua missão.
5. Ajude-os a realizar seu potencial.
6. Compartilhe conhecimento.

6 dicas práticas para ouvir melhor seus clientes

1. Crie inúmeros pontos de escuta.
2. Pergunte sempre.
3. 80/20: o cliente sempre fala mais.
4. Entenda o "porquê" do seu cliente.
5. Use as redes sociais.
6. Observe-os.

COMPROMISSO PESSOAL

Meu compromisso pessoal diante de ouvir melhor clientes e funcionários é:
_____
_____
_____
_____
_____

19

Como eu faço para me comunicar melhor e contar boas histórias?

> As pessoas pensam em histórias e não em estatísticas. E os bons vendedores e profissionais de Marketing precisam ser mestres em contar boas histórias.
>
> *Arianna Huffington*

O sucesso em vendas depende, e muito, da habilidade de comunicação de todos nós, profissionais de vendas. Saber ouvir (capítulos 17 e 18) e se expressar bem são habilidades importantes e que exigem um preparo específico e árduo para a melhor performance em vendas. E este capítulo se dedica exatamente à habilidade de falar melhor.

Vale aqui reforçar que a boa capacidade de comunicação oral só se dá quando há um perfeito equilíbrio entre a capacidade de ouvir e a boa habilidade de falar, não devendo nunca confundir o *falar* com o *comunicar*. Além de saber ouvir, é fundamental que você saiba *falar bem* e que saiba apresentar de forma adequada os benefícios e funcionalidades de seus produtos, serviços e soluções e que seja claro o bastante para demonstrar de que forma eles irão resolver os problemas ou realizar os sonhos do cliente.

Enganam-se aqueles que imaginam que a habilidade de comunicação oral (o *falar bem*) é algo que já nasce conosco, e que não pode ser desenvolvida ou aprimorada. Boas habilidades orais demandam, como outras tantas habilidades aqui exploradas, muito esforço e tempo de dedicação e muita disciplina para aprimorá-las.

O sucesso do professor Reinaldo Polito, um dos maiores especialistas em comunicação do Brasil, autor de vários *best-sellers* nesta área específica e meu parceiro nos cursos *on-line* do UOL Desenvolvimento Profissional, é a prova inequívoca de que tal habilidade pode e deve ser sempre aprimorada. Abaixo, eu compartilho com você as "10 dicas de ouro para falar melhor", elaboradas pelo professor Polito:

1. **Seja você mesmo:** Nenhuma técnica é mais importante que a sua naturalidade.

2. **Tenha um vocabulário adequado ao público:** Evite gírias e termos incomuns e quase sempre incompreensíveis.

3. **Pronuncie bem as palavras:** Sem exagero!

4. **Cuide da gramática:** Um erro nessa área poderá comprometer toda a sua performance.

5. **Fale com boa intensidade:** Nem alto nem baixo demais. Sempre de acordo com o ambiente.

6. **Tenha postura correta:** Fique sempre bem posicionado.

7. **Fale com boa velocidade:** Nem rápido, nem lento demais.

8. **Tenha início, meio e fim:** Toda fala, seja uma simples conversa, seja uma apresentação para grandes plateias, precisa ter início, meio e fim.

9. **Fale com ritmo:** Alterne o volume da voz e a velocidade da fala para construir um ritmo agradável de comunicação.

10. **Fale com emoção:** Fale com entusiasmo. Vibre com a sua mensagem, demonstre emoção e interesse nas suas palavras e ações. Assim, terá autoridade para interessar e envolver os seus ouvintes.

Desta forma, se você ainda não se sente seguro para ter um melhor desempenho ao se comunicar, tenha certeza de que esta é uma habilidade que pode, precisa e deve ser desenvolvida, aliás, como tudo na vida de todos nós, buscamos o tempo todo nos transformarmos em campeões de vendas.

As ótima dicas acima devem ser encaradas como um bom ponto de partida.

BODY LANGUAGE (LINGUAGEM CORPORAL)

E falando em comunicação, cuide bem da sua linguagem corporal e atente sempre aos inúmeros sinais e gestos emitidos pelo seu cliente e interlocutores, pois eles quase sempre fornecem dicas e sinais preciosos sobre indicadores positivos e negativos que lhe serão muito úteis para o melhor direcionamento da sua conversa. Dentre os sinais positivos valem ser citados o contato direto olho no olho, olhos atentos e receptivos e testa relaxada. Dentre os sinais e gestos negativos, olhos dispersos e testa tensa são bastante comuns.

Abaixo eu divido com você 8 dicas simples e poderosas para fazer com que a sua linguagem corporal te ajude ainda mais a incrementar sua performance em vendas e em negociações:

1. **Paixão e entusiasmo:** Especialmente em encontros presenciais, estes dois elementos precisam estar presentes de forma ainda mais perceptível, pois todos gostam de trabalhar com gente que é apaixonada e entusiasmada com o que faz.

2. **Sorria:** Por mais simples que seja esta dica, é fundamental sempre sorrir e demonstrar bom humor e felicidade, pois ninguém gosta de se relacionar com gente carrancuda, certo? Aliás, vale aqui a sabedoria de Oscar Wilde: "Algumas pessoas são motivo de felicidade aonde vão, outras são o motivo quando se vão."

3. **Sente lado a lado:** Dica especialmente válida para negociações. Sempre que puder, busque se sentar ao lado da outra parte, pois isso reduz sensivelmente a sensação de que vocês são adversários.

4. **Controle seus gestos até a altura dos ombros:** Seus gestos precisam estar em plena sintonia com o que diz e precisam ser os mais naturais possíveis. Para incrementar suas habilidades como um grande comunicador, aprenda com o gênio Steve Jobs em suas inesquecíveis performances em lançamentos dos produtos Apple. Você irá perceber, dentre outras tantas técnicas e habilidades que ele utiliza, que ele não coloca os braços acima dos ombros.

5. **Fale com as mãos:** Comece a prestar atenção ainda hoje na forma como você se comunica com as mãos, pois esta é uma comunicação muito importante e que serve para dar segurança, ditar um bom ritmo na sua fala e para dar sinais claros ao seu interlocutor sobre o seu genuíno interesse em trabalhar com ele.

6. **Mantenha os pés no chão:** Não confundir aqui com o ditado popular. Busque sempre manter os pés no chão e evite balançá-los, o que pode demonstrar insegurança e ansiedade.

7. **Contato visual:** É sempre importante manter o contato visual e olhar nos olhos do seu interlocutor, pois como muitos dizem, e eu concordo, os olhos e o olhar propriamente dito são as janelas para a nossa alma. Em situações mais tensas, evite encarar a outra parte. Use a técnica

das supermodelos e mantenha o contato visual com um ângulo levemente mais inclinado.

8. Evite cruzar os braços: Geralmente este é um sinal que demonstra uma posição mais defensiva. Portanto, além de evitar cruzar os braços saiba monitorar os movimentos do seu interlocutor e perceber se ele se mostra mais ou menos receptivo diante de sinais como este, ou com a cabeça inclinada mais à frente que também indica uma postura de resistência.

SEJA UM GRANDE CONTADOR DE HISTÓRIAS

Penso que você já deve ter assistido ao ótimo filme *Forrest Gump: o contador de histórias*. Se ainda não, não deixe de assisti-lo, pois de forma descontraída e emocionante ele fala de uma das habilidades mais requeridas e valorizadas pelo mercado de vendas e pelo mundo dos negócios, como um todo, que é a de *storytelling* (ou *contação de histórias*, em tradução livre). Vendemos todos os dias. Vendemos nossas ideias, nossas soluções e nossas habilidades. Vendemos nós mesmos. Em mercados como os de vendas complexas (B2B) e de serviços de elevado valor, a contação de histórias ganha cada vez mais espaço como uma nova e valorosa competência, pois ao final do dia todos estão interessados em ouvir boas histórias. Histórias reais, convincentes e inesquecíveis que estimulem a emoção, inspirem, influenciem e provoquem a ação dos nossos clientes rumo à compra das soluções, produtos e serviços que comercializamos.

Paixão, elemento tão abordado ao longo de todo este livro, é certamente um importante elemento que auxilia os grandes contadores de histórias. A preparação, outro item igualmente presente do início ao fim desta obra, que envolve o pleno entendimento do problema enfrentado pelo cliente e que pode ser resolvido pelos produtos e serviços comercializados por você (usar exemplos claros de outros clientes e idealmente de empresas concorrentes dos seus clientes ajuda muito) é outro ingrediente para tornar a sua história ainda melhor. Falo aqui do processo de persuasão que, se amparado única e exclusivamente em fatos frios e características técnicas e funcionais dos nossos produtos, serviços e soluções, não possui grandes possibilidades de prosperar. A persuasão, tão fundamental em diversos processos de venda, requer, dentre outras, competências da habilidade do vendedor em utilizar elementos emocionais que tornem a sua história a mais convincente e marcante possível.

Penso e reforço ser o papel do bom vendedor e do bom profissional de qualquer área criar relacionamentos baseados em confiança e em experiências memoráveis e inesquecíveis, capazes de fincar o nosso nome e o das nossas empresas e soluções na mente e no coração dos clientes e do mercado. É aqui que emerge a importância de nos tornarmos bons contadores de histórias. E para desenvolvermos esta habilidade, algumas dicas básicas (a maior parte delas abordada neste livro de forma mais aprofundada em outros capítulos) podem lhe ser bastante úteis:

1. **Paixão:** Suas narrativas devem ser sempre pontuadas por este elemento tão fundamental, que irá ajudá-lo a capturar a máxima atenção e o coração do seu interlocutor. Quanto mais elementos emocionais a sua narrativa contiver, maiores serão as chances de você conquistar o coração dos seus clientes.

2. **Preparação:** É fundamental entender de forma precisa os problemas e as necessidades do cliente para refinar o seu discurso e a sua história sobre como seus produtos e soluções irão resolver tais problemas e adicionar valor real aos negócios do cliente.

Entenda este processo como a ligação entre o lado A e o lado B de uma ponte. A é onde o seu cliente está hoje com seus problemas e necessidades e B é onde ele poderá chegar se fizer uso dos seus produtos, serviços e soluções. Ser este "engenheiro" responsável por conectar o ponto A ao B requer do vendedor profissional outra importante competência que é a de ser um "educador" e "estrategista" do seu cliente, pois seremos nós que, muitas vezes, conseguiremos desenhar um panorama futuro pouco vislumbrado pelo cliente.

3. **História relevante:** Uma pesquisa da Universidade do Texas indicou que as pessoas irão se lembrar de apenas 20% do que elas ouvem, mas que se lembrarão de 90% do que elas mesmo fizeram e disseram. Deste importante dado, extraímos a importância de você saber contar histórias relevantes para o seu cliente e que, de uma forma ou de outra, serão as histórias deles e não a sua. Construa a história junto com seu cliente ao inserir as necessidades, realidade e tendências dele ao seu discurso de vendas.

4. **Ouvidos atentos:** Lembre-se de que a maioria das pessoas compra produtos e serviços fortemente baseada em emoção. Por isso mesmo, é crucial que você busque sempre entender o que motiva o seu cliente do ponto de vista emocional. Este entendimento facilitará enormemente a construção de uma história convincente e marcante. Torne-se um ouvinte assíduo para capturar e processar de forma adequada outras grandes histórias que irão formar e refinar o seu próprio repertório de novas histórias.

5. **Tecnologia:** Use de forma inteligente a tecnologia e as redes sociais para difundir e propagar as histórias de sucesso dos seus clientes, lembrando sempre que as pessoas estão muito mais interessadas em ouvir histórias reais e pessoais do que em ler os quase sempre chatos manuais e folhetos técnicos da sua empresa. Não tenha receio de pedir ao seu cliente que compartilhe as histórias de sucesso advindas dos resultados obtidos através da utilização dos seus produtos, serviços e soluções com amigos, familiares e grupos associativos dos quais façam parte, principalmente através das redes sociais.

Tente evitar o uso excessivo de ferramentas, como o PowerPoint, que tendem a "esfriar" as conversas, atrapalhar o desenvolvimento e diminuir o tom passional da sua história. Uma boa apresentação em PowerPoint precisa estar amparada em *bullets*, ou tópicos, que darão suporte à história a ser contada. A história propriamente dita não pode e não deve estar toda transcrita no PowerPoint, pois quando nos tornarmos excessivamente objetivos e evitamos o lado emocional, nosso desempenho acaba ficando mais frio e assim não conseguimos influenciar nossos ouvintes. E aqui vai mais um "bônus": dicas legais e práticas para construir grandes apresentações em PowerPoint:

- Invista em um bom *design* que prenda a atenção e reforce o que você quer transmitir.

- Lembre-se de que você deve ser o protagonista da apresentação e não os seus *slides*. Aliás, uma "regra de ouro" que aqui se aplica: lembre-se sempre de que em todas as interações com seus clientes, incluindo aí as que você já utiliza PowerPoint, você é o protagonista e não a sua apresentação. Por isso mesmo, use os seus *slides* e apresentações como recurso de apoio e reforço.

Como eu faço para me comunicar melhor e contar boas histórias?

- Faça o bom uso de cores vivas e contrastantes. Se tiver, por exemplo, um fundo todo preto, use uma fonte grande (30 para cima) e de boa leitura (Arial, Verdana).

- Selecione imagens bacanas que reforcem as mensagens que quer transmitir. A própria Microsoft disponibiliza um banco gratuito de imagens, assim como outros tantos *sites* igualmente gratuitos.

- Escolha uma ideia ou conceito por *slide* para facilitar a assimilação do que quer passar.

- Use poucas palavras e não incorra no risco comum, perigoso e reprovável de se tornar um mero leitor de todo o texto do seus *slides*.

- 10/20/30: gosto muito de tudo o que o ex-evangelista da Apple, Guy Kawasaki (autor do ótimo *Encantamento:* a arte de modificar corações, mentes e ações), produz. Ele tem uma metodologia muito legal e interessante que diz que toda boa apresentação não pode ter mais que 10 *slides*, que durem 20 minutos para sua efetiva apresentação e onde todas as palavras e textos estejam em fonte maior que 30.

- O PowerPoint, quando usado de forma inteligente, é um recurso poderoso para você entregar histórias e discursos de vendas realmente espetaculares.

6. **Bom humor e dramatização:** Como no filme *Forrest Gump* saiba usar nos momentos apropriados situações bem-humoradas e/ou inusitadas para ilustrar ainda melhor a história que deve sempre incluir elementos do cliente. Se você não se sentir à vontade, grave algumas destas tiradas e as treine em casa e na empresa, com seus familiares, amigos e colegas, pois a dramatização é um componente bastante desejável para tornar sua história ainda mais marcante.

7. **Linguagem:** A melhor linguagem a ser utilizada em uma história marcante e cativante é sempre a do cliente. É fundamental que você se utilize de linguagem, termos e expressões que tenham relevância para cada cliente e cenário específicos. É claro que o "núcleo" das suas grandes histórias deverá ser sempre o mesmo (pois a prática o levará à perfeição; aliás, uma dica de ouro em vendas é: pratique, pratique e pratique). No entanto, busque sempre adequar cada história com detalhes e linguagem

que tenham absoluta correlação com aquele cliente e com as necessidades e problemas por ele enfrentados.

Inicie toda conversa e negociação com uma série de perguntas que lhe permitam conhecer mais detalhadamente as necessidades do seu cliente para, na sequência, conseguir liderar uma apresentação personalizada às necessidades e à realidade específicas dele. Outra dica muito legal, e que requer bastante prática, é a da "imitação sutil", que consiste em você buscar uma sintonia ainda maior com o seu interlocutor ao imitar alguns dos seus movimentos, repetir algumas das suas expressões e buscar ajustar o máximo que puder a sua linguagem à dele.

Resumo

Uma das habilidades mais importantes no nosso cada vez mais competitivo mundo das vendas é a de *storytelling* (*contação de histórias*). Incremente o quanto puder estas habilidades utilizando as inúmeras dicas práticas deste capítulo.

Outra dica de ouro é que você se torne um leitor assíduo e voraz. O saudável hábito da leitura lhe permitirá ampliar seus conhecimentos sobre cultura geral e também sobre a sua área específica de atuação e irá melhorar consideravelmente a sua habilidade de escrita e consequentemente suas habilidades de comunicação oral. A leitura também ajuda a desenvolver a memória. Só se comunica bem quem lê muito e pratica a escrita e a boa comunicação oral todos os dias. É quase impossível se tornar um ótimo comunicador, sem ter boas habilidades de escrita. Cuide da sua linguagem corporal e esteja atento aos sinais e gestos emitidos pelo cliente. Seja um grande contador de histórias!

Exercício prático: crie uma narrativa envolvente

Um dos exercícios mais fascinantes que aprendi e já coloquei em prática, em histórias de vendas, é o do discurso de vendas da Pixar ou o "*Pitch* da Pixar", em que o brilhante autor Daniel Pink nos brinda em seu livro *Saber vender é da natureza humana*, publicado no Brasil pela Editora LeYa. Todas as narrativas da Pixar se baseiam em histórias que envolvem seis frases:

Era uma vez,...
Todo dia,...
Um dia,...
Por causa disso,...
Por conta disso,...
Até que, finalmente...

Exemplo extraído do livro de Pink:[12]

Era uma vez, um peixe viúvo chamado Marlin, que era extremamente protetor com seu filho único, Nemo. Todo dia, Marlin alertava Nemo sobre os perigos do oceano e implorava que ele não nadasse para longe. Um dia, em um ato de desafio, Nemo ignorou os alertas do pai e nadou para o mar aberto. Por causa disso, ele foi capturado por um mergulhador e acabou como peixinho de estimação, no aquário de um dentista, em Sidney. Por conta disso, Marlin saiu numa jornada para recuperar Nemo, recrutando ajuda de outras criaturas marinhas. Até que, finalmente, Marlin e Nemo se encontraram, voltaram a ficar juntos e aprenderam que o amor depende de confiança.

Abaixo eu compartilho a minha história com você no formato "Discurso da Pixar":

Era uma vez, um menino caipira cheio de sonhos que sonhava ser CEO, e que aos 25 anos quebrou

---

[12] Extraído do espetacular livro *Saber vender é da natureza humana*, de Daniel Pink, editado pela Editora LeYa, página 172.

e se viu sem perspectivas. Todo dia, José Ricardo trabalhava mais e mais para conseguir brilhar, mas tudo ainda parecia super difícil. Um dia, em um momento abençoado e iluminado, o Zé virou vendedor por acaso. Por causa disso, ele se viu absolutamente encantado com este mundo novo, encantador e fascinante que é o mundo das vendas. Por conta disso, o Zé voltou a crescer e de representante virou vendedor, de vendedor virou gerente, de gerente virou diretor, de diretor virou diretor-geral e nunca mais deixou de ser vendedor. Até que, finalmente, o Zé tomou a grande decisão da sua vida de se dedicar de corpo e alma à sua missão de ajudar pessoas e empresas a venderem mais e a realizarem seu máximo potencial na Terra.

Agora chegou a sua vez:

Era uma vez,...
Todo dia,...
Um dia,...
Por causa disso,...
Por conta disso,...
Até que, finalmente...

Leitura recomendada

Todos os livros abaixo são realmente sensacionais e tenho certeza de que você vai adorar. São livros fáceis, diretos e recheados de dicas práticas e técnicas para você se transformar em um grande contador de histórias, capaz de fazer apresentações inesquecíveis que se transformarão em poderosíssimas aliadas para te diferenciar no mercado. Pode confiar!

Faça como Steve Jobs – Carmine Gallo – Editora Lua de Papel
Saber vender é da natureza humana – Daniel Pink – Editora LeYa
Encantamento – Guy Kawasaky – Alta Books
Slide: ology – Nancy Duarte – Universo dos Livros
Super apresentações – Joni Galvão, Eduardo Adas – Panda Books

COMPROMISSO PESSOAL

Meu compromisso pessoal diante da comunicação e das boas histórias é:

_____

_____

_____

_____

_____

EIXO

ATENDIMENTO E ENCANTAMENTO DE CLIENTES

20

Como eu faço para atender bem meus clientes?

Primeiro é preciso vivenciar o que você deseja expressar.

Vincent van Gogh

Um dos temas mais fascinantes no nosso apaixonante mundo das vendas é o "atendimento ao cliente". Todas as empresas dos mais variados portes e das mais diversas indústrias têm dedicado esforços cada vez maiores para melhorar os seus índices de atendimento ao cliente, com a certeza de que quanto melhor for o atendimento, maior será a chance de fidelização e menor o Custo de Aquisição do Cliente (CAC) que, satisfeito, tenderá a repetir aquela compra e, o que é ainda mais importante, compartilhar esta experiência positiva com seus amigos e familiares.

E neste mundo onde atendimento é cada vez mais importante, nunca a expressão "experiência de compra" foi tão fundamental e essencial como agora. Sim, todos nós temos e damos preferência clara às empresas que oferecem um "atendimento ao cliente" nota 10 e, ainda mais importante, "experiências de compra" verdadeiramente únicas e inesquecíveis aos seus clientes. No entanto, pare e pense quantas vezes você realmente se encantou com uma empresa que tenha sido capaz de lhe oferecer estes dois componentes em alto nível.

Penso que, se muito, você chegou a no máximo cinco empresas, certo? Sim, de fato são poucas as empresas que conseguem oferecer aos seus clientes um atendimento de primeira e experiências que, por sua positividade e intensidade, geram o desejo consciente ou inconsciente de a vivermos novamente.

E daí, você me pergunta: *Zé, e como é que eu faço para melhorar o meu atendimento ao cliente e como faço para criar experiências de compra realmente inesquecíveis?*

Abaixo, eu compartilho quatro dicas práticas que, tenho certeza, serão de grande valia para incrementar o seu atendimento e transformar seus clientes em fãs:

1. **Entendimento é mais importante que atendimento:** Como digo em todas as minhas palestras e cursos, antes de mais nada é importante dizer que só atende bem quem entende perfeitamente o que faz, quem é (e quem não é) seu cliente, quais são as necessidades, expectativas, problemas e sonhos do cliente e quem tem a capacitação e o treinamento constantes para fazer a boa conexão entre as necessidades do cliente com o produto ou serviço que vende. Desta forma, se você não é um *expert* no que faz (o que inclui conhecer seu mercado, seus clientes, seus produtos e seus concorrentes), você terá uma dificuldade enorme em oferecer um atendimento nota 10. Só atende bem quem entende bem.

2. **Antes de exceder expectativas, é preciso atendê-las:** Muita gente tem me perguntado como elas devem fazer para encantar seus clientes e transformá-los em seus verdadeiros embaixadores e "fãs". Digo que antes de encantar o cliente e transformá-lo em fã (este deve ser seu grandioso objetivo final), é importante atender as expectativas dele, ou seja, se você, por exemplo, tem um comércio *on-line* que promete entrega em 3 dias úteis, tenha certeza de que este prazo seja respeitado, se não em todas as entregas, na gigantesca maioria delas. Uma vez atingido este primeiro objetivo, que é o de atender minimamente a expectativa que você mesmo gerou no cliente, é chegada a hora de pensar no segundo passo. E neste exemplo específico, o segundo passo poderia se configurar em uma entrega expressa com entrega em até 24 horas depois da efetivação da compra *on-line*. **Atenda as expectativas do seu cliente!**

3. **As pessoas adoram comprar, mas não gostam que alguém venda para elas:** Esta é uma frase célebre de um maiores gurus de vendas do mundo, Jeffrey Gitomer (autor do *best-seller A bíblia das vendas*, Editora M.Books), e que muito nos ajuda a entender que as pessoas e mesmo as empresas buscam experiências prazerosas de compra, e que se o ato de comprar não se configurar em um momento bacana e idealmente inesquecível, a chance de se criar esta experiência de compra singular, a qual todos objetivamos oferecer aos nossos clientes para gerar a tão sonhada recorrência, vai por água abaixo. Portanto, faça o que for possível para fazer de cada experiência de compra do seu cliente um momento prazeroso e inesquecível.

4. **Cliente encantado torna-se seu grande vendedor:** Por favor me permita compartilhar aqui com você um conceito que desenvolvi ao longo dos meus últimos 15 anos atuando como vendedor profissional e vendedor vencedor: quem tem cliente é seu concorrente! Você tem que ter fãs, pois fãs te vendem e os clientes não!

E só tem fãs quem consegue de verdade entregar muito mais do que prometeu (veja aqui o quão fundamental é a atividade de gerenciamento de expectativas do cliente – historicamente um dos pontos mais falhos nos profissionais de vendas), que entende profundamente seus produtos, clientes e necessidades, que os atende com o desejo real de fazer a diferença em suas vidas e que tem a real paixão por vendas e a genuína paixão por servir, algo tão intangível e mesmo tão essencial para prover o real encantamento do cliente.

Neste processo, perceba que desenvolvemos juntos um raciocínio que lembra uma escada que começa com o pleno **entendimento** de tudo o que cerca o seu mercado específico capaz de permitir um **atendimento nota 10**, que, por sua vez, permite a **superação das expectativas** dos seus clientes através de **experiências de compra**, responsáveis por gerar o tão sonhado **encantamento** e a tão importante recorrência em vendas.

Enfim, um processo estruturado que tem por grande e principal objetivo transformar os seus clientes em verdadeiros fãs seus e da sua empresa.

STARBUCKS: UM BELO EXEMPLO DE ATENDIMENTO, ENCANTAMENTO E EXPERIÊNCIA

> Sonhe mais do que as pessoas achem ser prático. Espere mais do que os outros acham ser possível. Arrisque mais do que os outros pensam ser seguro.
>
> *Howard Schultz*

Um caso muito bacana de foco no bom atendimento e na boa experiência do cliente é a Starbucks, que tenho a honra de ter como cliente em minha Consultoria Paixão por Vendas. A rede norte-americana, idealizada e liderada pelo brilhante Howard Schultz (autor do super-recomendado *best-seller Em frente! Como a Starbucks lutou por sua vida sem perder a alma*, Editora Campus), sempre teve em seu DNA de existência uma preocupação legítima e diferenciada de "vender uma experiência agradável de tomar café" *versus* a tão comum e largamente disponível "venda de café". Aliás, veja aqui a diferença: "vender experiências" *versus* "vender café" e veja o quão importante é você focar todos os seus melhores esforços em oferecer um atendimento sensacional direcionado para gerar experiências maravilhosas as quais todos os seus clientes desejem revivê-las.

Foi a partir desta importante ideia de ofertar uma agradável experiência que Schultz criou o famoso conceito do "terceiro lugar" entre a casa e o local de trabalho, onde as pessoas socializam umas com outras em um ambiente agradável com bebidas personalizadas e funcionários sempre gentis – algo que só se torna possível com treinamento maciço e constante nas competências, atitudes e habilidades técnicas, funcionais e comportamentais (*hard* e *soft skills*), com a boa identificação do público-alvo a ser atingido e com uma missão grandiosa oferecida por um líder inspirador e visionário como Schultz –, que faz com que os princípios e valores estejam presentes em tudo o que a Starbucks faz. Ou seja, quatro elementos (treinamento, segmentação, visão inspiradora e princípios) que precisam fazer parte do seu negócio também.

Mas é bastante possível que você esteja aí pensando: *Mas, Zé, tudo isso é muito bonito e muito legal, mas estamos aqui falando da Starbucks e não do meu negócio!* Sim, estamos aqui falando da Starbucks, mas tenho certeza de que esta história de sucesso pode lhe inspirar a incrementar desde já o nível de serviços e atendimento que você presta hoje aos seus clientes.

Neste cenário, é até bastante possível e provável que você e sua empresa não tenham os melhores produtos e serviços do mercado, mas se vocês tiverem uma identidade sólida, uma cultura forte e um grande propósito de existência que os tornem únicos e que os caracterizem como profissionais e empresa focados em oferecer um atendimento espetacular e experiências de compra inesquecíveis e deliciosas, as chances de se ter sucesso e vendas muito maiores, mais previsíveis e sustentáveis aumentam significativamente, pois são exatamente os clientes mais fiéis e recorrentes os grandes responsáveis pelos lucros maiores e funcionários e investidores satisfeitos.

Resumo

Não basta atender bem seu cliente. É fundamental criar experiências únicas que gerem a tão sonhada recorrência. Neste processo, perceba que desenvolvemos um raciocínio que lembra uma escada:

- 1º passo: **Atendimento:** ofereça um atendimento nota 10 aos seus clientes.
- 2º passo: **Experiência:** agora o foco é gerar experiências de compra únicas e inesquecíveis.
- 3º passo: **Encantamento do cliente:** tenha real paixão pelo que faz e por fazer a diferença na vida do seu cliente!

Que a sua "escada" seja sempre repleta de bons e sólidos passos rumo ao tão sonhado sucesso!

Leitura recomendada

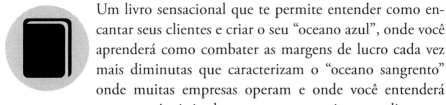

Um livro sensacional que te permite entender como encantar seus clientes e criar o seu "oceano azul", onde você aprenderá como combater as margens de lucro cada vez mais diminutas que caracterizam o "oceano sangrento" onde muitas empresas operam e onde você entenderá como tornar a sua concorrência irrelevante – o que traz impacto direto em maior lucratividade e previsibilidade de vendas em virtude das boas experiências e do excelente atendimento e serviços oferecidos aos seus clientes –, é *A estratégia do oceano azul*, de W. Chan Kim e Renée Mauborgne, da Editora Campus.

Compromisso pessoal

Meu compromisso pessoal diante do atendimento aos clientes é:

_____

_____

_____

_____

_____

21

Como eu faço para encantar meus clientes?

> Quer fazer a diferença de verdade? Não tenha clientes, tenha fãs! Eles certamente atuarão como seus discípulos junto ao mercado.

Pretendo neste capítulo falar sobre algo que é tão ou ainda mais potente que a grande "experiência" proporcionada ao seu cliente. Irei falar de como proporcionar ao seu cliente um verdadeiro "encantamento" com você e com os produtos e serviços que você comercializa.

Para começar, não custa lembrar de que os melhores vendedores e campeões de vendas são aqueles que conhecem profundamente as necessidades e desejos de seus clientes e os respectivos mercados em que atuam, são exímios ouvintes, bons comunicadores – entregando muito mais do que efetivamente prometeram e propiciando a seus clientes experiências de compra e relacionamento realmente prazerosas –, e que, acima de tudo, colocam sempre os interesses dos seus clientes acima dos seus.

Os traços acima são apenas alguns dos muitos que formam e forjam o perfil dos grandes vendedores. Mas você já deve ter se deparado com vendedores e também com empresas que têm um "dom" extra. Vendedores e empresas que realmente "encantam". Vendedores e empresas que são de fato "encantadores". Talvez você até já tenha se questionado sobre o que estes vendedores e estas empresas realmente têm de diferente que os destacam e os diferenciam da multidão.

Eis aqui a minha modesta opinião especialmente sobre estes profissionais. Tais vendedores que são na verdade "encantadores" são pela lógica os mais disciplinados, pois estão constantemente em busca do *extra mile*, o que significa, na prática, que nunca estão satisfeitos com o que já conseguiram e principalmente com os resultados superiores que já proporcionaram aos seus clientes. Estes vendedores são também os mais queridos pelos seus clientes, o que pressupõe algo muito simples: que você deve buscar sempre que os clientes gostem de você e que você goste deles. Eles também são os que constroem as mais sólidas relações de confiança e se transformam em consultores, assessores e amigos de seus clientes. Os encantadores também sabem conquistar toda a rede de influência e tomada de decisão de seus clientes (e dentro das suas próprias empresas), dando a máxima atenção a todos os *stakeholders* (*partes interessadas*, em tradução livre) envolvidos. Eles não conquistam apenas a confiança de seus clientes, eles conquistam as suas mentes e corações. A paixão com que vendem suas ideias e histórias transforma prováveis compradores em clientes e clientes em entusiastas fiéis.

Entendo ser o trabalho do vendedor *realmente* profissional somente comparável ao de um artista. Sim, os grandes artistas precisam de tempo, recursos e ambientes adequados para que consigam produzir suas obras-primas. Eles também precisam de grandes estímulos internos e externos que lhe permitam transferir seja para as telas, partituras ou mesmo para as suas músicas toda a intensidade que somente a inspiração interna e a real motivação podem proporcionar.

Imagino que você possa agora estar pensando consigo mesmo: "*Wow*, esse cara tá viajando agora". É, talvez eu até esteja, mas hoje eu realmente enxergo a venda como uma grande arte. E como qualquer grande artista, a obra-prima só se dá depois de muito trabalho, esforço, disciplina, alguma inspiração e muita execução e prática.

Malcolm Gladwell, autor dos excelentes *Blink: a decisão num piscar de olhos*, *O ponto da virada* e *Outliers* (Fora de série) (Gladwell, 2008) afirma neste seu último *best-seller* que não existe ninguém realmente "fora de série", que tenha atingido este patamar sem ter investido 10.000 horas de prática, que são equivalentes a 3 horas por dia (ou 20 horas por semana) de treinamento durante 10 anos.

Sim, você leu corretamente. Quer ser um "fora de série" dentro dos parâmetros estabelecidos por Malcolm Gladwell? Rale muito por 10.000 horas para se tornar um vendedor e profissional "fora de série".

Se recorrermos a Aristóteles, entenderemos ainda melhor o conceito acima: "Somos aquilo que fazemos repetidamente. A excelência, portanto, não é um ato, mas um hábito".

Gladwell estudou em profundidade as fascinantes histórias de gênios da música como os Beatles e Mozart e de empresários e empreendedores de gigantesco sucesso como Bill Gates, dentre outros. Chegou à conclusão de que não foram apenas os talentos e dons fantásticos que os haviam transformado em "fora de série". Todos eles tiveram oportunidades absolutamente incomuns das quais souberam se beneficiar e para as quais estavam devidamente preparados. Ou seja, não se pode negar que sorte é importante. Mas é mais importante ainda estar preparado para usufruir das grandes oportunidades que muitas vezes aparecem à nossa frente e que simplesmente não são aproveitadas, por não estarmos devidamente preparados. Isso inclusive me faz lembrar uma frase célebre de Thomas Jefferson, que foi o terceiro presidente dos Estados Unidos: "Eu acredito demais na sorte. E tenho constatado que, quanto mais duro eu trabalho, mais sorte eu tenho."

CIRQUE DU SOLEIL: O ESPETÁCULO DO ENCANTAMENTO

Talvez você também já tenha assistido algum espetáculo do *Cirque du Soleil* (www.cirquedusoleil.com). O *Cirque du Soleil* é uma companhia de circo canadense liderada por um ex-artista de rua (seu nome é Guy Laliberté e ele é hoje um dos mais bem-sucedidos homens de negócio do mundo) que simplesmente revolucionou o meio ao criar um novo modelo de negócios e de entretenimento onde o encantamento se faz presente em cada um de seus maravilhosos espetáculos. Se os circos antigos que nos acostumamos a visitar na infância nos trazem além das deliciosas lembranças das risadas absolutamente descomprometidas daqueles palhaços hilariantes, não podemos fugir também da lembrança daquelas grandes lonas malcuidadas, das cadeiras e estruturas caindo aos pedaços, do amadorismo extremo desde os caixas até a prosaica venda dos saquinhos de pipoca. Como este era (e ainda é) um modelo praticamente fadado a deixar de existir, Laliberté inovou ao criar um modelo de negócios em que faz uso de todo o encantamento natural que aquele "circo de antigamente" já nos trazia, com todo o profissionalismo e os inúmeros recursos tecnológicos de que hoje dispomos.

O resultado da combinação dessa magia que todos nós carregamos desde a nossa mais tenra infância, com serviços excepcionais e apresentações simplesmente fascinantes de ginastas, palhaços e malabaristas, dentre outros artistas profissionais, é um novo modelo de negócios que é definitivamente encantador, capaz de permitir que a Companhia *Cirque du Soleil* pratique preços compatíveis com este ótimo "combo" de produto mais serviços absolutamente "premium" que ela oferece aos seus clientes. (A compra dos bilhetes é feita via internet onde você já vê em uma foto qual é a visão precisa a partir da sua poltrona, poltronas confortáveis, ambientes com ar-condicionado na medida e teatros ou mesmo "lonas" bem equipados e confortáveis).

Cirque du Soleil: Eis aqui um exemplo perfeito de "encantamento de cliente". Isso só foi possível a partir do entendimento real das necessidades e expectativas do grande público consumidor de entretenimento e também da percepção e análise aguçadas do "macrocenário" que já indicava, há algum tempo, que as pessoas estavam cada vez mais em busca de novas e "deliciosas" experiências, dispostas a pagar um alto preço por isso, desde que tivessem suas expectativas sempre superadas.

O que mais podemos absorver desta fascinante história do *Cirque du Soleil*? Que quando somos realmente capazes de superar as expectativas dos nossos clientes e provocar neles um verdadeiro encantamento, o nosso sucesso como profissional de vendas ou em qualquer área de atuação será mera consequência, pois estes clientes se tornarão na verdade nossos "discípulos" (termo que pego emprestado do consultor César Souza).

Aliás falando nele, César Souza, autor do *best-seller Você é do tamanho dos seus sonhos* (2003), ex-executivo de grandes empresas como a Odebrecht e que hoje atua como consultor de empresas e palestrante, desenvolveu um termo muito interessante e inteligente que é o da "clientividade" (*Talentos e competitividade*, 2000), que prega que toda e qualquer empresa precisa ter seu foco absoluto na satisfação plena dos desejos de seus clientes. E isso deve envolver todos os funcionários da empresa.

Como a grande maioria das empresas somente se sustenta e se pereniza pelas suas vendas e lucros, penso que todo profissional de vendas deve focar todos os seus melhores esforços para promover não apenas a mera satisfação dos clientes (isso para mim e também para o mercado já é *commodity*) e superação das expectativas de seu cliente. O foco deve estar altamente orientado em surpreendê-lo. Penso que é bastante possível que você esteja agora se perguntando: *e como é que eu posso satisfazer e superar as necessidades dos meus clientes e ainda surpreendê-los?*

Lembre-se de que, como você, eu também sou com enorme orgulho um vendedor e que entendo que, para nós profissionais de vendas, atender e sempre superar as expectativas dos nossos clientes não é uma tarefa das mais fáceis. A forte e muitas vezes massacrante pressão por resultados não nos deixa tempo útil e de qualidade para o cultivo do bom relacionamento com os clientes já conquistados e para o questionamento perene sobre se todas as demandas que você pode suprir com os seus produtos e serviços já estão devidamente atendidas.

Um dos fatores essenciais à superação das expectativas do cliente está diretamente ligado à relação entre as expectativas geradas durante todo o processo de venda e a efetiva entrega e a percepção gerada sobre os produtos ou serviços que você comercializa.

Tendo bem gerenciado e superado as expectativas do cliente, o primeiro passo já foi dado. Agora falta surpreendê-lo. E só consegue surpreender quem tem elevadíssima orientação para o cliente e suas necessidades visíveis e invisíveis, quem entrega sempre muito mais do que se propõe e quem busca sempre criar e fomentar relacionamentos verdadeiramente prazerosos com seus clientes, com foco no longo prazo. Só assim conseguimos cativá-los e fidelizá-los.

Sendo assim, é importante que você se policie ao máximo para gerar expectativas no mínimo condizentes com aquilo que você e a sua empresa são capazes e que irão entregar. Aqui, aliás, reside outro pecado mortal dos vendedores. Muitas vezes, pressionados pelas agressivas metas que perseguimos, nós temos uma tendência perigosa de prometer muito mais do que aquilo que sabemos que podemos entregar. Desta forma, geramos no cliente uma falsa percepção de que entregaremos muito mais do que aquilo que está ao nosso alcance e disso surge a gênese de grande parte da insatisfação dos clientes. E é aqui que mora o perigo. Cliente que não é bem atendido pode se transformar em ex-cliente, e o que é pior, no grande vendedor do seu concorrente.

Aliás, saiba sempre que os clientes já existentes são as molas propulsoras do sucesso de qualquer organização e de qualquer bom profissional, pois são eles que efetivamente têm o poder de ajudá-lo a conquistar novos e importantes clientes, além de poderem sempre comprar mais produtos e serviços (soluções) que você comercializa. Se você ainda não desenvolveu o hábito de pedir aos seus clientes por referências, comece a fazê-lo desde já, pois este é um dos principais e mais saudáveis hábitos dos supervendedores.[13]

Encante e surpreenda sempre seu cliente. O sucesso será mera consequência.

Resumo

Para criar um negócio e uma carreira de sucesso em vendas e em qualquer área de atuação não basta mais apenas atender bem aos seus clientes e mercados-alvo. É preciso surpreendê-los e encantá-los o tempo todo. E para isso acontecer, é preciso muita prática, perfeito entendimento das necessidades, desenhos e sonhos dos seus clientes e foco real e verdadeiro nos interesses deles.

Compromisso pessoal

Meu compromisso pessoal diante do encantamento de clientes é:

_____
_____
_____
_____
_____

---

[13] Em um estudo realizado pela Harvard com 100 mil vendedores, foram identificados os dez principais traços e hábitos dos supervendedores: 1. Foco em novos *top prospects*; 2. Uso de *coaches* para entender as necessidades dos clientes; 3. Extensa pesquisa antes do primeiro contato; 4. Fazer questões e ouvir muito; 5. Ser um provedor de soluções; 6. Endereçar mensagens apropriadas de marketing; 7. Reconhecer as mudanças dos compradores; 8. Saber fechar a venda; 9. Construir relacionamentos duradouros; 10. Pedir por referências e *feedback* dos clientes.

22

Como eu faço para criar um atendimento de excelência em minha empresa?

> Um cliente é o visitante mais importante nas nossas instalações. Ele não depende de nós. Somos dependentes dele. Ele não é uma interrupção em nosso trabalho. É o objetivo do mesmo. Ele não é um estranho em nosso negócio. Ele é parte disso. Nós não estamos fazendo um favor ao servi-lo. Ele está nos fazendo um favor, dando-nos a oportunidade de servi-lo.
>
> *Mahatma Gandhi*

Sempre digo que o objetivo final de existência de toda e qualquer empresa de pequeno, médio e grande porte deve estar focado em transformar seus clientes em "fãs". Fãs que, ardorosa e gratuitamente, compartilhem suas experiências positivas com seus amigos e familiares. Fãs que se transformam em embaixadores da sua marca e que propagam os valores, princípios e sonhos de existência da sua empresa sem cobrar nada por isso.

E eu, como fã de algumas empresas que realmente me fascinam pela sua competência operacional e pela excelência no atendimento ao cliente, quero falar com você sobre a gigante *Amazon.com*, fundada e ainda liderada por um dos mais competentes, visionários e brilhantes homens de negócios do mundo contemporâneo, Jeff Bezos.

Dados recentes revelados pelo Índice de Satisfação dos Clientes Americanos (*American Customer Satisfaction Index*, 2013) mostram mais uma vez que a gigantesca empresa de Bezos (com seus incríveis 164 milhões de clientes) tem superado seus já elevados e reconhecidos padrões de atendimento e excelência, tendo sido mais uma vez a campeã no segmento de varejo quando o assunto é satisfação ao cliente.

Outra empresa que sou fã, o *Salesforce.com*, nos brinda com sete lições de excelência no atendimento ao cliente da Amazon, e que, tenho certeza, em muito podem te ajudar a fazer seu negócio crescer cada vez mais e, o mais importante, encantar e conquistar ainda mais seus fãs. Vamos lá:

1. Não apenas ouça seus clientes. Entenda-os!

Ouça seus clientes o máximo que puder e lembre-se sempre de que são eles a razão da nossa existência e das nossas empresas. Teste você mesmo o seu Serviço de Atendimento ao Cliente (SAC)[14] e quando puder use serviços externos como os de "cliente oculto" para aferir e medir o nível do atendimento que tem oferecido aos seus clientes. Compre você mesmo os produtos e serviços da sua empresa nos mais diversos canais de vendas que ela se fizer presente e coloque-se no lugar do cliente sempre questionando onde há espaço para melhorias nos seus processos. O esforço de ouvir seus clientes e obter deles o *feedback*, sugestões, recomendações e críticas da forma mais cândida possível é sempre fundamental!

2. Sirva às necessidades dos seus clientes

Tenha uma verdadeira obsessão por atender e servir bem às necessidades dos seus clientes. Quando da criação do seu próximo produto, solução ou serviço pare de pensar como isso pode impactar positivamente sua organização e foque seus melhores esforços para criar algo que realmente promova o sucesso do seu cliente, que o faça feliz e que resolva os problemas deles e não os seus. Essa visão de "fora para dentro" vai impulsionar o sucesso da sua empresa, que, não custa lembrar, só acontece quando seus clientes compram e valorizam seus produtos e serviços e encontram neles um valor muito acima do preço que efetivamente pagaram por eles.

---

[14] Uma prática muito bacana que foi criada pelo fundador do Walmart, Sam Walton é a de se misturar aos clientes para assim conhecer melhor seus desejos e necessidades. Esta prática, que em inglês se chama *Managing by Walking Around* (MBWA), é traduzida basicamente por gerenciar andando pela loja ou pelo seu negócio para conhecer melhor seus clientes e seus desejos e necessidades. Quanto maior for esta proximidade, maior será o seu entendimento sobre o que ele precisa e sobre o que você e sua empresa podem oferecer a ele.

Outro ensinamento precioso de Jeff Bezos o qual poderá, tenho certeza, ser incorporado por você e sua empresa é o relacionado ao foco no cliente e à preocupação constante e perene de construir uma empresa sempre centrada no cliente e não no concorrente – um erro comum ainda cometido por muitas empresas – ao posicionar excessivamente seu foco e suas energias nos movimentos da concorrência: "O mantra da *Amazon.com* é a obsessão pelo cliente, e não pela concorrência. Observamos nossos concorrentes, aprendemos com eles, vemos o que oferecem aos clientes e tentamos reproduzir essas qualidades ao máximo. Mas jamais ficaríamos obcecados por eles".

3. A CADEIRA VAZIA: A MAIS IMPORTANTE CADEIRA NA SALA

Foco total no cliente! Crie a figura da "cadeira vazia" na sua empresa e em suas reuniões estratégicas, e sempre pense que aquela cadeira vazia é a mais importante de todas, pois é a ocupada pelo seu cliente, que, com sua presença invisível, deve direcionar todos os mais importantes esforços de existência da sua empresa. Dica prática: inclua a "cadeira vazia" de verdade! Essa prática simples vai te ajudar a fazer todos os participantes das reuniões em sua empresa e equipes comerciais a assumirem a perspectiva do cliente e preocupar-se ainda mais com os anseios, necessidades, expectativas e sonhos deles. Mesmo em suas vendas pessoais, crie ainda que "virtualmente" a figura da cadeira vazia, que deve sempre representar a perspectiva do outro.

4. NUNCA SE CONTENTE COM APENAS 99%

O índice de satisfação a ser perseguido com garras e dentes é 100% e não 99%. Lembre-se que vivemos a "a era da experiência" onde clientes compartilham suas experiências positivas e negativas de forma muito mais simples e muitas vezes "viral". Por isso mesmo, encante seus clientes e foque em obter 100% de satisfação, transformando-os em seus fãs. Sempre!

5. Respeite o cliente de hoje

No mundo das vendas físicas (não virtuais), um cliente insatisfeito compartilha sua experiência negativa com outros seis amigos. No mundo virtual (e social), ele fala mal da sua empresa para 6.000 pessoas! Às empresas e profissionais com presença já estabelecida no mundo virtual: saibam como responder de forma ágil os comentários negativos e sempre encare cada uma destas mensagens e problemas como uma oportunidade real de melhorar seus processos internos, produtos e serviços.

6. Se esforce para criar uma empresa 100% focada no cliente

Quanto melhor você atender seus clientes e quão melhor forem as experiências que você gerar para eles, melhores serão os resultados obtidos pela sua empresa! Trabalhe todos os seus dados, números e indicadores de forma inteligente para melhorar seus processos e fornecer experiências cada vez mais positivas aos seus clientes. E lembre-se de que em seu negócio, todos estão em atendimento, o que significa dizer que é responsabilidade de todos fazer tudo o que for possível para atender, encantar e surpreender o cliente em todas as suas interações com você e a empresa. Fazer o bem para o cliente geralmente se transforma em bem para o negócio!

7. Não tenha medo de se desculpar

Além de não ter medo de se desculpar, aja sempre rapidamente e mostre respeito e carinho pelos seus clientes de forma a transformar esta oportunidade singular para ganhar mais um cliente leal, fiel, que respeita e vivencia os valores, princípios e a real missão da sua empresa. A desculpa verdadeira, genuína e devidamente acompanhada de uma boa solução, e da consequente melhoria do processo que ocasionou a falha, é uma prova incontexte de amor pelo cliente, de amor e compromisso visceral com a perenidade do seu negócio e do fortalecimento de uma relação de longo prazo com seus clientes!

A propósito, sou super fã da *Amazon.com* e do *Salesforce.com*. Detalhe importante: eles nunca me pagaram um tostão para falar bem deles!

E é quando isso acontece que você pode dizer que tem fãs de verdade! Não tenha clientes, tenha fãs!

Resumo

Atendimento de excelência pode ser traduzido em um atendimento que sempre coloca o cliente como a figura mais importante de existência da empresa. E para que isso aconteça, pratique as seis dicas recomendadas neste artigo:

1. Não apenas ouça seus clientes. Entenda-os!
2. Sirva às necessidades do seu cliente.
3. Inclua a cadeira vazia em todas as suas reuniões.
4. Nunca se contente com apenas 99%.
5. Respeite o cliente de hoje.
6. Se esforce para criar uma empresa 100% focada no cliente.
7. Não tenha medo de se desculpar.

COMPROMISSO PESSOAL

Meu compromisso pessoal diante do atendimento de excelência é:
_____
_____
_____
_____
_____

23

Como eu faço para transformar meus clientes em fãs como a Disney faz?

> Você pode sonhar, projetar, criar e construir o lugar mais maravilhoso do mundo. Mas precisará de pessoas para tornar o sonho realidade.
>
> *Walt Disney*

Você já parou para pensar no porquê das empresas perderem tantos clientes? Se ainda não o fez, pare, reflita e se coloque no lugar de cliente das mais diversas marcas, produtos e serviços que você e sua família consomem.[15] Tenho certeza de que você irá concordar que um dos principais motivos que fizeram você e sua família deixarem de consumir determinados produtos e serviços é o atendimento ruim que lhes foi prestado, certo? Extensas pesquisas, como a abaixo, realizada pela prestigiada Universidade de Harvard, demonstram que a indiferença dos funcionários no atendimento ainda é o fator determinante para um cliente não repetir uma experiência com um produto ou serviço, respondendo por nada menos que assustadores 66%. Outros fatores como influência dos amigos (5%), migração para a concorrência (9%) e a insatisfação com o produto ou serviço (14%) também ocupam lugar de destaque dentre os motivos ensejadores pela não recorrência, que é um dos principais objetivos de toda e qualquer empresa e de todo profissional que deseja brilhar no exigente mundo das vendas em que todos hoje vivemos.

Agora atente para o fato de que você e sua empresa conseguem controlar 94% das razões para reter um cliente – atendê-lo bem, encantá-lo e gerar a tão sonhada e necessária recorrência que fomenta o relacionamento de longo prazo que gera valor real para todos os envolvidos em suas relações comerciais. Sim, você leu corretamente. Você e sua empresa

---

[15] Aliás, este exercício deve ser colocado em prática todos os dias da sua vida, pois uma das grandes competências dos grandes profissionais e das grandes empresas é colocarem-se o tempo todo no lugar dos clientes que servem e ajudam.

conseguem controlar quase todas as razões pelas quais um cliente vai desejar ou não consumir e viver novas experiências com sua empresa. E é sobre experiências que irei tratar com você ao longo de todo este capítulo, pois vivemos em plena "era da experiência", onde nunca foi tão fundamental quanto agora oferecer experiências verdadeiramente memoráveis, sempre pautadas por um atendimento excepcional o qual poucas empresas conseguem realizar. Um atendimento espetacular que é concebido desde o início com o máximo foco em transformar seus clientes em verdadeiros "fãs".

Por que um cliente não repete uma experiência com um produto ou serviço

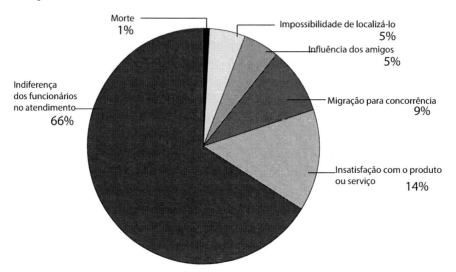

Outro ponto específico que quero lhe pedir atenção especial é sobre uma análise mais aprofundada dos seus concorrentes. Você já listou e descreveu detalhadamente as forças, fraquezas, estratégias, objetivos, clientes atuais e potenciais de todos seus principais concorrentes? Aliás, você já parou para pensar quem são os seus concorrentes? Vivemos em um mundo recheado de ofertas de produtos e serviços muito similares e muitas vezes rigorosamente iguais aos que vendemos. E neste mundo da "experiência" é fundamental que você entenda que você concorre diretamente com outras centenas e até milhares de empresas que buscam o mesmo cliente que você. Por isso mesmo, o conceito que quero aqui compartilhar com você é o da "concorrência expandida", que em uma visão prática e simples, corresponde ao fato de que "são seus concorrentes todas e quaisquer empresas que o seu cliente puder lhe comparar". *Wow, Zé, você quer me dizer que praticamente todas as empresas concorrem direta e indiretamente comigo e com minha empresa?* Sim, com certeza, pois todas buscam atender, encantar e criar relacionamentos com os mesmos clientes. Clientes que por sua vez vão privilegiar as empresas que lhe oferecerem as melhores experiências.

Quer um exemplo? Imagine que você seja dono de um pequeno comércio ou loja. De cara, você já tem milhares de concorrentes diretos. Mas ao usar o conceito da "concorrência expandida", você irá perceber que concorre também com restaurantes, hotéis e outros tantos negócios que aparentemente não competem diretamente com você. Lembre-se sempre de que todos vocês estão em busca do mesmo objetivo que é vender mais e melhor para o maior número de clientes e que todos buscam um mesmo recurso finito que se chama "dinheiro". Se um cliente x é sempre bem atendido em um restaurante, a tendência é que ele desloque uma fatia mais significativa do seu orçamento para aquele estabelecimento, certo? Só que ao fazer isso, ele irá reduzir o gasto com outros itens, dentre os quais pode estar aquele valor que ele gastaria com você em sua loja ou comércio. Portanto, a partir de hoje enxergue todas as empresas com as quais o seu cliente possa lhe comparar como seus concorrentes. Esta ação e pensamento simples vão te ajudar e muito a incrementar ainda mais o cuidado, carinho e atenção que você e sua empresa dedicam a todos os seus clientes.

Já falamos dos motivos que impactam diretamente na "não recorrência". Do outro lado, você já parou para pensar no que faz da Disney um lugar tão mágico, sensacional e que gera em praticamente todos nós o desejo de vivermos, experimentarmos e consumirmos estas experiências outras inúmeras vezes? Muitos teimam em acreditar que tudo se justifica em virtude da presença dos tantos personagens que desde a nossa mais tenra infância povoam o nosso imaginário. No entanto, embora os personagens desempenhem sim um papel importante na criação de tanta magia, o que verdadeiramente torna a Disney diferente e incrivelmente fascinante é o seu cuidado e carinho com o atendimento aos seus clientes (que lá eles chamam de *convidados*) e preocupação e foco constantes em oferecer a eles as melhores e mais inesquecíveis experiências de suas vidas.

Neste capítulo, eu vou te apresentar não apenas os dez segredos propriamente ditos, mas, principalmente, compartilhar uma série de dicas práticas para que você possa absorvê-los, executá-los em seu negócio e ter ainda mais sucesso para realizar o seu máximo potencial e fazer algo que dá tanto prazer e satisfação a todos os envolvidos em sua cadeia de valor.

Muitos dos segredos aqui compartilhados fazem parte da análise de extensas pesquisas que demonstram os diferenciais competitivos da Disney e também da minha própria experiência como "convidado" encantado que sou e já tendo visitado inúmeras vezes os parques da Disney. Várias dicas e segredos que são aqui divididos com você estão também presentes em excelentes livros com destaque especial ao fantástico: *O jeito Disney de encantar os clientes:* do atendimento excepcional ao nunca parar de crescer e acreditar, do Instituto Disney, editado no Brasil pela Editora Saraiva, que nos brinda com as lições de atendimento, entendimento e encantamento de clientes desta empresa que todos os dias nos ensina como transformar clientes em fãs e em verdadeiros embaixadores do ratinho Mickey e de toda sua turma de personagens fascinantes.

Dentre os muitos ensinamentos trazidos pela Disney, quero hoje me ater ao termo "clientologia", que corresponde ao estudo das pessoas às quais oferecemos nossos produtos e serviços. A ideia principal em torno da clientologia é a de buscar entender da forma mais ampla possível todos os clientes (*convidados*) que são atendidos pelas Empresas Disney: entender seus desejos, entender suas expectativas, entender suas necessidades e, acima de tudo, entender seus sonhos. E não por acaso, quão maior for o entendimento de cada um destes elementos, maiores serão as chances de oferecer produtos e serviços que excedam expectativas e gerem experiências absolutamente memoráveis.

E como vendedor apaixonado que sou, em todas as minhas leituras e experiências diretas e indiretas com a Disney, busco sempre estabelecer uma relação direta ou indireta com o nosso cotidiano de vendas, atendimento e encantamento ao cliente. E preciso lhe confessar que me surpreendo dia a dia com tudo o que de novo aprendo, ensino e pratico da Disney, pois todos os princípios, elementos, dicas e técnicas por eles utilizados são perfeitamente factíveis de serem colocadas em prática por todos nós, seja em nossas empresas e equipes (àqueles que já são líderes) seja em nossas atividades diárias como vendedores (que todos somos!).

Para que tudo isso aconteça, vale reforçar três fundamentos que são absolutamente essenciais para as Empresas Disney e que definitivamente podem e devem fazer parte da fundação e das bases de sustentação e existência do seu negócio também:

1. **Desenvolva o melhor produto ou serviço que puder:** Em um mercado cada vez mais repleto de produtos, serviços e soluções tão similares e tantas vezes iguais, é crucial que você desenvolva produtos e serviços realmente espetaculares. Caso contrário, a sua competitividade e sobrevivência no longo prazo estarão severamente prejudicados. A Disney é conhecida mundialmente pela excelência não apenas em seu atendimento quase impecável, mas também pelos maravilhosos produtos e serviços que comercializa. Parques, filmes, séries, milhares de produtos licenciados mundo afora. Enfim, tudo que tem a marca "Disney" carrega em seu escopo uma preocupação sempre gigantesca pelo primor e pela excelência de seus produtos e serviços. Faça o mesmo na sua empresa e no seu negócio.

2. **Dê às pessoas treinamento eficaz para sustentar um atendimento excepcional:** Tendo a oportunidade quase que diária de interagir, ensinar e aprender com algumas das maiores e mais desejadas empresas do mundo, posso lhe afirmar que o atendimento excepcional ainda é um diferencial competitivo difícil de ser batido neste mundo da recomendação e da experiência em que vivemos. Invista em você e em sua equipe o tempo todo, com a certeza de que quão melhor treinados e capacitados todos estiverem, maiores são as chances de dar um *show* no atendimento e de transformar seus clientes em fãs.

Na Disney, que também oferece treinamentos para profissionais de fora através do Instituto Disney (www.disneyinstitute.com), os funcionários são treinados o tempo todo e praticamente todos eles precisam percorrer as mais diversas atividades e funções dentro dos parques que compõem o Complexo Disney em Orlando, e também os demais ao redor do mundo, exatamente para que consigam absorver na prática as melhores técnicas de atendimento e encantamento de clientes, algo que só é possível com a vivência prática junto aos clientes e a humildade de entender que há espaço para melhorar sempre.

3. **Aprenda com as suas experiências:** Toda e qualquer experiência (positiva ou negativa) nos traz lições maravilhosas. Portanto, busque sempre aprimorar seus processos, técnicas e ações voltadas ao bom atendimento com a certeza de que há sempre espaço para fazer melhor que ontem, por mais clichê que isso possa parecer. A Disney se esmera também em sua capacidade de entender e catalogar as milhões de experiências vividas pelos seus "convidados", pois este gigantesco banco de dados se transforma em uma fonte valiosíssima de novas ideias e processos que podem e são incrementados o tempo todo. Por isso mesmo, eu reforço mais uma vez a importância de se ter a disciplina de registrar absolutamente tudo o que acontece em todas suas interações com seus clientes em um *software* de CRM, pois é exatamente desta base de dados que você encontrará as informações para incrementar os processos, serviços e produtos já existentes e trabalhar de forma proativa na criação de novos produtos que reflitam melhor os anseios e expectativas dos seus clientes e que lhe permitam se diferenciar e se destacar no mercado.

E para lhe ajudar ainda mais em seu negócio, compartilho abaixo os dez segredos que tenho certeza de que vão lhe ajudar e muito a transformar seus clientes em fãs:

1. Entenda seus clientes

Para entender bem os clientes, a Disney busca o tempo todo conhecer suas necessidades, desejos e sonhos, solucionar seus problemas e coletar informações que a permitam aprimorar cada um dos processos que tenham impacto na visão e missão de encantar clientes e gerar experiências inesquecíveis. Para isso, a empresa utiliza inúmeras técnicas que incluem vários "pontos de escuta" em diferentes momentos durante a experiência dos convidados – concebidos exatamente para coletar e entender o que o cliente (*convidado*) realmente quer e deseja. Se você não entende bem seus clientes, nunca irá conseguir atendê-los bem, pois só atende bem quem entende profundamente seus clientes e públicos-alvo. Ou como falo em todas minhas palestras: entendimento é mais importante que atendimento!

Na Disney, estudos precisos que incluem fatores demográficos (características físicas da base de clientes) e psicográficos (atitudes, estilo de vida, valores e opiniões) são realizados o tempo todo, o que permite que a organização construa novas atrações e incríveis novas experiências o tempo todo também. Como Walt Disney tão brilhantemente nos ensinou: "Você não constrói nada sozinho. Você descobre o que as pessoas querem e constrói para elas".

Dica de ouro

Quando for criar o perfil do seu cliente, aproveite a oportunidade para criar também o perfil do seu não cliente, pois um erro muito comum em vendas é acreditar que um produto ou serviço pode atender satisfatoriamente bem todos os públicos. Não caia nesse erro!

2. Saiba servir aos seus clientes

Sou um grande entusiasta em torno do tema "liderança servidora" (do também excelente livro *O monge e o executivo*, de James Hunter, que participa inclusive deste livro no Capítulo 49) e a Disney nos ensina que é preciso que cada membro do "elenco" (como a Disney chama todos os seus milhares de profissionais) saiba servir aos milhões de "convidados" todos os anos, tendo sempre como mola propulsora de tudo o que se faz, a magia. Como diz Michael Eisner, presidente da Disney, "a magia de passar as férias na Disney é para mim a magia da qualidade, a magia dos encontros familiares, a magia dos nossos membros do elenco. Todas essas coisas meio que se misturam."

Dica de ouro

Crie um grande propósito de existência para a sua empresa. Um propósito que motive e encante seus funcionários, clientes e todos os que a sua empresa serve. Lembre-se também de que ganhar dinheiro é sim importante, mas que esta definitivamente não pode ser a sua grande missão de existência. Vender é servir e vender é ajudar e não por acaso quem melhor serve e mais ajuda seus clientes mais dinheiro ganha. E para firmar ainda mais este conceito, compartilho mais um grande ensinamento de Walt Disney: *Você chega a um ponto que não trabalha mais por dinheiro!*

3. CRIE MOMENTOS MÁGICOS

Ao longo de cada dia nos parques do Complexo Disney inúmeros são os momentos mágicos, exatamente os momentos em que se cria e se fortalece um vínculo maior com cada cliente. Uma história sensacional que tão bem ilustra o conceito de "momentos mágicos" é o vivido por um grupo de altos executivos que participava de um treinamento intensivo nos parques da Disney. Um dos executivos, ainda um tanto quanto cético em relação a todos os conceitos de atendimento e encantamento da empresa, questionou o treinador que os acompanhava ao ver um senhor de cabelos grisalhos parar ao atravessar a rua principal do Magic Kingdom para apanhar um papel jogado na rua: "Aquele senhor que apanhou com a mão aquele lixo na rua é da limpeza?". Prontamente o treinador respondeu: "Sim, é da limpeza sim!". E a conversa continuou com o executivo dizendo: "Fiquei impressionado com o número de profissionais de limpeza que vocês tem. Quantos são ao todo?". O treinador: "Sim, são muitos mesmo. Hoje algo próximo de 55 mil". Entendeu o contexto? Todos são profissionais da limpeza! E a propósito, aquele senhor de cabelos grisalhos fazia parte da equipe de executivos da Disney, mas fez, como sempre se espera de todo o "elenco" da Disney, algo simples e mágico voltado a encantar todos os convidados. É exatamente esta atitude que você deve desempenhar o tempo todo. Não espere que os outros façam por você. Faça sempre mais do que todos esperam de você e crie momentos mágicos para todos os seus clientes. Tenha uma atitude vencedora!

Questione-se o tempo todo e veja se você não tem gerado mais momentos trágicos do que momentos mágicos aos seus clientes e lembre-se de que a criação dos momentos mágicos deve acontecer ao longo de todas as etapas do ciclo de vendas, incluindo pré-vendas, abordagem, identificação das necessidades, apresentação dos produtos e serviços, negociação, fechamento e pós-venda.

Eles também nos ensinam que a cadeia média de experiências dos convidados é formada por 38 experiências, sendo que para cada experiência trágica (que aqui se configura nas variáveis incontroláveis do seu negócio) são necessárias outras 37 experiências mágicas, ou momentos mágicos como eles tão clara e magicamente nos ensinam.

É preciso também lembrar que hoje todos nós estamos no *show business* e que é nosso dever e obrigação dar um *show* de atendimento e encantamento em todas as interações com o cliente das quais fazemos parte.

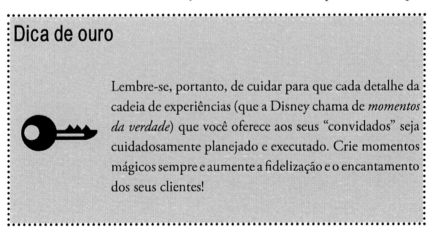

Dica de ouro

Lembre-se, portanto, de cuidar para que cada detalhe da cadeia de experiências (que a Disney chama de *momentos da verdade*) que você oferece aos seus "convidados" seja cuidadosamente planejado e executado. Crie momentos mágicos sempre e aumente a fidelização e o encantamento dos seus clientes!

4. Desenvolva a *magia prática*

É importante lembrar para o seu cliente, e para os clientes Disney também, de que a magia é uma fonte de encantamento e prazer. E tanto para a Disney quanto para a sua empresa, a magia deve ser uma questão prática. E magia prática, de uma forma bastante resumida e simplificada, pode ser traduzida em saber criar o tempo todo experiências mágicas pautadas sempre pelo excelente atendimento, pelo desejo de encantar, de ouvir e coletar informações e desejos, de prestar atenção a todos os detalhes e de sempre superar as expectativas dos seus clientes.

Costumo brincar que no mundo superconcorrido de hoje atender bem já é um *commodity*. Muitas empresas já fazem isso, certo? No entanto, ainda são poucas as que vão além e que sempre superam as expectativas dos seus clientes.

Outra história deliciosa que nos ajuda a entender melhor o conceito de magia prática foi vivido por uma senhora que, ao final de um dia em um dos parques da Disney, foi surpreendida por uma gaivota que "roubou" o seu sorvete quando ela jogava os seus lixinhos do dia nas lixeiras (não por acaso milimetricamente dispostas ao longo de todos os parques da Disney). Uma funcionária, que fazia a limpeza da rua, acompanhou a cena – desapercebida pela própria "convidada" – e imediatamente a chamou para levá-la até o quiosque mais próximo para ali oferecer um novo sorvete gratuito. Isso é a atitude que deve se esperar de todo o "elenco" da Disney e é essa a atitude que você deve fomentar em toda a sua equipe e ações cotidianas. Isso é magia prática!

Dica de ouro

Crie em seu negócio, como também ocorre na Disney, um método e uma cultura 100% voltados ao encantamento dos seus clientes. O atendimento excepcional se transformará em lucros maiores e em clientes muito mais fiéis e propensos a recomendarem seu serviço ou produto para muita gente e a consumí-los outras tantas vezes exatamente para viverem novamente estas experiências deliciosas.

5. Venda experiências o tempo todo

Já disse isso e aqui reforço: vivemos a "era da experiência". Todos querem viver experiências cada vez mais singulares, sempre pontuadas por um atendimento excepcional capaz de superar expectativas e também gerar o forte desejo de vivê-las novamente.

E como tão bem dizem os ótimos livros, cursos e boas práticas da Disney – dos quais eu concordo integralmente, pois já vivi esta experiência – na Disney a maioria dos pais não leva seus filhos apenas para mais um evento ou para um simples passeio. Eles levam suas famílias para fazer desta experiência compartilhada parte das conversas da família pelos próximos meses e anos. Entender e dominar esta visão profunda de que cada compra de um produto ou serviço impacta positivamente a vida e os negócios do seu cliente exige um trabalho árduo não apenas das suas equipes de Marketing, mas de todos os departamentos da sua empresa, pois ao final do dia todos existem e são pagos por uma única pessoa que se chama "cliente".

E, como é também em nossos negócios, a existência destes momentos mágicos permite criar experiências tão únicas e capazes de gerar a tão sonhada recorrência. E não basta apenas cuidar das experiências no atendimento propriamente dito, que se configura no momento em que você está frente a frente com o seu cliente. É preciso cuidar das experiências ao longo de toda a cadeia: no pré-vendas, na venda propriamente dita e no pós-venda.

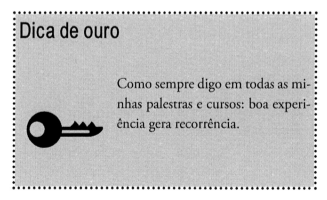

Dica de ouro

Como sempre digo em todas as minhas palestras e cursos: boa experiência gera recorrência.

6. Supere expectativas e desenvolva o Efeito Wow

Na Disney, superar as expectativas do cliente (ou do *convidado*) é um dever e assim também o deve ser em sua empresa. Superar expectativas é não se ater apenas a responder à questão formulada pelo seu cliente e sim acompanhar o cliente até o seu destino – quando isso for possível.

Superar expectativas é responder de forma primorosa até mesmo questões triviais, como, inclusive, é recorrente no Magic Kingdom: "Que horas é a paradinha das 3?" com respostas sensacionais como: "A paradinha das 3 da tarde passará por este local específico onde o senhor está às 15:07 e o melhor local para assisti-la é logo ali debaixo daquela árvore e um passo acima na calçada para que a sua visão seja a mais perfeita possível."

No seu negócio específico, superar expectativas não pode ser apenas vender ótimos produtos e serviços e sim ajudar o cliente o tempo todo em atividades que muitas vezes não fazem parte da sua responsabilidade e das suas atribuições.

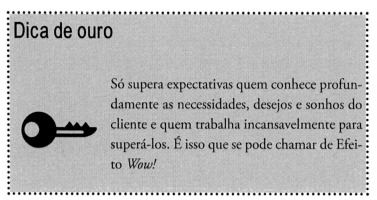

Dica de ouro

Só supera expectativas quem conhece profundamente as necessidades, desejos e sonhos do cliente e quem trabalha incansavelmente para superá-los. É isso que se pode chamar de Efeito *Wow!*

7. Atenção aos detalhes

A Disney é conhecida por sua obsessão pela atenção aos detalhes. Nos quartos de seu hotel, os clientes se deparam com dois olhos mágicos, um na altura dos olhos dos adultos e outro na altura dos olhos das crianças. Nos parques, as lixeiras estão dispostas em intervalos regulares de 20 passos, visto que esta é distância que um convidado carregaria lixo antes de jogá-lo no chão, seguindo assim os testes realizados pelo próprio Walt Disney.

Quantos são os convidados que prestam atenção a detalhes como o símbolo do Mickey gravado nas tampas de bueiro dos Parques? Certamente menos que 10%. Agora imagine a experiência e a sensação destes poucos que prestam atenção a estes detalhes e conseguem enxergar, sentir e experimentar todo este carinho, cuidado e atenção que a Disney dedica a eles.

Veja que interessante: para exceder as expectativas dos convidados é crucial prestar atenção a todos os detalhes e quão maior for esta atenção maior será a chance de se criar experiências fenomenais e de alta qualidade cujo propósito é ter como resultado final os convidados voltando ano após ano para os parques da Disney.

Uma lógica que se aplica não somente aos parques e inúmeros negócios da Disney, mas que certamente se aplica também aos seus negócios e à sua vida, pois prestar atenção aos detalhes e encantar não são apenas objetivos comerciais, certo?

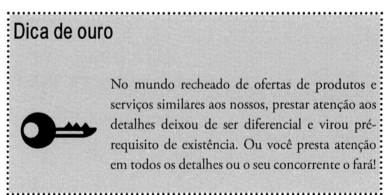

Dica de ouro

No mundo recheado de ofertas de produtos e serviços similares aos nossos, prestar atenção aos detalhes deixou de ser diferencial e virou pré-requisito de existência. Ou você presta atenção em todos os detalhes ou o seu concorrente o fará!

8. Atitudes de encantamento

Na Disney, o ciclo de atendimento começa no centro do circuito, com as necessidades, desejos, percepções e emoções dos convidados. É isso que a Disney chama de *guestology* ou *clientologia*, estando sempre amparada na seguinte visão: "Criar felicidade para pessoas de todas as idades, por toda a parte".

E para que isso aconteça é preciso atentar a uma série de atitudes que são essenciais não somente à Disney, mas que possuem impacto direto na transformação das vendas, dos negócios e nas vidas de muita gente. Aqui enumero sete atitudes essenciais:

1. **Preparação:** Não custa nada repetir o que já vimos no capítulo 4 (Como eu faço para brilhar muito em vendas?): estudo é fundamental! Estude muito e acima de tudo pratique, pratique e pratique, pois de nada vale aprender muito se não colocar em prática estes ensinamentos para aumentar sua produtividade e suas vendas.

2. **Cortesia e Proatividade:** Uma das muitas regras que permeiam todo o maravilhoso mundo de atendimento e encantamento da Disney é de sempre ser gentil com os convidados. E não basta apenas ser gentil. É preciso ter a proatividade de oferecer ajuda sempre que sentir que seus clientes precisam. Esteja atento à linguagem corporal deles e ofereça ajuda sempre que puder. Atitude simples que demonstra atenção, carinho e preocupação extrema com detalhes.

3. **Entusiasmo e paixão:** A palavra "entusiasmo" deriva do latim *en theos* que significa "ter Deus dentro de si". E na Disney, e também no seu negócio, demonstrar entusiasmo e paixão profundos pela sua causa, pelo seu propósito e, principalmente, pelo seu cliente são elementos mais do que essenciais para ter muito sucesso. Aliás, se estes dois elementos não estiverem presentes em tudo o que você faz, já passou da hora de repensar sua carreira! E fica o precioso ensinamento de Samuel Coleridge: "Nada é tão contagiante como o entusiasmo".

4. **Comunicação:** Para atender bem é preciso se comunicar com eficácia. E comunicar-se com eficácia traduz-se basicamente em 3 grandes pontos: 1. Ouça muito seus clientes; 2. Fale menos; 3. Saiba atendê-los bem sempre e superar suas expectativas em todos os momentos.

5. **Experiência:** Elemento já bastante abordado aqui e que não pode ficar fora das atitudes vencedoras. Ofereça experiências inesquecíveis a todos os seus clientes, com a certeza de que quão melhores elas forem, melhores e maiores serão as chances de você encantar seus clientes e transformá-los em verdadeiros fãs e embaixadores da sua marca.

6. **Comprometimento:** Quando me contratam para fazer palestra, curso ou *workshop* sobre os segredos que a Disney usa para transfor-

mar seus clientes em fãs ou qualquer outro evento que tenha por objeto central os temas "atendimento e encantamento de clientes" para equipes de "atendimento ao cliente", eu fico muito feliz mesmo e digo aos meus contratantes (a quem chamo de "fãs"): que legal, vou palestrar para todos os profissionais da sua empresa! Sim, todos na sua empresa estão em atendimento e é responsabilidade de todos comprometer-se de forma visceral com um atendimento primoroso e realmente espetacular. Quem não estiver comprometido, tem que cair fora. Simples assim!

7. **Trabalho em elenco:** Para complementar o item anterior, é preciso lembrar: ninguém faz nada sozinho nem na Disney com seus milhares de profissionais e nem no seu negócio que pode ser grande, médio ou pequeno. Busque descobrir os dons e os talentos específicos de todos os membros da sua equipe (*elenco*) e faça tudo o que puder para maximizá-los, pois assim todos ganham. Vale aqui ressaltar a importância das relações interpessoais que idealmente devem ser permeadas por uma comunicação fluida e honesta por todos os colaboradores e por um senso comum de pertencimento, algo que só é possível quando se tem uma grande causa e um grande propósito envolvidos. É preciso também que todos entendam perfeitamente o quão importantes são para que um grande objetivo comum seja alcançado. E para que tudo isso aconteça, a figura de grandes líderes é crucial para que o trabalho em equipe e as consequentes relações entre os seus mais diversos personagens sejam os mais harmônicos possíveis.

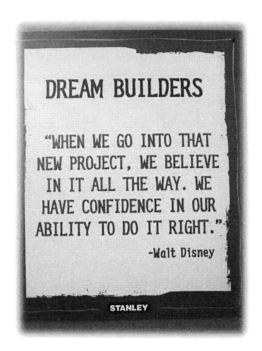

Construtores de sonhos

E quando a gente entra em um novo projeto, acreditamos nele o tempo todo. Temos confiança na nossa capacidade de fazer isso direito. E nós trabalhamos duro para fazer o melhor trabalho possível.

Walt Disney

> **Dica de ouro**
>
> De nada adianta colocar em prática todos os segredos que aqui compartilho com você, se o conjunto de atitudes que forjam o sucesso do seu negócio não se fizer presente. Preparação, cortesia, proatividade, entusiasmo, paixão, comunicação, experiência, comprometimento e trabalho em elenco são as atitudes dos profissionais e empresas campeãs!

9. Transforme clientes em "fãs"

Já disse aqui que a Disney não tem clientes. Ela tem *convidados*. Convidados que de tão encantados se transformam em verdadeiros embaixadores da Disney pelos quatro cantos do mundo, exatamente como eu faço aqui com você sem ganhar um tostão sequer deles (até porque eu não tenho qualquer vínculo oficial com a Disney).

E eles fazem isso ao tratar todo e qualquer convidado como VIP. O VIP que já conhecemos se relaciona com a "pessoa muito importante" (*very important person*). Mas na Disney, o conceito de "VIP" é relacionado ao respeito e atenção extremos às necessidades, características e singularidades de cada convidado, enxergando-o como "uma pessoa muito importante".

De nada adianta você dizer e propagar pelo mercado que "atendimento ao cliente é sua prioridade número 1". Mais importante que dizer é fazer! Faça com que cada cliente se sinta verdadeiramente único para você e sua empresa e busque de forma incansável transformá-lo em seu "fã", pois "fãs" são seus maiores defensores e embaixadores no mercado e, além disso, não cobram um tostão sequer para te "vender" aos seus amigos e familiares.

> **Dica de ouro**
>
>
>
> Trate todos os seus clientes como VIP (pessoas muito individuais) e os faça se sentirem especiais o tempo todo. Demonstre isso com suas atitudes, ações e palavras. Transforme seus clientes em fãs!

10. Crie um tema de atendimento inigualável

Na Disney este tema é: "Criamos felicidade proporcionando o melhor em entretenimento para pessoas de todas as idades, por toda parte".

Seu tema de atendimento precisa ser além de único, factível de ser colocado em prática e deve ser perseguido de forma incansável o tempo todo.

Se você já tem uma missão definida no seu negócio, revisite-a ainda hoje e veja se ela traz este aspecto único, encantador, verdadeiro, legítimo e factível. Se ela somente servir para ornar suas paredes, *folders* e materiais de divulgação, você tem um grande problema!

> **Dica de ouro**
>
>
>
> Faça do seu tema de atendimento um diferencial de existência da sua empresa.

11. Busque sempre a milha extra

Sim, é um bônus, pois vendedor bom é aquele que sempre supera as expectativas do seu cliente! **Busque sempre o *extra mile* (milha extra)**.

Lembre-se sempre de que o sucesso que o trouxe até aqui não é garantia alguma de um novo sucesso. "Neste nosso negócio tão volátil não podemos nos dar ao luxo de descansar sobre os louros das nossas vitórias, e muito menos de fazer uma pausa para olhar o passado. As épocas e condições mudam com tanta rapidez que devemos manter nossa mira constantemente focada no futuro" – Walt Disney.

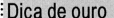

Dica de ouro

Não se acomode nunca com seu sucesso e as grandes conquistas. Celebre-as muito e use-as como mola propulsora para sonhar e realizar ainda mais, pois, como tão bem nos ensinou Walt Disney, não basta apenas sonhar. É preciso saber que se podemos sonhar, podemos realizar!

E POR QUE FAZER TUDO ISSO HEIN, ZÉ?

O quadro a seguir é bastante elucidativo e deve fazer parte a partir de sempre da sua missão de existência. Empresas realmente fantásticas e grandiosas só existem quando possuem líderes excelentes, que trabalham o tempo todo motivados e empenhados a ajudar seus profissionais a se transformarem em funcionários sensacionais, de forma a desempenharem todo o seu potencial para gerarem clientes encantados passíveis de se transformarem não apenas em consumidores fiéis e leais de seus produtos e serviços mas também em verdadeiros "fãs", produzindo para todos os envolvidos neste "círculo virtuoso" resultados espetaculares. Se puder, imprima o "círculo virtuoso" a seguir e o deixe visível a todos os profissionais da sua empresa para que, assim, em todos os momentos, eles possam se lembrar da importância de encantar os clientes e transformá-los em fãs, pois assim todos ganham!

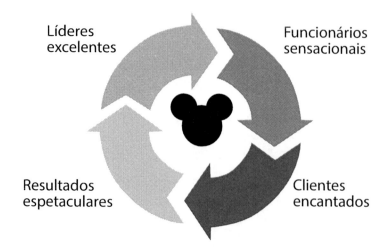

Dica de ouro

Selecione inicialmente um dos onze segredos apresentados e comece a colocar em prática ainda hoje! Escreva abaixo o seu compromisso e trabalhe de forma incansável para fazê-lo acontecer nos próximos dias, meses e anos. E se puder, por favor, compartilhe comigo os resultados obtidos.

Resumo

Na "era da recomendação e da experiência" em que vivemos, um dos maiores e mais importantes desafios de todas empresas e profissionais é transformar seus clientes em "fãs". Fãs que, de tão encantados com as experiências que lhe são proporcionadas, transformam-se em verdadeiros embaixadores das empresas e dos profissionais que lhes ajudam e servem. E para transformar seus clientes em fãs, ninguém melhor que a Disney para te ajudar nesta deliciosa missão que integra dez grandes segredos:

1. Entenda seus "convidados".
2. Saiba servir aos seus "convidados".
3. Crie momentos mágicos.
4. Desenvolva a magia prática.
5. Venda experiências.
6. Supere expectativas.
7. Tenha obsessão fanática pelos detalhes.
8. Adote as atitudes de encantamento.
9. Transforme clientes em "fãs".
10. Crie um tema inigualável.

Leitura recomendada

O jeito Disney de encantar os clientes – Disney Institute – Editora Saraiva

Nos bastidores da Disney – Tom Connellan – Editora Saraiva

O poder da atitude – Alexandre Slivnik – Editora Gente

Be our Guest: Perfecting the Art of Customer Service – Disney Institute/Theodore Kinni

COMPROMISSO PESSOAL

Meu compromisso pessoal diante da transformação de clientes em fãs é:
_____
_____
_____
_____

24

Como eu faço para vender experiências inesquecíveis?

> Se você construir uma grande experiência, seus clientes irão contar aos amigos sobre isso. O "boca a boca" é extremamente poderoso.
>
> *Jeff Bezos*
> Fundador e presidente da Amazon

Já falei em capítulos anteriores e ainda falarei ao longo de todo este livro sobre a importância de ouvir muito para conhecer as necessidades e os interesses reais de seus clientes.

Se você efetivamente fizer isso com êxito, estará muito melhor habilitado para não mais ter de vender produtos ou serviços. Você se transformará em um "vendedor de soluções e experiências". Sim, consumidores e clientes corporativos não buscam mais apenas produtos ou serviços. Todos estão em busca de soluções e experiências que sejam verdadeiramente únicas e prazerosas.

Dados recentes de uma pesquisa realizada pela Pricewaterhouse-Coopers (PwC) no início de 2014 comprovam que "os consumidores desejam uma experiência de compra única e consistente seja qual for o canal de compra usado. Os preços, promoções e programas de fidelidade devem ser os mesmos tanto *on-line* quanto nas lojas físicas".[16]

Outras inúmeras pesquisas têm comprovado que as pessoas ficam muito mais felizes e satisfeitas quando compram experiências e não produtos. Isso acontece, pois experiências geram boas memórias e deliciosas histórias a serem compartilhadas e os produtos não. Logo a seguir, eu compartilho duas experiências pessoais que comprovam isso e que mostram a

---

[16] O relatório da PwC sobre varejo e expectativas dos clientes *Achieving total retail* pode ser baixado no *link*: migre.me/kHY8p

importância de gerar não apenas satisfação mas a de gerar felicidade capaz de ser compartilhada com os outros.

A EXPERIÊNCIA DO NOVO CARRO

Há alguns anos, decidi comprar um carro novo para a minha esposa. Como não poderia ser diferente, fui a algumas concessionárias com ela e com toda a minha patota feminina (somente a Meg, nossa cachorrinha ficou para trás) em busca da marca e modelo que melhor se adequassem às necessidades e expectativas dela.

No entanto, ela já tinha praticamente definido o carro e o modelo que gostaria e com que na verdade já havia algum tempo sonhava. Ou seja, ainda que o vendedor x ou y e que a concessionária z ou w não soubessem, aquela venda já estava praticamente 100% sacramentada. Eu pensava comigo mesmo: este é definitivamente o tipo de cliente que todo vendedor sonha.

Domingão de sol, logo após a missa lá estávamos nós na concessionária prontos para negociar a compra do tão sonhado e novo carro da minha esposa. Fomos, como a maioria das famílias fazem, à uma concessionária perto de casa. Imagine a cena: duas crianças absolutamente encantadas com aquele que poderia vir a ser o novo carro da família, o veículo que as levaria todos os dias para a escola, para o balé, para as aulas de inglês e para as outras inúmeras atividades que os papais e mamães leitores tão bem conhecem.

Minha esposa igualmente encantada até se sentou à direção do carro e me perguntou se eu achava que ela estava "bem"... Enfim, todos os sinais de compra estavam ali escancarados apenas à espera de um afortunado vendedor para "tirar o pedido". Passados mais de 20 minutos sem que ninguém ali viesse nos dar atenção, eu comecei a lembrar das experiências anteriores naquela mesma concessionária quando das revisões programadas do então atual carro da minha esposa, que era da mesma marca. Cada revisão era uma jornada "diferente" e cada vez mais angustiante e absolutamente desprazerosa. Prazos de entrega não cumpridos, inúmeros "problemas sérios" detectados após os *check-ups* iniciais e faturas cada vez mais altas e absolutamente dissonantes de um carro que aparentemente não tinha problema sério algum e que, no mínimo, se pressupunha um veículo confiável de uma montadora idem.

A "luz amarela" estava acesa e todos os componentes emocionais daquele momento, ainda aguçados pela bagunça que minhas filhas já faziam no bagageiro do carro, passaram a dar espaço a componentes muito mais racionais no processo de compra.

Vamos comprar um carro destes em uma concessionária que sequer dá atenção a potenciais compradores de um carro tão caro? Vamos mesmo comprar um carro da mesma marca do carro atual, para o qual as revisões tinham se tornado experiências de absoluto desgosto pessoal e até de momentos de fúria com o absoluto desrespeito ao consumidor? Nós realmente precisamos comprar um carro tão bacana e ter na garagem dois excelentes veículos que irão simplesmente dobrar nossos custos de manutenção, seguro etc.?

A "luz amarela" de "espere" virou "luz vermelha" de "pare" e nós todos voltamos para casa com uma nova tarefa e um novo compromisso: o de iniciarmos outro processo de busca e escolha do novo carro da minha esposa, levando agora em consideração todos os tópicos "racionais" acima elencados.

Para não me alongar muito, fomos a outra concessionária de outra marca, famosa por ser uma das marcas de maior satisfação ao cliente no Brasil (veja como a boa experiência atrai de forma espontânea inúmeros novos clientes). Entramos na concessionária no domingo seguinte, e fomos pronta, elegante e eficientemente atendidos por uma excelente vendedora. Vendo que estávamos com nossas filhas, ela imediatamente as levou para uma cafeteria dentro da concessionária e ofereceu pães de queijo e refrigerantes. Já ciente de que o carro era para a minha esposa, ela disparou perguntas absolutamente certeiras, tais como:

- Este será o carro principal da família?

- De que forma este veículo será utilizado?

- Quais são as características mais importantes em um carro para a senhora?

Na sequência, ela já nos ofereceu o *test drive* e ficou com os olhos absolutamente atentos às expressões faciais e linguagem corporal de minha esposa, aos meus e aos das minhas filhas. É, eu não posso negar que realmente amo o mundo das vendas e que monitoro cada atividade e cada movimento de todos os vendedores com os quais interajo.

Venda feita naquele dia mesmo. Ah, que dia era esse? O dia do aniversário da minha esposa. Posso lhes dizer que ela ficou absolutamente exultante e minhas filhas idem. No dia da entrega do carro, a vendedora (que depois só vim a confirmar que definitivamente se tratava de uma "vendedora vencedora") me ligou e sugeriu que eu passasse em uma floricultura e que comprasse um buquê de flores para colocar no banco do novo carro da minha esposa, que ficou ainda mais emocionada com o lindo laço vermelho sobre o novo veículo.

Enfim, eis aqui a descrição de uma grande e absolutamente prazerosa "experiência de compra", onde definitivamente todas as minhas expectativas foram superadas.

A EXPERIÊNCIA DO OBJETO DE DESEJO

Outra experiência muito interessante que aqui compartilho com você foi uma vivida na linda e intensa Nova York. Antes de mais nada, é importante lhe dizer que eu sempre me presenteio. Isso mesmo! Toda grande venda, toda meta atingida, toda promoção ou premiação extra é comemorada em grande estilo.

No início de 2009 eu havia sido premiado como o vendedor de melhor performance em vendas diante das metas previamente estipuladas no mundo inteiro. A nossa conferência de vendas (*Sales Kickoff*) que aconteceu em janeiro de 2009 já foi em um lugar que prontamente encarei como um grande presente e como mais uma grande recompensa de Deus, pois eu nunca tinha imaginado que pudesse e que iria um dia conhecer lugar tão fascinante: *Havaí!*

Aloha! O vendedor caipira estava no Havaí. A terra das grandes ondas, das praias famosas e das belíssimas paisagens. De lá eu partiria para Nova York, onde já de férias iria encontrar minha esposa para celebrarmos mais um momento mágico da minha carreira de vendedor e da nossa intensa e vitoriosa vida conjugal. Bastante disciplinado que sou, eu já tinha tudo 100% esquematizado: hotéis, restaurantes, peças, teatros e compras

Como eu faço para vender experiências inesquecíveis?

(muitas compras, pois para todo bom brasileiro os Estados Unidos são hoje uma verdadeira perdição consumista).

Na bela praia de Waikiki, conversava eu com um grande amigo nativo da *Big Apple*, que me perguntou onde eu iria ficar em Nova York. Disse que ficaria no mesmo hotel onde ficava todos os anos. Um hotel bastante simples, com ótima localização e de baixo custo na movimentada região da Times Square. Prontamente ele me questionou: "Ei, J.R. (como meus amigos gringos me chamam), você foi o melhor vendedor da empresa em 2008 e vai ficar em um hotel simples assim?! Por favor não faça isso. Escolha um hotel 5 estrelas e celebre este momento tão especial ao lado da sua esposa!"

Confesso-lhe que o conselho do amigo Bob me causou um impacto imediato. Pensei comigo mesmo: quantas outras vezes eu teria a oportunidade e os recursos necessários para viabilizar uma viagem tão especial como aquela? Imediatamente cancelei a reserva no hotel mais simples e fiz a reserva em um excelente hotel (não era 5 estrelas, pois os preços de hotéis assim em Nova York são impraticáveis), onde iria não apenas celebrar o ano maravilhoso que tinha tido, mas também celebrar uma "lua de mel" (é assim que eu e minha esposa chamamos as nossas viagens a sós todos os anos) ainda mais especial, pois em 2009 celebrávamos os nossos 10 anos de casados.

Chegamos em Nova York, eu vindo do Havaí e ela de São Paulo, e no belo hotel em que ficamos fomos agraciados com uma série de mimos em virtude daquela data tão especial para nós dois. Ganhamos café da manhã como cortesia por 2 semanas. Fomos também agraciados com uma garrafa de vinho e morangos cobertos de chocolate. Enfim, experiência nota dez mesmo. Para tornar ainda mais especial aquele momento tão iluminado e único onde celebrávamos inúmeras conquistas, eu fui à cinematográfica Quinta Avenida com a minha esposa para presenteá-la com uma destas bolsas que são o sonho de consumo de 10 entre 10 mulheres. Naquela avenida, que se configura como uma das mais exclusivas e caras do mundo, e onde se pressupõe que só seríamos atendidos e mimados por vendedores absolutamente fora de série, posso lhe dizer que fomos realmente surpreendidos. Positiva e negativamente.

Vamos primeiro à experiência negativa em uma das lojas mais exclusivas do mundo onde as famosas e desejadas bolsas de duas letras são verdadeiros objetos de desejo e fascínio feminino. Entramos na loja e nenhum vendedor veio falar conosco. Penso que o que pode ter acontecido é que nenhum deles efetivamente tenha vislumbrado em um primeiro "olhar crítico" que tivéssemos o perfil de consumidores daquela marca.

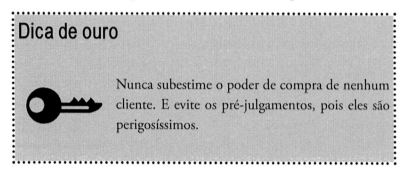

Dica de ouro

Nunca subestime o poder de compra de nenhum cliente. E evite os pré-julgamentos, pois eles são perigosíssimos.

Mesmo diante de uma situação no mínimo estranha, continuamos caminhando pela loja em busca daquele que poderia vir a ser o valioso presente que queria dar à minha esposa para materializar uma data, para nós, mágica, especialmente levando em consideração os duros anos que tínhamos passado logo após o nosso casamento – aqui já rapidamente compartilhados com você. Como é de praxe em qualquer loja, especialmente as femininas, minha esposa decidiu pegar em suas mãos uma daquelas bolsas. Eis que de forma absolutamente rude, ela foi interpelada por uma vendedora que foi bastante categórica: "Ei, a senhora não pode tocar nas bolsas! Se quiser ver alguma delas, por favor, me avise".

Se até então ela não tinha verdadeiramente se encantado com nenhuma das bolsas (se você é mulher, entende perfeitamente o que quero dizer sobre este encantamento com "uma" bolsa específica), a forma rude e pouquíssimo gentil daquela vendedora nos fez naquele momento imediato abandonar a loja.[17]

Mais alguns passos à frente e chegamos a uma outra loja, destas que igualmente se configuram como o "sonho de consumo" de talvez 11 entre

---

[17] Importante ressaltar que não quero e nem pretendo desqualificar a famosa e desejada marca das duas letras. No entanto, quero reforçar que toda e qualquer experiência de compra se dá entre pessoas e que o processo de fidelização se dá entre pessoas. E o exemplo acima é também bastante elucidativo no sentido de dizer que uma única experiência de compra absolutamente negativa com uma vendedora ou grupo de vendedores de uma loja específica me afugentou não apenas no dia da potencial primeira compra, mas de outras tantas potenciais oportunidades, que efetivamente aconteceram com uma marca concorrente.

Como eu faço para vender experiências inesquecíveis?

10 mulheres, e que hoje tem como garota propaganda uma linda jovem que fez um sucesso estrondoso na super bem-sucedida série de filmes de um menino mago que encantou e conquistou o mundo inteiro. Fomos imediatamente atendidos por um senhor trajando um terno de caimento impecável (daquela mesma marca, obviamente) e que nos perguntou se aceitávamos um café, uma água ou um chá, algo profundamente elegante, especialmente para futuros clientes que vinham do ambiente externo, cujos termômetros marcavam àquele momento 10 graus negativos.

Agradecemos pela gentileza e dissemos que iríamos apenas dar uma olhada na loja. Já na área de bolsas femininas, ele de forma muito sutil, perguntou à minha esposa se ela buscava um modelo ou um estilo específico de bolsa. Ela disse que não, até porque aquela poderia vir a ser a sua primeira bolsa daquela marca tão desejada. Passados poucos minutos, vi os olhos da minha esposa brilharem intensamente. Sim, ela tinha achado "a bolsa" que imediatamente a conquistou e se tornou mais um grande presente pelos nossos 10 anos de casamento. O ótimo vendedor da loja se aproximou e a ajudou na retirada daqueles rolinhos de papel que servem para dar volume às bolsas. Percebendo que ela estava absolutamente "encantada", ele prontamente a direcionou a um grande espelho, onde ela pudesse ter uma ideia mais ampla de como ficaria o seu *look* com a nova bolsa nos braços (se você é mulher, entende bem isso também).

Foi "paixão à primeira vista" e eu confortavelmente sentado em uma deliciosa poltrona de couro só dei uma rápida olhadela no preço e balancei positivamente a cabeça confirmando que, com enorme prazer, iria presenteá-la.

A intensidade do momento foi tão grande que ela imediatamente começou a transferir todas as coisas da bolsa antiga (carteira, batom, perfume, cartão do hotel, etc., etc., etc.) para a "bolsa nova" que eu ainda nem sequer tinha pagado. O vendedor a ajudou com esta "tarefa tão chata" e ao final só "pediu licença" a ela para retirar o código de barra da bolsa para que eu pudesse acompanhá-lo até o caixa para providenciar o pagamento.

Pagamento feito, compra realizada e momentos únicos proporcionados por uma experiência de compra verdadeiramente singular registrada para sempre.

Eis que no início de 2014 ela já era a feliz proprietária de outras cinco bolsas desta mesma marca e que foram adquiridas em outras cidades onde tivemos o mesmo tratamento diferenciado e experiências igualmente fenomenais de compra.

É isso o que todos nós buscamos. Não queremos apenas comprar um carro legal ou uma bolsa bacana. Queremos que este momento tão mágico que simboliza uma nova conquista ou um novo sonho atingido, ali materializado em um novo automóvel ou em uma nova bolsa, seja de fato um momento singular e inesquecível e que tenha tudo para gerar o desejo consciente ou inconsciente de vivernovos momentos assim.

Mesmo quando estamos comprando produtos e serviços mais simples, nós buscamos experiências de compra agradáveis, pois o "ato de comprar" em si já é absolutamente prazeroso para a grande maioria das pessoas.

Abaixo eu compartilho cinco dicas práticas para você se transformar em um grande vendedor de experiências inesquecíveis:

1. **Saiba surpreender seu cliente:** Saiba proporcionar a ele experiências únicas e que certamente irão ajudá-lo a multiplicar esta mesma experiência com outros tantos amigos e familiares, assim como eu acabei de fazer aqui com você com os exemplos da concessionária de carros e da loja de bolsas. Treine e capacite todos os profissionais da sua empresa para que eles ofereçam aos seus clientes experiências de compra inesquecíveis, algo que só é possível com uma turma engajada (movida por um grande propósito e visão, que são papéis do líder), comprometida em entender o que o cliente realmente precisa (saber ouvir é mais importante que saber falar bem) e 100% focada em fazer tudo o que for possível para encantar o cliente.

2. **Faça tudo o que for possível para não oferecer experiências ruins:** Saiba também que a experiência ruim que você proporcionar ao seu cliente será com muito mais facilidade compartilhada com centenas de outros potenciais clientes, como eu também estou aqui fazendo com você. Por isso mesmo, crie mecanismos e processos que lhe permitam monitorar todas as interações do seu cliente com seus vendedores e com sua empresa. E faça sempre bom uso das pesquisas para aferir o índice de lealdade e satisfação dos seus clientes. Minha recomendação é você utilizar a metodologia NPS (o capítulo 43, p. 325 fala especialmente sobre isso).

Como eu faço para vender experiências inesquecíveis?

3. Trate todo cliente de forma absolutamente sensacional: Por isso mesmo, trate o seu cliente com absoluta maestria, pois ele é sim o seu grande vendedor, e será o responsável direto pelo seu sucesso ou pelo seu fracasso. Por mais clichê que possa parecer, lembre-se sempre de que a razão da existência da sua empresa e do seu negócio chama-se "cliente".

4. Crie experiências que de tão fabulosas possam ser compartilhadas via redes sociais: Lembre-se que na "era das redes sociais" que a boa e principalmente a má experiência é compartilhada e pulverizada com uma velocidade e voracidade que, infelizmente, não temos como controlar. Não tenha medo de pedir que seus clientes lhe recomendem para os amigos mais próximos e também através das redes sociais.

5. Foque em gerar experiências que de tão sensacionais gerem a tão sonhada recorrência: Lembre-se sempre desta "regra de ouro" em vendas que este seu amigo vendedor, palestrante e professor caipira prega nos quatro cantos do país: "Boa experiência gera recorrência". Adote este "mantra" em seus negócios e veja seus resultados se multiplicarem!

Seja então um vendedor de grandes experiências! E faça com que as experiências que o seu cliente tem com sua marca sejam absolutamente espetaculares em todos os meios (lojas, canais, internet, redes sociais etc.)

Resumo

Vivemos hoje a "era da experiência" que se caracteriza por clientes cada vez mais exigentes e com um incrível poder de compartilhamento destas experiências através das redes sociais. Por isso mesmo, ofereça o melhor atendimento que puder aos seus clientes ao utilizar as inúmeras técnicas e dicas que recheiam este livro. Encante-os e surpreenda-os. Se fizer isso, as suas chances de transformar clientes em fãs serão enormes! Mãos à obra!

Exercício prático

Ao final deste capítulo, faça uma lista dos seus clientes mais "encantados" e que já tenham vivido experiências absolutamente inesquecíveis com você e com sua empresa. Entre em contato com eles *amanhã* ou no próximo dia útil e agende uma reunião presencial, onde você vai pedir o precioso auxílio deles ao lhes indicar três empresas ou pessoas que possam se beneficiar das mesmas experiências que você já ofereceu a eles. Peça também para que eles escrevam recomendações sobre as experiências e resultados já atingidos com os produtos e serviços que você vende. Posso desde já lhe assegurar que você vai se espantar com os resultados que irá atingir, pois "venda com recomendação" é uma venda muito mais fácil e prazerosa.

E daí você pode me questionar: *Mas, Zé, acho que eu não tenho nenhum cliente nesta "categoria". E agora?* É hora então de trabalhar de forma árdua para vender grandes experiências aos seus clientes!

COMPROMISSO PESSOAL

Meu compromisso pessoal diante das experiências inesquecíveis é:
_____
_____
_____
_____
_____

25

Como eu faço para me preparar melhor para minhas negociações?

> A falha na preparação é a preparação para a falha.
>
> *Benjamin Franklin*

Infelizmente, ainda são poucos os vendedores que de fato se preocupam em planejar e elaborar uma boa estratégia para o tão almejado sucesso em vendas.

Vender é negociar. E para negociar bem, é muito importante que estejamos bem preparados e que conheçamos a fundo as necessidades e interesses da outra parte.

William Ury, professor da Universidade Harvard, autor do excelente livro *Como chegar ao sim*[18] (Imago, 2005) e um dos maiores especialistas em negociação do mundo – tendo, inclusive, conduzido negociações complexas como as do Oriente Médio, da Guerra da Etiópia, e mais recentemente, atuado como negociador contratado na dura disputa entre o empresário Abílio Diniz do Grupo Pão de Açúcar e o empresário francês Jean-Charles Naouri do Grupo Casino –, ressalta que as pessoas têm grande dificuldade em se colocar dentro das mentes das pessoas com as quais estão negociando. Ury, que prega que consciente ou inconscientemente negociamos todos os dias da nossa vida pessoal e profissional, tem uma proposta que indica os fatores-chave para uma negociação de sucesso e que pode ser assim resumida:

---

[18] O excelente livro *Como chegar ao sim* (Imago, 2005) de William Ury (coautor) é leitura obrigatória para todo vendedor profissional. Ury, que é considerado um dos maiores especialistas do mundo em negociação, elenca em suas palestras sete etapas importantes em uma negociação, divididas em três grandes áreas:
1. Concentração nas pessoas: procure uma nova perspectiva; coloque-se no lugar da outra parte.
2. Caminhar para a solução de problemas: concentre-se nos interesses e não nas posições; crie opções que proporcionem benefícios mútuos; use critérios objetivos para decidir o que é justo.
3. Troca de propostas: desenvolva alternativas para o caso de não chegar a um acordo; construa uma "ponte dourada" entre você e a outra parte.

1. Saiba sempre separar as pessoas dos problemas: A dica de ouro aqui é sempre ser duro com os problemas e leve com as pessoas. Ao fazer isso, fica mais fácil evitar ser dominado pelas emoções que tanto atrapalham na construção de boas negociações que atendam razoavelmente bem os interesses das partes envolvidas.

2. Busque o tempo todo centrar-se nos interesses de todas as partes envolvidas e na criação do maior número de opções: Nossos interesses em uma negociação são sempre sabidos e podem incluir vender mais, com boa margem e condições de pagamento que não fogem do padrão que nossas empresas operam. No entanto, na maior parte das vezes, negligenciamos a tão fundamental investigação acerca dos interesses da outra parte. Quando nos preparamos adequadamente para isso, conseguimos antever situações que podem levar a impasses e entraves para a boa negociação. Além de investir um bom tempo para entender melhor os interesses da outra parte, é crucial investir tempo e criatividade para desenhar opções distintas capazes de ampliar o rol de possibilidades para a negociação.

3. É sempre importante ter claro o que se pode ganhar e perder no processo: Ury e os grandes negociadores sempre entram em uma negociação tendo investido um bom tempo para entender o que se pode e também o que não se pode ganhar e perder naquele negócio específico. Se você já sabe que sua margem de negociação está na ordem de 10% do investimento inicialmente sugerido, busque incluir também uma contrapartida da outra parte para equilibrar a negociação.

E é exatamente dentro deste cenário que emerge a importância de um bom planejamento e de uma boa estratégia de negociação. Ainda são poucos os vendedores que conseguem endereçar os principais tópicos de uma negociação de sucesso e isso se dá principalmente em virtude de um distanciamento da percepção de quais são realmente as principais habilidades de negociação.

Em um estudo conduzido há alguns anos pelo consultor Renato Hirata (Hirata Consultores), com uma base de dados formada por mais de 15 mil participantes, esta deficiência do negociador brasileiro foi claramente detectada.

Tal estudo utilizou a metodologia do doutor John Hammond e traçou o perfil dos negociadores de alta performance no mundo todo, com especial ênfase aos negociadores norte-americanos. Inicialmente obteve-se uma lista das catorze principais habilidades dos negociadores de alta performance e na sequência essa lista, em ordem aleatória, foi apresentada aos participantes da pesquisa, para que eles indicassem qual a importância de cada item para a obtenção de sucesso nas suas negociações.

A principal habilidade do negociador de alta performance é exatamente a preparação estratégica. Tal habilidade, no entanto, em uma escala de 1 a 14, foi apontada pelos brasileiros como apenas a décima mais importante, e, por sua vez, apontaram como a habilidade número um a habilidade na resolução de problemas, que havia sido classificada como a oitava habilidade mais importante no estudo do doutor Hammond. Ou seja, os brasileiros ainda precisam melhorar bastante suas habilidades relacionadas à preparação estratégica para a boa negociação. Dentro do "macrotema" preparação estratégica, reforço absolutamente fundamental para que nós, vendedores e profissionais das mais diversas áreas, sejamos verdadeiros *experts* nos produtos, serviços e soluções que comercializamos e nos dos nossos concorrentes também, além de sermos reais especialistas no mercado em que atuamos.

Fora isso tudo, é fundamental que você se transforme no "vendedor de confiança" e no *vendor of choice* (*fornecedor escolhido*, em tradução livre) pelos seus clientes. Tanto para um quanto para outro, o ponto nevrálgico está na construção de relacionamentos duradouros, que só existem quando um elemento chamado "preparação" se faz presente ao longo de todo o relacionamento e que ele seja visível aos olhos do cliente, pois todos gostam e desejam se relacionar com profissionais bem preparados.

E por falar em preparação, item que não por acaso se faz presente ao longo de toda esta obra, quero dividir com você uma experiência pessoal muito interessante. Certa vez eu visitava um futuro cliente, que é uma grande multinacional com presença no Brasil há mais de 80 anos. Por ser uma empresa com milhares de profissionais que poderiam se enquadrar como público-alvo das soluções de inglês corporativo que eu vendia na época, eu dediquei algo em torno de 4 horas de trabalho de pesquisa para entender os negócios, desafios e objetivos desta empresa no Brasil e também os resultados financeiros tanto no Brasil quanto nos Estados Unidos, onde fica a sua sede.

Este trabalho incluiu a leitura de todos os principais tópicos que tivessem alguma relação ou impacto relacionados às habilidades de comunicação em inglês, presentes nos relatórios anuais, trimestrais e também nos relatórios que companhias abertas norte-americanas estão sujeitas à apresentação anual junto à Comissão de Valores Mobiliários (SEC), nos Estados Unidos. Tópicos como *lucratividade, percentual dedicado a treinamento e desenvolvimento* e *endividamento global e local* também faziam parte da pesquisa feita exclusivamente para esta empresa.

Eis que durante a minha reunião com a equipe de RH e desenvolvimento humano desta empresa eu fui indagado da seguinte forma:

"José Ricardo, como você conseguiu tantas informações confidenciais, visto que você tem aí em sua apresentação informações que nós mesmos desconhecemos?" Imediatamente eu disse que não se tratavam de informações confidenciais. Eram na verdade informações disponíveis no *site* de relações com investidores daquela empresa.

É até possível que este não seja o melhor exemplo para aqui compartilhar com você, pois, sem querer, criou-se por alguns momentos um desequilíbrio de percepções onde talvez o cliente possa ter se sentido inferiorizado diante de uma situação no mínimo peculiar onde um potencial fornecedor estava mais munido de informações importantes do que ele próprio.

No entanto, pude sentir que, a partir daquele momento, eles ficaram muito mais interessados em conhecer as soluções que lhes apresentava, pois eu já tinha lhes mostrado que estávamos realmente bem-preparados para atender às necessidades que eles tinham de fomentar as habilidades de inglês de negócios de seus profissionais das quais poderíamos, de fato, ajudá-los a fazer "mais com menos", algo que fazia total sentido dentro do momento estratégico da empresa cujo objetivo era melhorar os indicadores de performance de treinamento (KPIs) com uma política de gerenciamento de custos mais inteligente. Ou resumidamente: eles queriam fazer mais com menos e nós nos mostramos preparados desde o início a ajudá-los com isso.[19]

---

[19] Um livro de leitura agradável e rápida sobre o tema negociação é o *A magia dos grandes negociadores*, de Carlos Alberto Júlio (Elsevier, 2005). Neste livro, Júlio traz as *10 regras de ouro dos bons negociadores*. Uma das principais e mais interessantes dicas é a de como estabelecer

Espero que todas as dicas presentes neste e nos capítulos seguintes possam lhe ser verdadeiramente úteis para você se preparar melhor em suas negociações. O que posso lhe dizer por experiência própria como profissional de vendas e como professor de negociação em grandes empresas e renomadas instituições de ensino, é que há uma relação direta entre a preparação e o sucesso em suas negociações. Ou seja, quanto melhor preparado estiver, maiores serão as chances de você negociar muito melhor. Pode acreditar neste seu amigo vendedor!

Resumo

Vender é negociar. E só negocia bem quem se prepara muito! Por isso mesmo, invista um tempo de qualidade para entender tudo o que cerca o seu mercado específico. Pouco tempo de preparação geralmente produz resultados insatisfatórios que se traduzem em descontos oferecidos desnecessariamente e clientes menos interessados em negociar com você, que buscam o tempo todo basear suas decisões de compra no menor preço, dentre outros. Por outro lado, quem se prepara muito e entende que a negociação é uma técnica que se aprimora ao longo do tempo, tende a construir relacionamentos muito mais duradouros e sólidos com seus clientes, o que é bom para todo mundo e o que cria o cenário "ganha-ganha". Falaremos sobre isso no próximo capítulo, onde iremos juntos navegar pelos principais elementos das negociações "ganha-ganha".

---

rapport (*empatia*) com diferentes tipos de interlocutores: pragmáticos (os que querem ser tratados sem intimidade e rapidamente), expressivos (buscam relacionamento, elogio e rapidez), afáveis (buscam intimidade, proximidade, assessoria e tempo) e analíticos (não querem intimidade e prezam o tempo e a informação). Leitura super-recomendada!

Ferramenta prática

Um dos maiores e mais respeitados "gurus" de vendas do mundo é o Brian Tracy. Seus livros, palestras, cursos e vídeos são todos grandiosos. Em um dos seus vários e preciosos ensinamentos ele nos ajuda a dividir a boa preparação prática para vendas e negociação em três importantes passos, que uma vez implementados com frequência nas suas reuniões (presenciais ou não) transformam-se em mais um poderoso instrumento para melhorar suas negociações e incrementar a sua produtividade:

1. Análise antes da reunião: Invista um tempo precioso para aprender tudo o que puder sobre o seu cliente, seus próprios produtos e serviços, tendências específicas sobre o seu mercado, desafios, perfil dos seus interlocutores (o LinkedIn é muito útil aqui), concorrentes etc. Quanto mais informação relevante e útil você levantar, melhor para você e para o seu cliente também. Ou seja, todos ganham.

2. Objetivos antes da reunião: Determine sempre antes de qualquer interação com o seu cliente o que deseja alcançar. Uma vez definidos os seus objetivos, escreva as principais perguntas e técnicas que irá utilizar para fazê-los acontecer. Importante também definir e respeitar os horários de início e término da reunião, assim como as pessoas corretas que deverão participar (com suas responsabilidades previamente atribuídas) e quem será o líder para aquela reunião específica.

3. Análise pós-reunião/encontro: Depois que terminar a reunião ou ligação com seu cliente, invista um bom tempo para escrever tudo o que foi discutido ao longo da reunião (o ideal é fazer isso em um *software* de CRM). Confronte estas notas com os objetivos previamente estabelecidos e seja bastante crítico para entender o que deu certo e o que poderia ter sido melhor planejado e executado. Aliás, não custa lembrar que a boa execução depende e muito de um bom planejamento. Além disso, estas anotações precisarão ser consultadas antes das suas próximas interações com o seu cliente e potenciais clientes. Ao fazer isso, além de se preparar melhor, você economizará os preciosos minutos que geralmente são gastos para lembrar todos os pontos previamente discutidos.

Entendo que todas as dicas acima (e todas as centenas de dicas que fazem parte desta obra) podem parecer um tanto quanto detalhistas e trabalhosas, e realmente são. Faço isso com a certeza de que é a preparação que te transformará em um melhor negociador e em um profissional cada vez melhor, mais produtivo e realmente diferenciado. Aliás, foi para isso que você investiu seu dinheiro e principalmente seu tempo para a leitura deste livro, certo?

COMPROMISSO PESSOAL

Meu compromisso pessoal diante da preparação em negociações é:

_____

_____

_____

_____

_____

26

Como eu faço para aprimorar minhas habilidades de negociação?

Vamos passar da era da confrontação para a era da negociação.

Richard Nixon

Tema tão fascinante quanto complexo, a negociação se faz presente em tudo e em praticamente todos os momentos das nossas vidas. Negociamos com nossos cônjuges, filhos, líderes, liderados, colegas, clientes e fornecedores dentre tantos outros. Negociamos literalmente o tempo todo!

E penso que você também irá concordar comigo que nunca a negociação foi tão importante quanto agora, pois vivemos em um mercado cada vez mais competitivo, repleto de boas ofertas de produtos, serviços e soluções iguais ou muito similares aos nossos e onde a boa capacidade de costurar acordos que privilegiem os interesses das duas ou mais partes, em detrimento à satisfação exclusiva de uma delas, se faz ainda mais crucial, visando o tão sonhado e desejado relacionamento de longo prazo.

E por mais incrível que possa parecer, ainda são muitos os que acreditam que os princípios norteadores da boa negociação se baseiam única e exclusivamente em talentos natos ou em improvisações que acontecem diariamente diante de cada negociação específica. E muita gente tem me perguntado nas minhas palestras, cursos, *workshops*, aulas e interações formais e informais se as habilidades de negociação tão essenciais não somente a nós vendedores, mas também fundamentais a qualquer profissional, podem ou não ser aprimoradas ou se de fato elas são um "talento nato" de alguns poucos privilegiados. E minha resposta é bastante objetiva, direta e firme: definitivamente a negociação é uma habilidade que pode e deve ser aprimorada e que requer muito estudo e muita prática. Quanto mais se estudar e se aplicar os bons modelos, teorias e práticas da negociação, melhores serão os resultados obtidos!

Há que se destacar dois modelos de negociação que ainda se sobressaem diante dos demais. Muitos optam pela negociação mais dura e áspera onde se busca a "vitória" a qualquer custo em detrimento à "derrota" do outro. Outros tantos optam pela negociação mais afável, onde uma das partes faz tudo o que lhe é possível para evitar o conflito, gerando quase sempre maus resultados em acordos ruins onde uma parte ganha muito e a outra parte perde muito, o que se configura em uma situação típica de negociações que tendem a não se fortalecer e existir ao longo do tempo.

No entanto, há uma terceira via que tem se comprovado ao longo do tempo como a mais eficiente e a que melhor produz resultados em negociações bem estruturadas. Falo aqui da "negociação baseada em princípios" que se baseia na teoria mais reconhecida e testada de negociação no mundo todo, concebida pelos professores Roger Fisher e Willian Ury da prestigiada Harvard Law School.

Para te ajudar e inspirar na busca de ainda mais conhecimento sobre este tema realmente fascinante, eu compartilho com você os sete elementos da boa negociação que visa produzir resultados positivos para todas as partes envolvidas na negociação. São os elementos principais da negociação *win-win*, ou "ganha-ganha", onde todos ganham e onde as possibilidades de criação de relacionamentos de longo prazo são significativamente maiores.

1. INTERESSES

Na gigantesca maioria dos casos, nós conhecemos muito bem os nossos interesses nas negociações e investimos muito pouco tempo para entender os interesses da(s) outra(s) parte(s). Erro comum e que custa caro, pois quando não entendemos os interesses da outra parte há uma tendência clara de nos posicionarmos como oponentes e não como aliados em busca de uma solução satisfatória a todos os envolvidos.

A boa negociação é a que produz resultados que satisfazem bem os interesses, de todos os envolvidos na negociação. Dicas essenciais e poderosas aqui são:

- Foque em interesses comuns.

Como eu faço para aprimorar minhas habilidades de negociação?

- Busque entender os interesses da outra parte.
- Entenda os interesses escondidos debaixo das posições.
- Pergunte "Por quê?" e "Por que não?".

2. ALTERNATIVAS (BATNA)

Em toda e qualquer negociação é fundamental que você entenda qual é a sua *Melhor Alternativa para um Acordo Negociado* (MAANA) ou em inglês *Best Alternative to a Negotiated Agreement* (BATNA). Entenda a MAANA como um plano de *backup* que pode ser trabalhado com um preço mais reduzido em um primeiro momento, com o objetivo de ganhar a confiança do cliente e criar um relacionamento de longo prazo (algo absolutamente essencial no mundo atual, onde o sucesso das organizações é diretamente relacionado à sua capacidade de gerar clientes leais e recorrentes). A MAANA é muitas vezes o seu valor mínimo aceitável para fechar o acordo. É fundamental que você tente o quanto puder entender a MAANA da outra parte também, pois o sucesso da sua negociação está muito ligado à qualidade da sua MAANA e à maior percepção da MAANA da outra parte.

Para que isso aconteça bem, lembre-se sempre: ouça muito, fale pouco e faça perguntas adequadas e inteligentes para entender profundamente as necessidades, expectativas, anseios e sonhos da outra parte. Quão maior for este conhecimento e percepção, maior será a chance de você imaginar a MAANA da outra parte.

3. OPÇÕES

Toda boa negociação deve pressupor a existência de mais opções sobre a mesa, pois a existência de uma única opção tende a criar desequilíbrio de forças e situações indesejáveis de descontrole emocional face à única possibilidade real vinculada àquela única opção discutida. Procure sempre opções de benefícios mútuos usando a criatividade. Para fazer isso incremente a qualidade das suas perguntas, pois quão maior for o seu entendimento sobre os interesses da outra parte, maiores serão as chances de juntos vocês trabalharem na criação de opções satisfatórias a todos e que idealmente estejam conectadas à criação de um relacionamento cada vez mais sólido e de longo prazo.

4. Padrões independentes

A boa negociação precisa seguir critérios de legitimidade. Critérios e padrões que sejam alheios às vontades das partes. Por isso mesmo, é fundamental fazer o bom uso do princípio da reciprocidade ao utilizar-se de critérios objetivos que sejam de fato importantes, relevantes e legítimos às duas partes. De nada adianta, por exemplo, dizer que o cliente ABC deve comprar seu serviço x porque você é o melhor do mercado.

É importante que você utilize de critérios legítimos e objetivos como testemunhos de clientes, prêmios obtidos e estudos de caso que comprovem a superioridade da sua solução diante dos demais concorrentes e principalmente o quanto a sua solução é a mais adequada às necessidades específicas daquele cliente.

Exemplos de padrões independentes:

- Valores/referências de mercado.
- Pesquisas de mercado.
- Preços.
- Precedentes.

5. Comunicação

Preste sempre muita atenção à comunicação, pois falhas neste ponto tendem a gerar acordos ruins e que acarretam resultados insatisfatórios. Uma dica muito poderosa para se comunicar e negociar melhor: ouça muito, fale pouco e certifique-se de que absolutamente tudo ficou claro para todos os envolvidos na negociação. E lembre-se também de que a melhor forma de construir valor real para as partes envolvidas na negociação é compartilhar informações de maneira direta e confiável.

Para te ajudar ainda mais, eu compartilho seis dicas poderosas e eficazes para incrementar sua comunicação:

1. Não tenha medo de fazer perguntas e lembre-se sempre de que a qualidade das suas perguntas é determinante para entender os interesses das outras partes e criar opções que sejam minimamente satisfatórias a todos.

2. Prepare-se muito e tenha um roteiro definido.

3. Use o silêncio como arma.

4. Cuide da sua linguagem corporal e tenha máxima atenção à linguagem corporal dos seus interlocutores, pois "o corpo fala".

5. Controle o quanto puder as suas emoções e não se torne refém delas.

6. Evite as perguntas desnecessárias, inúteis e, por incrível que possa parecer, ainda tão comuns como: "Esta é de fato a sua melhor proposta?".

6. Relacionamento

A boa negociação deve sempre melhorar a qualidade das relações criando valor perene ao longo do tempo (relacionamentos de longo prazo). Por isso mesmo, invista sempre em aumentar a confiança com seus clientes e todos aqueles que negociam com você, pois quanto maior for a confiança nos relacionamentos, maior será a velocidade com que as coisas acontecerão e menor o custo (ensinamento espetacular do professor Stephen M. R. Covey em seu excelente livro *A velocidade da confiança*).[20]

As dicas de ouro aqui são: seja sempre brando com as pessoas e duro com os problemas e foque sempre nos interesses e não nas posições pessoais.

Uma prática bastante comum em negociações é fazer concessões. Concessões que se feitas de forma amadora e não planejada podem não apenas afetar o relacionamento como simplesmente destruí-lo em virtude do indesejável e insustentável desequilíbrio que ocorre quando uma parte cede excessivamente à outra. E daí você pode me perguntar: *Sim, Zé, de fato fazer concessões faz parte do meu cotidiano de negociações. Como é que eu posso melhorar este processo específico?*

---

[20] O livro *Speed of Trust* (Elsevier, 2006) de Stephen M. R. Covey, é uma obra-prima dedicada única e exclusivamente ao incrível poder que a *confiança* tem em todos os relacionamentos que temos em nossa vida. Seja em relacionamentos pessoais, profissionais ou familiares, Stephen M. R. Covey (que tive a imensa satisfação de conhecer pessoalmente em uma destas coincidências que só Deus explica, pois eu falava dele para um amigo em São Paulo e de repente ele apareceu no mesmo restaurante em que estávamos – incrível!) prega que o elemento essencial que deve estar presente e que é o grande responsável por perenizar e fortalecer nossos relacionamentos é a confiança. Leitura mais do que recomendada.

Um princípio bastante utilizado e muito útil e eficaz é o de "dar e receber". Segundo este princípio, para toda concessão (dar um desconto, por exemplo, que tem um impacto direto na rentabilidade e na viabilidade do acordo) precisa ser equilibrada com algo recebido em troca (neste caso, poderia ser um volume maior do produto que você vende ou um compromisso de mais longo prazo no caso de venda de serviços). Por isso mesmo é importante estabelecer antes de entrar nas negociações quais são os itens e elementos que você enxerga que podem ser utilizados neste processo de "dar e receber". Se você já sabe que aquele cliente específico vai mais uma vez lhe apertar com um pedido de desconto extra, prepare-se para obter de volta um compromisso maior ou uma compra de mais unidades do seu produto. Isso mostra profissionalismo, preparação e reduz sensivelmente o custo invisível do indesejável processo de "vai e volta" de propostas entre você e o seu cliente.

7. Compromisso

Especialmente no Brasil, temos uma tendência de combinar verbalmente uma série de condições especiais que muitas vezes não são incluídas no acordo final. Isso é um erro comum e que faz com que todos os esforços até então empreendidos gerem um contrato e um compromisso ruim.

Os bons compromissos e acordos são claros, bem desenhados e duradouros. Portanto, dedique um bom espaço no processo de negociação para cuidar da criação de compromissos inteligentes onde tudo (rigorosamente tudo) o que foi acordado faça parte do acordo final, para não gerar surpresas desagradáveis e o tão indesejável "retrabalho".

Resumo

Os sete elementos
1. Interesses.
2. Alternativas.
3. Opções.
4. Padrões independentes.

5. Compromisso.
6. Comunicação.
7. Relacionamento.

Portanto, agora que você já conhece os "sete elementos da negociação baseada em princípios" certifique-se de que em todas as suas próximas negociações você investirá um tempo de preparação significativo a analisar e elencar cada um destes elementos, pois tenho a certeza de que quão maior for a utilização de cada um deles em cada uma das suas negociações, maior sucesso você terá e melhores resultados produzirá para você, para sua empresa e para os seus clientes, valendo lembrar que a melhor negociação é aquela onde todo mundo ganha ou como convencionamos chamar, é a negociação "ganha-ganha".

Como disse no início deste capítulo, negociação é definitivamente uma habilidade que pode e precisa ser aprimorada hoje e sempre. Se você não o fizer, tenha certeza de que alguém o fará em seu lugar e esse alguém se chama "concorrente"! Ótimas negociações para você!

Bônus: quem deve fazer a primeira oferta?

Uma pergunta bastante recorrente no mundo das vendas é: *Quem deve fazer a primeira oferta em uma negociação? Você ou o seu cliente?*

Embora não haja uma resposta definitiva sobre isso, que se encaixe a todos os incontáveis cenários possíveis em uma negociação e, em especial, no mundo das vendas complexas de alto valor, é mais recomendado que você sempre faça a primeira oferta, pois quem a faz "ancora" a negociação. Para simplificar o seu entendimento sobre o princípio da ancoragem em negociação, que não por acaso é um dos mais importantes e valorizados nos cursos de negociação e nas mais diversas situações reais de negociações no mundo inteiro, vou usar um exemplo bastante corriqueiro no mundo de todos nós, negociadores a todo o tempo:

> O cliente abre a negociação dizendo que não pode gastar mais que 100 mil reais. Na maioria das vezes a tendência é que negociemos o valor final em torno deste

> primeiro montante apresentado pelo cliente. Se você abre a negociação, você é quem define o estágio inicial dela, o que facilita enormemente que você direcione o acordo em torno do valor que você quer fechar.

Agora que você já sabe um pouco mais sobre ancoragem em negociação, é superimportante e realmente crítico que você sempre esteja armado com uma boa posição inicial de abertura da negociação que lhe dê alguma margem, visto que na prática é quase impossível que a outra parte aceite a primeira oferta. Mantenha a neutralidade diante das colocações do cliente e reconheça as suas objeções em torno do preço/investimento que você propôs, ouça cuidadosamente e esclareça cada ponto através do bom uso das perguntas abertas para entender perfeitamente a contraoferta que lhe foi apresentada. Se fizer isso seguindo o roteiro sugerido, eu posso lhe assegurar que você terá muito mais sucesso em suas negociações.

Os cinco principais erros em negociações

Um dos temas mais fascinantes do mundo das vendas e dos negócios é o da negociação. A Harvard Law School é a mais respeitada instituição do mundo quando se aborda o tema "negociação" e suas páginas da internet, *newsletters* e cursos sempre nos brindam com dicas realmente magníficas que nos permitem incrementar nossas habilidades e conhecimento sobre as melhores técnicas, dicas práticas e teorias de negociação, que nos subsidiam de ferramentas para trabalhar de forma muito mais consciente na construção de relacionamentos verdadeiramente duradouros e pautados sempre pela busca de benefícios para as duas ou mais partes envolvidas em nossos negócios (negociações "*win-win*").

Neste "bônus", eu compartilho com você os cinco principais erros em negociações:

1. Subestimar a sua própria autoridade, habilidade e forças.

2. Presumir que já sabe tudo o que a outra parte quer.

3. Superestimar o conhecimento do seu oponente sobre as suas fraquezas.

4. Tornar-se intimidado pelo prestígio de seu oponente, com o grau, título ou das suas realizações educacionais e profissionais.

5. Ser excessivamente influenciado pelas tradições, precedentes, estatísticas, previsões, ou ícones culturais e tabus.

Leitura recomendada

Negociação é definitivamente uma das mais importantes áreas no nosso fascinante e complexo mundo das vendas. É, como já vimos, uma habilidade que requer muita prática, muita preparação e também muito conhecimento teórico.

Por isso mesmo, eu recomendo fortemente alguns excelentes livros e um *site* que, tenho certeza, enriquecerão enormemente o seu repertório de técnicas e conhecimentos de negociação:

- *Negocie para vencer* – Willian Ury – Editora HSM
- *Como chegar ao sim* – Willian Ury – Editora Imago
- *O poder do não positivo* – William Ury – Editora Campus
- *A magia dos grandes negociadores* – Carlos Alberto Julio – Editora Elsevier
- Harvard Law School: cadastre seu e-mail para receber as dicas e relatórios gratuitos do Programa de Negociação (PON) desta que é reconhecida como a maior e mais importante instituição educacional do mundo e a número ums em torno do tema "negociação". Os excelentes e-mails e relatórios que lhe serão enviados são em inglês. Por isso mesmo, fica aqui mais uma dica de ouro para se tornar um campeão de vendas: invista em um bom curso de inglês e pratique incansavelmente. O que posso desde já lhe assegurar é que as suas possibilidades de aprender muito mais não apenas sobre vendas mas sobre as mais distintas áreas de conhecimento crescerão exponencialmente. *Good luck! Talk to you soon!*

COMPROMISSO PESSOAL

Meu compromisso pessoal diante das habilidades de negociação é:

_____

_____

_____

_____

_____

27

Como eu faço para melhorar minhas perguntas nas negociações?

> Boas perguntas são mais poderosas do que respostas certas. Elas redefinem o problema, jogam um balde de água fria em conceitos já formados e nos forçam a cair fora do pensamento tradicional.
>
> *Andrew Sobel e Jerry Panas*
> *Power of Questions*

Negociamos o tempo todo! O fazemos com nossos cônjuges, filhos, amigos, clientes, fornecedores e parceiros. E por mais incrível que possa parecer, ainda não damos a atenção necessária e/ou não nos preparamos de forma adequada para uma melhor performance em negociações.

E se a habilidade de fazer boas perguntas é cada vez mais essencial no mundo das vendas, o cenário não é diferente em nossas negociações. Abaixo, eu compartilho com você três dicas extremamente eficazes de perguntas poderosas para incrementar a qualidade das suas negociações e sua performance em vendas:

1. **"Por quê?":** pergunte o "porquê" o tempo todo, pois ao afirmar sua posição a outra parte lhe dará informações preciosas sobre o que ela deseja. "Por que você quer isso?", "qual é o problema?", "o que o preocupa?"

Objetivo principal: descobrir o que realmente motiva a outra parte.

2. **"Por que não?":** especialmente quando a outra parte relutar em relevar seus interesses. "Por que não fazer assim?", "o que haveria de errado com essa abordagem?" Fale um pouco dos seus interesses para fazê-lo falar dos deles um pouco.

Objetivo principal: desvendar os interesses da outra parte.

3. **"E se?":** pergunta muito eficaz e que fomenta o diálogo aberto em torno de opções inteligentes para todas as partes. "E se reduzirmos o escopo do projeto para ficar condizente com o seu orçamento?"

Objetivo principal: levar a outra parte a discutir as opções.

Lembre-se sempre de que o melhor e mais efetivo modelo de negociação é o "ganha-ganha" e que para fazê-lo acontecer você precisará cuidar de ações práticas e focadas nos principais elementos da boa negociação:

- Se preparar muito para entender o quanto puder dos *interesses* da outra parte. Vale repetir quantas vezes necessário se fizer o ensinamento de Benjamin Franklin: "A falha na preparação é a preparação para a falha".
- Ser criativo na criação das *opções* que gerem benefícios mútuos a todos os envolvidos.
- Ser claro, conciso e atencioso para uma boa *comunicação*.
- Gerar *confiança* o tempo todo com foco nos *relacionamentos* de *longo prazo*.
- Cuidar de todos os detalhes relacionados ao *fechamento*, que deve contemplar absolutamente tudo o que foi negociado.

E as três perguntas "por quê?", "por que não?", "e se?" são instrumentos poderosos para conseguir melhorar de forma visível suas habilidades de negociação em todos os elementos acima destacados.

Se me permite uma última dica para colocar tudo isso em prática, aí vai: *Ensaie* o quanto puder com seus colegas! Sim, *preparação* é tudo em vendas e em negociações.

Bons negócios e ótimas vendas para você!

Exercício prático

Crie ainda hoje a sua lista específica de perguntas "por quê?", "por que não?", "e se?". Elas precisam estar 100% relacionadas ao seu mercado-alvo.

Perguntas "por quê?":

Perguntas "por que não?":

Vendas: como eu faço?

Perguntas "e se?":

COMPROMISSO PESSOAL

Meu compromisso pessoal diante das perguntas em negociações é:

28

Como eu faço para lidar melhor com as objeções dos meus clientes?

> Uma objeção não é um sinal de rejeição. É simplesmente um pedido por maiores informações.
>
> *Bo Bennett*

Objeções são inevitáveis! E para todos nós que estamos em vendas (ao final do dia todos estamos), um dos grandes desafios que enfrentamos diariamente é saber lidar com as objeções que nos são trazidas pelos nossos clientes e futuros clientes (*prospects*). Baseado em minha própria experiência como vendedor e executivo, e na constante interação com centenas de líderes de vendas de grandes clientes da minha consultoria, posso dizer que uma das principais razões para resultados insatisfatórios em novos negócios é a baixa habilidade que muitos de nós ainda temos para lidar com as objeções.

Seja por falta de uma preparação adequada, seja pelo não entendimento pleno das necessidades e das verdadeiras preocupações dos nossos clientes, seja pelo baixo domínio de técnicas apropriadas para superar objeções, a verdade é que perdemos inúmeras oportunidades de novos negócios e também de crescimento de negócios já existentes muito em virtude da nossa inabilidade em saber lidar melhor com as objeções.

Objeções sempre acontecerão, pois se elas não existissem a figura do vendedor em muitas organizações sequer se justificaria. Elas fazem parte do processo de negociação e trazem quase sempre em seu escopo sinais claros de interesse do cliente pela sua empresa, pela sua solução e por entender melhor o valor real da sua oferta. Já que elas fazem parte de quase todas as negociações, é importante entendermos suas causas para depois discutirmos as técnicas no intuito de superá-las. Inúmeras podem ser as causas ensejadoras de uma objeção:

- Falta de conhecimento sobre seus produtos, serviços e especialmente sobre seus benefícios (*não precisamos desta solução ou produto aqui em nossa empresa*).

- Uma preocupação específica (*o seu preço é mais alto do que o dos seus concorrentes* ou *eu não tenho* budget *para o seu produto*).

- Falta de autoridade para a decisão (*vou ter que conversar com meu líder antes de tomarmos uma decisão final*).

- Algo que faça parte de uma agenda "escondida" (a preferência pelo atual fornecedor que indica conforto com a situação existente *status quo – já temos um fornecedor para esta necessidade*).

- Uma percepção que precisa ser superada (*investir nesta solução não é seguro*).

- Falta senso de urgência para a compra (*isso não é prioritário para mim este ano*).

Uma vez conhecidas as causas da objeção, sugiro abaixo seis dicas bastante práticas que lhe serão muito úteis para lidar com as objeções e superá-las:

1. Agradeça e ouça a objeção com a máxima atenção

Diga sempre "Muito obrigado", pois isso ajuda e muito a diminuir a tensão e criar um ambiente favorável para entender os reais interesses por trás da objeção e buscar uma solução que seja adequada para todos, o que aliás deve ser sempre o objetivo (*vide* capítulo 25, p.201, dedicado especialmente às negociações "ganha-ganha"). Evite o quanto puder o cenário tradicional de confronto "vendedor *versus* comprador" e busque não adotar uma posição excessivamente defensiva. Ouça com empatia (com coração, alma e mente focados no cliente para entender seu ponto de vista) a objeção apresentada e diga de forma legítima algo como: "Entendo o que você me diz e penso que eu posso ajudar aqui". Isso também ajuda e muito a fazer com que a outra parte compartilhe suas preocupações de forma muito mais ampla.

2. Faça perguntas abertas sobre o que ele disse

Aqui você precisa descobrir o que realmente preocupa a outra parte. Use e abuse das perguntas abertas (*Por quê?, Como?, O quê?*). Se encontrar dificuldade e se deparar com um cliente que simplesmente diz "sim" e "não", use a técnica que as crianças tanto usam e abuse do "Por quê?". Aliás, quando o cliente nos apresenta uma determinada objeção, podemos dividi-la de quatro formas:

- O que ele (cliente) diz.
- O que você ouve.
- O que você interpreta.
- O que ela realmente significa.

Vale também lembrar de que a maioria das objeções tem caráter emocional e por isso mesmo é tão fundamental que você decifre o que as objeções realmente significam para que você e a outra parte estejam "na mesma página".

3. Pergunte e descreva a objeção para o cliente

É aqui que as perguntas se tornam ainda mais profundas. Especialistas afirmam que são necessárias quatro ou cinco questões abertas e bem colocadas para entender o que realmente causa aquela objeção e preocupação específica. Se houver dúvidas sobre o que o cliente quis dizer, pergunte e esclareça. Use a técnica da paráfrase para mostrar que você realmente entendeu o que ele quis dizer.

- **Exemplo 1:** *Seu preço é significativamente mais alto que o dos seus concorrentes.*
- **Boa resposta:** *Eu agradeço por compartilhar sua preocupação sobre o investimento.*
- **Exemplo 2:** *Eu hoje estou satisfeito com o meu atual fornecedor.*

Boa resposta: *Eu entendo que o seu nível de satisfação com seu atual fornecedor é satisfatório.*

Aliás, não custa lembrar de que, quando o cliente lhe apresenta estas objeções, isso definitivamente não significa que ele não queira trabalhar com você, mas que isso representa pontos específicos que causam alguma preocupação a ele e que é sua responsabilidade entendê-los e buscar sua devida superação.

4. Responda à objeção demonstrando valor

Ressalto aqui a importância da boa preparação e do bom entendimento sobre as necessidades do seu cliente para fazer a boa conexão entre o seu produto ou serviço e seus respectivos benefícios tangíveis e intangíveis e o quanto você (somente você) pode ajudar o cliente. Isso é vender valor e isso resolve a maior parte das objeções.

Um exemplo claro é a objeção frequente em torno do preço do seu produto ou serviço. Esta objeção geralmente está ligada à sua falha no convencimento do cliente acerca dos benefícios dos produtos e serviços que você comercializa. Se ele enxergar que os benefícios não são maiores que o preço que você cobra, será muito difícil superar esta objeção. Uma fórmula muito preciosa para te ajudar a entender melhor como vender valor é a seguinte:

Valor percebido = **Benefícios** percebidos/**Preço** praticado

Portanto, de nada adianta você dominar esta ou qualquer outra técnica de superação de objeções se o seu nível de entendimento e domínio do mercado em que atua, dos produtos e serviços (e principalmente dos seus benefícios) que vende, das necessidades (visíveis e invisíveis) dos clientes e dos diferenciais competitivos que tornam sua oferta verdadeiramente única forem insuficientes para dar a confiança necessária ao cliente para fechar negócio com você.

5. Apresente referências e casos de sucesso

Olha a preparação aqui novamente. É fundamental oferecer provas contundentes, exemplos, fatos, testemunhos e casos de sucesso que suportem o valor real da sua oferta. Empresas e pessoas estão interessadas em ouvir histórias relevantes para suas necessidades e que demonstrem que elas podem confiar na sua empresa para resolver seus problemas. Quanto mais aderentes à realidade dos clientes forem as histórias que você se preparar para dividir com eles, melhores serão as chances de você seguir com sucesso adiante em suas negociações.

6. Valide antes de seguir adiante

Antes de seguir adiante, é preciso se certificar de que as objeções foram devidamente superadas antes de caminhar para o contrato/acordo.

- **Exemplo 1:** Isso endereça sua preocupação?
- **Exemplo 2:** Ainda há alguma dúvida ou questionamento antes de seguirmos adiante?

Feito isso, é hora de caminhar com muito mais força e ênfase para o fechamento.

Resumo

Objeções são inevitáveis! Elas fazem parte do mundo das vendas e das negociações. E, na grande maioria dos casos, trazem em seu escopo importantes sinais de interesse pelo seu produto e serviço. Para incrementar suas habilidades e técnicas, afim de melhor trabalhar as objeções, compartilho 6 dicas muito legais:

1. Agradeça e ouça a objeção com a máxima atenção;
2. Faça perguntas abertas sobre o que foi dito;
3. Pergunte e descreva a objeção para o cliente;
4. Responda à objeção demonstrando valor;
5. Apresente referências e cases de sucesso;
6. Avalie antes de seguir adiante.

Dica de ouro

Todas as dicas acima são aplicáveis para "objeções válidas" que se caracterizam por serem preocupações genuínas da outra parte antes de seguir adiante para o fechamento do negócio com você. No entanto, como você bem sabe em muitos momentos deparamo-nos com algumas "objeções inválidas" que podem ser:

- Mecanismos de defesa frequentemente usados para atrasar o fechamento do negócio.
- Mecanismos de negociação mais severos (como os leilões eletrônicos) e negociadores mais agressivos que visam única e exclusivamente obter o menor preço possível.
- Problemas de relacionamento com o vendedor.

Situações assim exigem uma análise ainda mais aguçada sobre as ações a serem implementadas para superar tais objeções. Muitas vezes desistir da negociação é um caminho doloroso, mas possível e recomendado. Outras vezes é importante até se questionar se não vale a pena mudar o vendedor ou a equipe de vendas que atende um cliente específico que se mostra mais arredio no relacionamento. De qualquer forma, situações assim também exigem muita preparação especialmente para justificar os reais benefícios e diferenciais competitivos dos seus produtos e serviços.

Exercício prático

Uma das melhores formas de minimizar as objeções é catalogar e aprender com as objeções mais comuns que você e sua equipe enfrentam diariamente. Faça uma lista com todas as objeções que seus clientes têm apresentado e busque categorizá-las da seguinte forma:

- As relacionadas ao produto e serviço propriamente dito.

- As relacionadas a preço e condições de pagamento.

- As relacionadas às condições de entrega.

- As relacionadas ao mercado (comparação direta com concorrentes).

- Outras que estejam diretamente relacionadas ao mercado específico que você atua.

Uma vez listadas, liste agora as fórmulas e técnicas mais vencedoras (e também as já testadas que não funcionaram) para lidar com cada uma delas. Quanto mais detalhadas estiverem as listas de objeções e das respectivas formas de endereçá-las, maior será o repertório que você terá à sua disposição para superar com sucesso as objeções dos clientes.

Com tudo isso pronto, faça exercícios de simulação (*role plays*) com seus colegas, com alguns desempenhando o papel de compradores e outros o papel de vendedores. Para que o resultado seja ainda mais satisfatório, busque de todas as formas incorporar as situações e desafios mais reais que você enfrenta no seu dia a dia. Depois da primeira rodada, inverta os papéis e depois discuta em grupo as percepções sobre os pontos de melhoria e sobre os pontos que deram certo.

Tenho certeza absoluta de que este exercício será extremamente valioso para você e todos os seus colegas!

COMPROMISSO PESSOAL

Meu compromisso pessoal diante das objeções é:

_____

_____

_____

_____

_____

29

Como eu faço para negociar e lidar melhor com clientes difíceis?

Seus clientes mais insatisfeitos são sua maior fonte de aprendizado.

Bill Gates

Um desafio bastante recorrente no mundo das vendas é o de negociar e lidar melhor com clientes difíceis. Posso lhe assegurar que em nenhum mercado você irá escapar deles. Por isso mesmo, recorri à brilhante colocação do líder e fundador da Microsoft, Bill Gates, onde ele nos ajuda a entender que são exatamente os nossos clientes mais insatisfeitos os mais importantes, pois são eles que se constituem na nossa grande fonte de aprendizagem.

Tendo lidado com inúmeros clientes difíceis ao longo de toda a minha carreira profissional e tendo ajudado várias empresas (muitas delas líderes absolutas em seus respectivos mercados) a melhor prepararem seus profissionais para lidarem com clientes mais desafiadores, posso de forma humilde corroborar o pensamento de Bill Gates. Muitos dos meus clientes mais difíceis se tornaram grandes clientes e parceiros, pois a sua postura mais crítica e demandadora foi sempre crucial para que pudéssemos incrementar e até criar e desenvolver novos processos, técnicas e soluções, que, por sua vez, impactaram positivamente em todos os nossos clientes.

Abaixo eu compartilho 10 dicas e técnicas muito eficazes e práticas para lidar melhor com seus clientes difíceis:

1. **Ouça:** Ouça-os com atenção redobrada e demonstre profundo respeito a todas as suas colocações. Busque entender bem a situação como um todo, os sentimentos envolvidos e motivos causadores do problema ou da dificuldade que atrapalha o relacionamento com o seu cliente. Todo cliente tem uma história para contar. Ao ouvi-la por inteiro, você demonstra e cria a empatia necessária para se aproximar mais dele. Dicas práticas aqui: diga "entendo" ou algo como "entendo o que quer dizer" sempre,

pois isso denota atenção e solidariedade e anote tudo o que o cliente lhe disser. Aliás, não por acaso, tomar notas de tudo é um dos traços dos melhores e mais competentes profissionais nas mais diversas áreas. Incorpore você também esta competência dos campeões.

2. **Sumarize:** Sumarize os pontos que lhe foram apresentados pelo cliente para se certificar de que todos os pontos por ele apresentados correspondem ao seu pleno entendimento.

3. **Mostre humildade:** Demonstre humildade o tempo todo, mas tenha o cuidado de não se mostrar subserviente diante do cliente ao pedir, por exemplo, desculpas por reiteradas vezes. Mantenha, mesmo diante de situações estressantes, uma postura positiva que lhe permita firmar-se na cabeça do seu cliente como alguém realmente interessado em ajudá-lo da forma mais cordial e profissional possível.

4. **Mantenha a calma:** Aprenda a responder profissionalmente e a não reagir emocionalmente aos problemas e dificuldades do seu cliente. Paciência e calma são absolutamente fundamentais. Vale lembrar aqui também que o nosso cérebro é composto por dois lados, sendo que o direito é o responsável direto pelas emoções, criatividade e senso de humor e que o esquerdo é responsável pela razão, pensamento lógico e pelas tomadas de decisão baseadas em dados.

Especialmente quando estiver diante de situações mais difíceis relacionadas aos seus clientes e potenciais clientes, resista à tentação de focar apenas na resolução do problema (lado esquerdo racional do cérebro) enquanto seu cliente estiver dominado por um estado emocional (lado direito emocional) negativo. Entender o estado predominante do seu cérebro e o do seu cliente diante de uma situação e problema específicos pode ser muito útil mesmo para resolver o problema. Portanto, se você é mais emotivo, seu esforço para se manter firme e calmo é muito maior. Já se você é uma pessoa mais racional, precisará aprender a reconhecer as emoções do outro para melhor lidar com os desafios e problemas dos seus clientes. Dicas muito legais e simples para manter a calma são respirar fundo e de forma mais pausada, fazer pequenos intervalos diante de situações e negociações mais tensas, mantendo o corpo o mais hidratado possível. Além disso, saiba projetar imagens positivas como a sua ao lado do seu cliente juntos em busca de uma solução satisfatória aos dois.

5. **Evite ser defensivo demais:** Não assuma uma posição excessivamente defensiva e busque manter a calma o tempo todo, mesmo em situações de descontrole emocional por parte do cliente. Lembre-se de que muitas vezes ele não está zangado com você pessoalmente. Ele pode estar zangado com o seu SAC, com um produto em não conformidade ou com um processo ruim dentre outras incontáveis possibilidades. Por isso mesmo, aguarde o cliente arrefecer seus ânimos para trazer a conversa a um tom mais adequado e focado na busca da solução do problema. Uma "regra de ouro" que aqui se aplica: você não pode controlar o comportamento do seu cliente, mas certamente pode controlar a sua resposta ao comportamento dele. Pense nisso!

6. **Coloque-se no lugar dele:** Busque sempre colocar-se na posição do cliente e aja de forma inteligente e proativa para levar adiante as suas queixas, anseios e sugestões. Outra dica muito bacana aqui: trate cada situação como única, como ela verdadeiramente é. Isso vai te ajudar e muito a entender melhor a perspectiva do cliente acerca do problema que é por ele enfrentado.

7. **Objeção = interesse:** Encare a potencial resistência do cliente como uma chance real de se tornar ainda melhor e superar objeções por ele apresentadas, sempre lembrando que objeções quase sempre trazem em seu escopo interesses escondidos que você, com muita técnica e preparação, precisa entender bem.

8. **Venda valor:** Se a gênese do problema ou da dificuldade enfrentada estiver relacionada à busca por melhores preços e descontos, esforce-se ao máximo para demonstrar o valor superior que seus produtos e soluções irão proporcionar. Seja um vendedor de benefícios e que sabe vender valor e não apenas preço.

9. **Resolva:** Busque a resolução do problema e da dificuldade que impede que você siga adiante em sua negociação ou mesmo em um relacionamento já existente com um cliente e o mantenha ciente de todos os esforços empreendidos na busca da solução do problema e daquela difi-

culdade. Proatividade e assertividade são elementos essenciais aqui e muito valorizados por pessoas que enfrentam problemas e dificuldades e que veem esforços vindos de você e da sua empresa para solucioná-los.

10. **Assuma responsabilidade:** Assuma a responsabilidade pelas decisões. *Do the right thing* (*faça a coisa certa*, em tradução livre), como sempre me dizia um dos líderes mais brilhantes, inspiradores e humanos que tive: Deepak Desai.

Algo bastante corriqueiro que também tenho ouvido de profissionais de vendas nos mais diversos cantos do Brasil: *E, Zé, como é que eu faço com aquele cliente que é super demandador e que me aperta o tempo todo para aumentar as margens de desconto que eu já ofereço a ele e que estão inclusive acima das que ofereço aos meus demais clientes?*

Ora, creio que você já imagina a minha resposta, certo? Clientes difíceis sempre existirão e clientes que precisam ser "demitidos" também. Clientes que só compram preço e não compram e nem valorizam os benefícios e o valor dos produtos e serviços que você vende se enquadram em duas categorias:

- **1ª:** Clientes que não foram devidamente convencidos por você e pela sua empresa acerca dos diferenciais competitivos que tornam seus produtos, serviços e soluções únicos e valiosos para eles.

- **2ª:** Clientes que de fato estão única e exclusivamente focados em comprar pelo menor preço e que sempre irão demandar muito mais de você do que outros clientes, que lhe geram resultados muito mais expressivos, demandam.

Nos clientes da primeira categoria, você precisa revisitar o seu repertório de habilidades, conhecimentos, técnicas e comportamentos para entender onde e como precisa melhorar para se tornar mais convincente e saber articular melhor sua proposta de valor que lhe distancie da tomada de decisão baseada somente em preço. Já os clientes da segunda categoria (entenda que não são clientes *de* segunda categoria), precisam deixar o seu portfólio de clientes o quanto antes, pois além de só lhe trazerem dificuldades, eles gastam elementos preciosos como o seu tempo e a sua energia – que podem e devem ser melhor direcionados aos clientes de alto valor e aos de grande potencial e que realmente valorizem suas ofertas.

Termino este rápido capítulo com mais uma lição do mestre Peter Drucker, que penso ser absolutamente relacionada à melhor gestão de clientes difíceis e problemas:

> Definir o problema pode ser o elemento mais importante na tomada de decisões eficazes – e é justamente aquele ao qual os executivos prestam menos atenção. Uma resposta errada ao problema certo pode normalmente ser recuperada e corrigida. Mas a resposta certa para o problema errado é muito difícil de consertar porque é difícil de diagnosticar. (Drucker, 1990)

Resumo

Clientes difíceis sempre existirão. E para saber negociar e lidar bem com eles, é preciso valer-se de técnicas eficazes que lhe permitam entender melhor a gênese dos problemas e dificuldades para, a partir de então, em um processo estruturado que passa por uma comunicação eficaz e pelo bom gerenciamento das objeções, transformar estas situações e clientes difíceis em uma inesgotável fonte de informações que lhe permitirão incrementar seus processos o tempo todo.

Inúmeras pesquisas comprovam que clientes que veem suas reclamações e queixas devidamente atendidas por seus fornecedores têm grandes chances de se tornarem clientes fiéis e de longo prazo. Transforme o limão em uma limonada!

Vendas: como eu faço?

COMPROMISSO PESSOAL

Meu compromisso pessoal diante dos clientes mais difíceis é:

_____

_____

_____

_____

_____

30

Como eu faço para dizer "não" para os meus clientes?

> Aprenda a dizer "não" para o que é bom. Assim, você aprende a dizer "sim" para o que é melhor.
>
> *John C. Maxwell*

Responda-me rapidamente: quantas já não foram as vezes, diante da pressão exercida pelo cliente ou quando diante da enorme necessidade de fechar a venda para bater suas metas, que você não disse "sim" para uma série de pedidos que você tinha absoluta noção de não serem razoáveis (e muitas vezes nem justos) ou que você tinha exata certeza de que você e sua empresa não conseguiriam cumprir?

Sim, querido leitor, no nosso fascinante mundo das vendas, saber dizer "não" é uma grande arte, pois sabemos que os tantos "sim" que damos hoje aos nossos clientes podem rapidamente se transformar em indesejáveis e destrutíveis "não" em um futuro não tão distante, quando o cliente perceber que os nossos produtos e serviços não tinham todas as características, especificações e benefícios "prometidos" quando da assinatura do contrato de venda.

Especialmente no mundo das vendas e negociações complexas entre empresas (B2B), as demandas crescentes (e cada vez mais difíceis) dos clientes por produtos e serviços cada vez melhores e mais eficazes se traduzem em uma maior pressão por uma série de atributos (sejam eles de ordem técnica ou operacional – produtos e serviços) que muitas vezes nossos produtos, serviços e soluções não são 100% aptos a atender. No entanto, muitos são os vendedores e profissionais que são absolutamente incapazes de dizer "não" aos seus clientes e *prospects*. Preferem dizer "sim" a praticamente todas as demandas sem se preocupar com a saúde do relacionamento de longo prazo que pretendem construir com seus clientes.

E como podemos incrementar nossas competências de dizer "não"?

Antes de qualquer coisa, é muito importante demonstrar respeito, compreensão e polidez ao dizer "não" ao seu cliente. Mostre a ele que entendeu o porquê do pedido, mas que infelizmente você e sua empresa são incapazes de atender aquele pedido específico. Importante usar a técnica do "gancho" aqui, dizendo que isso faz parte dos princípios e valores éticos da sua organização de somente se comprometer com aquilo que ela é realmente capaz de atender e que o objetivo é sempre o de se criar e fomentar um relacionamento de longo prazo (que é e deve ser sempre o objetivo de qualquer organização nos relacionamentos com seus clientes – relações que se perenizem ao longo do tempo).

Por isso mesmo, o "não" serve para mostrar suas verdadeiras credenciais e, principalmente, para gerenciar bem as expectativas do seu cliente. Aliás, aqui vai mais uma "dica de ouro": os melhores vendedores são aqueles que sabem gerenciar bem as expectativas dos seus clientes e que sempre entregam um valor superior surpreendendo-os positivamente! O nome do jogo é: confiança e credibilidade sempre!

Importante também é ressaltar os demais benefícios e características únicas do seu produto e serviço que são verdadeiramente diferentes, singulares e "defensáveis" diante dos seus concorrentes. Resumindo: seu produto e serviço precisa ser verdadeiramente único e você precisa saber vender suas verdadeiras forças ao invés de focar equivocadamente nas fraquezas dos produtos e soluções dos seus concorrentes (faça com que o valioso tempo do seu cliente investido com você esteja focado em você e seus produtos ao invés de estar focado no seu concorrente). O objetivo aqui é diminuir a pressão (muitas vezes extrema) vinda do cliente e carregada de tons mais ameaçadores e, o que é mais importante, transformar aquele "não" específico em um desejável e saudável "sim", que se traduz no contrato assinado com você!

É, dizer "não" está longe de ser uma tarefa fácil especialmente em vendas, mas é um instrumento poderosíssimo de conquista da lealdade e confiança, fidelização e encantamento de clientes.

Que suas vendas sejam sempre bem equilibradas entre os tantos "sim" que seus produtos e soluções podem entregar e os fundamentais "não" que vão lhe dar a longevidade em um mercado cada vez mais exigente!

Resumo

Em vendas e na vida, saber dizer "não" é sempre difícil. No entanto, exercite-se o quanto puder para dizer os tantos "não" que serão necessários para assegurar que os seus relacionamentos sejam muito mais sólidos e sempre pautados pela absoluta confiança, que é um elemento essencial e que só se fortalece quando nos comprometemos somente com tudo aquilo que sabemos que podemos fazer e entregar.

Compromisso pessoal

Meu compromisso pessoal diante do dizer "não" aos clientes é:
_____
_____
_____
_____
_____

EIXO

VENDAS CONSULTIVAS E DESAFIADORAS

31

Como eu faço para vender valor e não preço?

> Como homens de marketing, nós
> devemos mudar o mantra de estarmos
> "sempre vendendo" para "sempre
> ajudando".
>
> *Jonathan Lister*

Empresas envolvidas em mercados de vendas complexas com ciclos mais longos e múltiplos tomadores de decisão (B2B) têm sido desafiadas quase que diariamente a reinventar seus modelos comerciais. E este processo de "reinvenção", se é que assim o podemos chamar, passa pelo tão primordial investimento contínuo em capacitação, treinamento e desenvolvimento da força de vendas para que os seus profissionais adquiram novas habilidades, novos comportamentos, novas competências e novas atitudes que permitam ao final do dia oferecer mais valor real nas ofertas dos produtos, serviços e soluções aos seus clientes.

E falar em "valor real", em um mundo permeado de expressões como "nosso negócio é agregar valor ao negócio do cliente" – um puro "blá-blá-blá" – e que até descaracterizam o conceito de "valor", só é possível quando se entende verdadeiramente como nossos produtos e serviços podem de fato fazer a diferença no negócio do cliente e no negócio dos clientes dos nossos clientes, pois é isso que se pode chamar de "valor real": ajudar o cliente a ganhar mais dinheiro e se tornar mais produtivo seja em virtude da melhoria de um processo, seja através da resolução de problemas que nossas empresas sabem como ninguém resolver ou seja através de outra forma única que só a nossa empresa sabe fazer. Isso é valor real!

E para ajudar o cliente a melhorar sua performance é fundamental entendê-lo profundamente. Ou seja, só consegue oferecer "valor real" quem entende profundamente os clientes e seus respectivos mercados e quem tem produtos, serviços, soluções e, principalmente, equipes realmente diferentes e únicas que possam fazer a diferença no resultado do cliente e, consequentemente, no resultado de vendas da sua empresa e nos ganhos para seus bolsos também.

Um livro muito bacana que faz uma boa conexão de execução com vendas e que nos faz pensar como podemos oferecer "valor real" aos nossos clientes é *O que o cliente quer que você saiba* do mestre da execução Ram Charan, publicado no Brasil pela Editora Campus. Neste livro Ram Charan apresenta o conceito de *value creation sale* (*venda criadora de valor*, em tradução livre). A abordagem das "vendas criadoras de valor" está fincada sobre cinco grandes pilares que estão super adequados ao momento de muitas empresas que buscam incansavelmente diferenciais competitivos que as tornem únicas e mais protegidas das ofertas dos concorrentes e da tão perigosa comoditização:

1. É uma metodologia que requer que os vendedores e a organização como um todo dediquem muito mais tempo e energia (muito mais do que já o fazem atualmente) para conhecer os detalhes dos negócios dos seus clientes. Aqui é importante, inclusive, conhecer profundamente os diferenciais competitivos dos clientes que os destaque dos concorrentes, pois quanto maior for este conhecimento, mais (e melhor) habilitados estarão os profissionais de vendas para apresentar soluções de curto, médio e longo prazo que resolvam os problemas dos clientes.

2. Trata-se de uma metodologia que utiliza recursos e ferramentas que nunca haviam sido utilizados para entender como os seus clientes fazem negócios e como você pode ajudá-los a melhorar ainda mais. Aqui, é essencial destacar a importância do bom relacionamento interno entre todas as áreas da empresa (jurídico, financeiro, P&D, marketing, produção etc.) e externo, pois, de uma forma ou de outra, todas as áreas têm contato com o cliente, o que gera a necessidade de se construir fortes e bem estruturadas redes de relacionamento que permitam que as interações formais e informais se deem da melhor forma possível.

3. Esta metodologia requer também que sua empresa se informe não somente sobre seus clientes, mas também sobre os clientes dos seus clientes, pois quão maior for este entendimento mais bem preparada estará a sua empresa para desenvolver ofertas verdadeiramente únicas e que acrescentem valor verdadeiro ao cliente e à toda a cadeia de valor dele.

4. Nesta abordagem, é preciso reconhecer que a execução exigirá ciclos de vendas mais longos para resultar em pedidos e gerar receita, o que

requer uma elevada dose de paciência, coerência e sólida determinação por parte da sua empresa para desenvolver um alto nível de confiança. Quão maior for a confiança, mais informações serão compartilhadas, o que ajuda a reduzir sensivelmente o ciclo de vendas. Aliás, vale lembrar aqui o excelente livro *A velocidade da confiança*, de Stephen M. R. Covey, que diz que quão maior é a confiança nos relacionamentos, maior é a velocidade com que as coisas acontecem – aqui isso se traduz em ciclos de vendas mais curtos e com menor Custo de Aquisição de Cliente (CAC) – e que quão menor é a confiança, menor é a velocidade e maior o custo. O quadro abaixo ajuda a entender melhor a lógica que nos é brilhantemente explicada por Stephen M. R. Covey e que permeia todo o trabalho do livro.

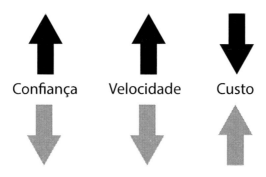

5. Esta abordagem de vendas criadoras de valor requer por último redefinir o modelo de remuneração e compensação da empresa de modo a privilegiar e encorajar um comportamento mais proativo de todos os departamentos e profissionais para transformar a abordagem de vendas na mais eficaz possível. Todos devem ser recompensados e todos devem ter seu trabalho medido o tempo todo, pois aqueles que não se adequarem a este modelo mais participativo e focado em gerar grande valor aos clientes precisarão ser substituídos.

Zé, tudo isso faz muito sentido, mas você não imagina o quão focados são e estão os meus clientes e potenciais clientes em comprar única e exclusivamente baseados no preço mais baixo e na busca constante por maiores descontos. Se você pensa assim, me permita compartilhar com você mais alguns dados bastante relevantes: em 2010 a renomada consultoria global McKinsey realizou uma pesquisa[21] com 1,2 mil tomadores de decisão em empresas de pequeno, médio e grande porte, onde ficou evidenciado que embora os clientes afirmem que o preço seja uma das principais preocupações, é sim a experiência de compra como um todo – o domínio de conhecimento sobre os produtos, serviços, mercado e de que forma tais produtos e serviços farão a diferença nos negócios do cliente – que configura os pontos absolutamente essenciais para a compra de serviços corporativos (B2B).

É possível que você esteja pensando: *todos os pilares e dicas acima apresentados me parecem muito interessantes e coerentes, mas sua aplicação e execução estão intimamente ligadas à matriz de competências e habilidades técnicas, funcionais e comportamentais* (hard *e* soft skills) *não apenas das minhas equipes de vendas, mas de todas as áreas que se relacionam direta ou indiretamente com meus clientes*. Sim, sem dúvida alguma! Para aplicar esta ou outra metodologia de vendas em sua empresa com maior foco em gerar valor real aos seus clientes, sua empresa precisará investir de forma consistente em treinamento e capacitação focados em novas habilidades, comportamentos, competências e atitudes das suas equipes de vendas.

Aliás, neste livro você também encontrará no capítulo 47 (Como eu faço para criar uma cultura focada na boa execução?) uma explanação sobre a importância da boa execução para transformar estratégias bem desenhadas em grandes sucessos de vendas. Tenho certeza de que ele te dará ótimos *insights* de como planejar e executar com perfeição suas estratégias de vendas. Excelentes vendas geradoras de valor real!

Bônus: descontos e diferenciação: o que um tem a ver com o outro?

Problema: De acordo com a conceituada consultoria McKinsey, cada 1% concedido em descontos representa um impacto direto negativo de 9% nas margens operacionais das empresas.

---

21 Disponível em < http://goo.gl/YnfHRs>. Acesso em: 14 out 2014.

Dado assustador, não?! Mas agora pare, reflita e me diga: quantas não foram as vezes que, diante da pressão do cliente, você não concedeu um desconto muito maior que este 1%? A concessão de descontos, além de atrapalhar as margens operacionais das empresas (que têm uma tendência clara de serem cada vez menores em virtude da concorrência mais agressiva), traz à tona um problema cada vez mais frequente que empresas e profissionais das mais diversas indústrias têm enfrentado em seu cotidiano: seus clientes não conseguem enxergar os verdadeiros diferenciais competitivos nos produtos, serviços e soluções que você comercializa. Diante disso, o poder de negociação do cliente cresce assustadoramente visto que, diante de ofertas tão similares (e muitas vezes iguais), a sua tomada de decisão tende a ser fortemente baseada no fator "preço", em um jogo que definitivamente não é interessante para você.

E daí você me pergunta: *E aí, Zé, como eu faço para me diferenciar?*

Solução proposta: Antes de qualquer outra coisa, é preciso encontrar seus verdadeiros diferenciais competitivos e torná-los visíveis aos olhos dos seus clientes. Abaixo eu compartilho com você um exercício prático que tenho desenvolvido com grandes empresas, no Brasil inteiro, que buscam entender melhor seus diferenciais competitivos para, na sequência, reformular ou criar um novo discurso de vendas e posicionamento realmente poderosos:

- O(s) seu(s) diferencial(is) competitivo(s) precisa(m) ser realmente único(s) para você (algo que só você e sua empresa fazem).

- Este(s) diferencial(is) competitivo(s) precisa(m) ser verdadeiramente importante(s) para os seus clientes e mercado-alvo.

- E por último, ele(s) precisa(m) ser defensável (eis) diante dos seus concorrentes. Ou seja, além de ter diferenciais competitivos únicos, que sejam valiosos para os seus clientes, eles precisarão ser algo que a sua concorrência não faz.

- Feito isso, é chegada a hora de elaborar o novo discurso e posicionamento de vendas que deve ser fortemente baseado em seus reais diferenciais que tornam a sua oferta realmente única no mercado e o que te protege e até pode te blindar melhor contra o perigo de continuar a conceder descontos deliberadamente.

Outro aspecto importante que precisa aqui ser reforçado: em tempos de comoditização acelerada, o atendimento de excelência (que inclui em seu escopo o entendimento amplo do mercado em que se atua e das necessidades e desejos visíveis e invisíveis dos clientes) ganha destaque ainda maior. Pois algo que nunca vai perder espaço no mundo das vendas é a humanização, pois pessoas compram de pessoas e pessoas continuam a gostar de pessoas que as entendam, que as atendam com maestria e que as surpreendam o tempo todo.

Além disso, na "era da experiência" em que vivemos, nunca foi tão importante como agora oferecer experiências de compra absolutamente singulares para todos os seus clientes para que assim você consiga transformá-los em "fãs" e verdadeiros embaixadores da sua marca junto ao mercado.

Pense nisso e reflita se você e sua empresa têm sabido se diferenciar neste mercado cada vez mais exigente e concorrido onde todos nós operamos. Se ainda não, infelizmente você vai ter que continuar a praticar esta política comercial equivocada de concessão de descontos que tanto mal faz para você e para o seu negócio.

Resumo

Em mercados cada vez mais comoditizados e complexos, vender valor tornou-se prioridade absoluta para empresas dos mais diversos portes e indústrias e de profissionais de vendas e marketing. Se lembrarmos que "valor real" corresponde à diferença percebida pelo cliente entre os benefícios obtidos com a utilização do seu produto ou serviço menos o preço/custo propriamente dito, é fundamental criar processos que privilegiem a oferta deste valor real que poucas empresas conseguem justificar aos seus clientes e mercados-alvo. Uma metodologia sensacional ressaltada neste capítulo pode ser uma poderosa aliada para incrementar o "valor real" que você e sua empresa vendem ao mercado. Trata-se da metodologia de "vendas criadoras de valor" do grande guru e mestre da execução Ram Charan. Profissionais de vendas muito mais capacitados e entendedores dos seus mercados e das necessidades dos seus clientes, bom relacionamento entre as mais diversas áreas da empresa e uma execução disciplinada são alguns dos ingredientes deste modelo muito bacana que, uma vez aplicado em sua empresa, lhe ajudará e muito a incrementar a produtividade dos seus profissionais e os seus resultados. Pode apostar nisso! E, por favor, pare com esta conversa fiada de "agregar valor" sem que isso seja de fato a grande fortaleza do seu negócio!

Leitura recomendada

O que o cliente quer que você saiba – Ram Charan – Editora Campus
A velocidade da confiança – Stephen M. R. Covey – Editora Campus
Não deixe também de se inscrever para ter acesso gratuito aos ótimos artigos da McKinsey (só em inglês): www.mckinsey.com/insights/

Compromisso pessoal

Meu compromisso pessoal diante da criação de valor real é:

_____
_____
_____
_____
_____

32

Como eu faço para me tornar um campeão de vendas corporativas?

> Não é o mais forte da espécie e nem
> o mais inteligente da espécie que
> sobrevive. É o mais adaptável
> à mudança.
>
> *Charles Darwin*

Apaixonado por vendas que sou, invisto incansavelmente em cursos, *workshops*, palestras e livros que sempre trazem em seu escopo novidades relacionadas às técnicas e atitudes que geram os melhores resultados de vendas. Nesta jornada de investimento constante em capacitação, tive a grata satisfação de participar de um programa intensivo de treinamento nos EUA baseado em um dos mais modernos, efetivos e práticos modelos de vendas B2B, baseado no livro *The challenger sale* (*A venda desafiadora* – Matthew Dixos e Brent Adamson – Editora Portfolio Penguin) do respeitado *Sales Executive Council* (SEC) da firma de pesquisas *Corporate Executive Board*. Confissão de um leitor voraz: este é um dos melhores e mais espetaculares livros de vendas que já li nestas últimas duas décadas.

O livro é baseado em uma sólida e extensa pesquisa realizada com mais de 6 mil profissionais de vendas B2B, trazendo revelações importantes sobre quem são e como agem os vendedores de mais alta performance no mundo das vendas complexas.

Neste estudo, vendedores foram divididos em cinco grandes categorias, abaixo rapidamente apresentadas:

THE HARD WORKER (O TRABALHADOR ÁRDUO)

- Sempre busca o *extra mile*.
- Nunca desiste.

Vendas: como eu faço?

- Automotivado.
- Interessado em *feedback* e em desenvolvimento.

THE CHALLENGER (O DESAFIADOR)

- Sempre tem uma visão diferente do mundo.
- Entende muito bem os negócios dos seus clientes.
- Ama debater.
- Desafia o cliente.

THE RELATIONSHIP BUILDER (O CONSTRUTOR DE RELACIONAMENTOS)

- Constrói sólidas redes de relacionamento com clientes.
- Generoso em dar seu tempo para ajudar os outros.
- Se dá bem com todo mundo.

THE LONE WOLF (O LOBO SOLITÁRIO)

- Segue seus próprios instintos.
- Extremamente seguro de si.
- Difícil de controlar e gerenciar (liderar).

THE PROBLEM SOLVER (O SOLUCIONADOR DE PROBLEMAS)

- Responde bem a clientes internos e externos.
- Se assegura de que todos os problemas sejam resolvidos.
- Orientado a detalhe.

Para a surpresa de muitos, em especial de nós brasileiros que ainda acreditamos fortemente na importância do binômio bons relacionamentos/bons resultados de vendas, ficou comprovado que no grupo dos melhores vendedores (*high performers*) os profissionais de melhor performance são os *challengers* ou "desafiadores" e que os de pior performance são os *relationship builders* ou *construtores de relacionamento*, desmistificando a crença estabelecida de que no mercado corporativo de vendas complexas os melhores profissionais de vendas são aqueles que investem de forma vigorosa na plena satisfação das necessidades dos seus clientes e que acreditam que "relacionamento é tudo".

Aliás, o livro e a pesquisa mostram que o que vale de verdade no mercado de vendas complexas não é o "que" vendemos e sim o "como" vendemos, visto que nada mais nada menos que 53% da lealdade dos clientes se deve à boa experiência de vendas, *versus* 19% do impacto da marca da empresa, 19% aos produtos e serviços oferecidos e apenas 9% da relação valor/preço.

E esta "boa experiência de vendas" se fundamenta em cinco eixos essenciais que você pode aplicar em suas vendas e também para melhor capacitar a sua equipe de vendas complexas:

1. **Ofereça:** Ofereça perspectivas únicas e verdadeiramente valiosas aos seus clientes – o que se traduz também no conhecimento profundo do negócio do cliente e de todas as variáveis a ele atreladas. O objetivo é criar uma conexão legítima com o cliente e seus problemas, algo que só é possível com uma extensa e dedicada preparação.

2. **Ajude:** Ajude seus clientes a navegar dentro das diversas alternativas no mercado e a evitar os perigos de decisões malfeitas. O objetivo é oferecer apoio integral no desenvolvimento de soluções customizadas às necessidades do cliente e auxiliá-lo no processo de tomada da melhor decisão.

3. **Injete:** Saiba injetar urgência no processo de compra de forma inteligente, sempre pontuando os riscos associados à "não decisão". O objetivo é criar senso de urgência e diminuir o ciclo de vendas, o que se torna mais fácil quando se tem uma relação de profunda confiança com os clientes.

4. **Eduque:** Eduque os clientes o tempo todo sobre problemas muitas vezes ainda não detectados e seus respectivos impactos nos negócios que os desafiem e façam refletir de forma diferente sobre seus próprios negócios. Lembre-se de que, especialmente no mercado de vendas complexas, os clientes querem ser educados pelos seus fornecedores e parceiros e que eles valorizarão cada vez mais aqueles que trouxerem novas ideias e *insights* capazes de incrementar sua performance.

5. **Auxilie:** Auxilie os clientes ao longo de todo o processo de compra, tornando-o o mais simples possível. Simplicidade na compra é fundamental e é cada vez mais valorizada no mercado de vendas complexas. Se você e sua empresa ainda têm um processo de compras complicado demais é hora de entender que isso pode ser um grande problema.

Vale lembrar que já abordei aqui neste livro muitos dos conceitos pertencentes ao livro *A venda desafiadora*, dos quais falam sobre o "fim das vendas consultivas" e do florescer e emergir de um novo estilo e *approach* de vendas baseados na proposição de *insights* que tiram os clientes da sua zona de conforto ao oferecer uma visão diferente sobre necessidades e problemas que não haviam sequer sido percebidos por eles mesmos. Este processo passa também pelo entendimento e identificação dos novos e diferentes perfis de compradores no mercado B2B, que podemos aqui chamar de "mobilizadores" que irão de fato levar adiante em suas organizações os novos e valorosos *insights* vindos dos vendedores "desafiadores".

O seu próprio processo de transformação e o dos seus vendedores "construtores de relacionamento" (e também os demais perfis aqui apresentados) para "desafiadores" não é simples e não acontece da noite para o dia, visto que isso inclui uma mudança significativa de postura e de comportamento de líderes e liderados e muito treinamento e prática. O que é certo é que esta mudança irá se traduzir em empresas e vendedores muito melhor preparados para obterem mais sucesso no mercado de vendas cada vez mais complexas.

Portanto, se você trabalha no mercado de vendas complexas ou lidera um time de profissionais de vendas B2B, é chegada a hora de incrementar as habilidades e competências de "vendedor desafiador", pois o sucesso e a perenidade do seu negócio estão intimamente ligados à superimportante tarefa de desafiar seus clientes de forma inteligente e provocativa. Excelentes vendas desafiadoras!

Dicas práticas para implementar o modelo de "vendas desafiadoras" em sua empresa

Para te ajudar a implantar com sucesso o modelo de "vendas desafiadoras" em sua empresa, eu compartilho com você uma série de dicas práticas e comprovadamente eficazes:

1. **Fuja do comum:** Pare de dizer o quanto a sua empresa é grandiosa, quantos funcionários ela tem, quantos escritórios e subsidiárias tem no mundo e o quanto ela investiu em pesquisa e desenvolvimento no último ano. Tudo isso para a grande maioria dos clientes é "blá-blá-blá". Questione-se se as informações que irá compartilhar são realmente importantes e relevantes para o problema que seu cliente e *prospect* enfrentam e se elas são suficientes para demonstrar as capacidades, competências e credenciais da sua empresa para resolvê-lo. Se ficar em dúvida sobre o que incluir ou excluir, retire tudo o que perceber se tratar de mera propaganda da sua empresa.

2. **Lista de clientes:** Deixe de lado também o discurso pronto de quantas empresas líderes (Exame 500, Fortune 500 etc.) você e sua empresa trabalham. Selecione casos que realmente tenham relevância para os problemas e desafios enfrentados pelos clientes e que demonstrem que você já conhece o mercado e os desafios por ele enfrentados.

3. **Venda por último:** Somente venda o seu produto ou serviço depois de ter entendido o problema enfrentado pelo cliente e, o que é mais importante, depois de ele mesmo ter reconhecido a urgência de resolver este problema.

4. **Customize:** Sua apresentação (que pode ser com PowerPoint, Keynote ou ainda usando um quadro branco – técnica que ganha cada vez mais espaço no mundo das vendas profissionais em virtude do elevado nível de engajamento que gera) precisa ser a mais customizada possível às necessidades daquele cliente. Se você ainda usa uma mesma apresentação para todos os seus clientes e potenciais clientes, será muito difícil demonstrar e comprovar a eles que você se preparou adequadamente para aquela reunião específica e que o precioso tempo investido com você realmente valerá a pena.

5. **Quantifique a dor:** Mostre com dados claros, consistentes e relevantes o tamanho do problema que o seu produto ou solução se propõe endereçar. Se for usar de apresentações no computador, selecione boas imagens que marquem e reforcem a mensagem que pretende transmitir e que gerem impacto emocional no seu interlocutor e maior urgência em resolver este problema o quanto antes.

6. **Seja específico:** Repito e reforço: seja o mais específico que puder! Mostre um ou dois *cases* específicos que sejam os mais similares e congruentes com as necessidades e problemas enfrentados pelo cliente e se puder cite os nomes destas empresas. Se puder e tiver um *case* de um concorrente, diga que este *case* específico é de uma empresa do mesmo setor, do mesmo porte e que enfrenta um problema muito parecido que foi resolvido pelo seu produto ou solução. Uma vez gerada a curiosidade e demonstrada a relevância, o cliente será todo ouvidos com você.

7. **Foque no valor real:** Quando da apresentação do seu produto ou solução, foque sempre no valor real e nos benefícios diretos que o cliente terá. Fuja dos discursos prontos carregados de expressões como o "lugar-comum", "melhor produto do mercado" e "a melhor empresa" que tanta gente já utiliza. Quanto mais único for o seu discurso de vendas, melhor.

Resumo

Em vendas complexas, os vendedores de maior sucesso são os que melhor constroem relacionamentos, certo? Não necessariamente! O excelente livro A venda desafiadora provoca uma reflexão profunda sobre a importância crucial de trazermos novos insights aos nossos clientes para que possamos então "desafiá-los" com ideias e perspectivas distintas, incrementando assim a experiência de compra que deve estar baseada sobre três importantes competências que, não por acaso, são os três grandes "pilares" dos "desafiadores":

Educar os clientes com perspectivas e ideias realmente valiosas e únicas; Personalizar para encontrar "eco", o que pressupõe um elevado nível de conhecimento dos interesses e necessidades dos mais diversos stakeholders do cliente;

Controlar a venda através de uma grande habilidade e confiança para falar de dinheiro e da postura firme e verdadeiramente consultiva que permite "desafiar" o cliente com ideias novas.

É importante ressaltar que o relacionamento continua sendo um dos mais relevantes e valiosos elementos no mundo das vendas complexas. No entanto, relacionamento já não é mais o bastante. Faz-se necessário dar um passo além ao educar o cliente com perspectivas realmente preciosas que muitas vezes haviam sido sequer imaginadas por ele próprio. Isso sim é desafiar com competência!

Leitura recomendada

A venda desafiadora – Matthew Dixon e Brent Adamson – Portfolio-Penguin

COMPROMISSO PESSOAL

Meu compromisso pessoal diante das vendas desafiadoras é:
___
___
___
___

33

Como eu faço para lidar melhor com os meus clientes zangados?

> Um cliente bem cuidado pode ser muito mais valioso que um investimento de 10 mil dólares em propaganda.
>
> *Jim Rohn*

Disque 1 para x, disque 2 para y, disque 3 para z, disque 4 para w, disque 54987567897 para *xyzw#*%@*. Pare e pense quantas já não foram as vezes em que você se estressou com os péssimos serviços de atendimento ao cliente que muitas empresas oferecem. Experiências assim que deveriam ser exceção tornaram-se comuns, especialmente em empresas de serviços de gigantesco porte que, de um lado mostram-se super competentes em suas estratégias de vendas e marketing e de outro tão amadoras em suas estratégias de retenção, fidelização e encantamento de clientes. São empresas campeãs em produzir "clientes enfurecidos" e que se mostram incapazes de fazer a boa gestão dos seus problemas de relacionamento com o cliente.

Em vendas, no mundo dos negócios e na vida os problemas sempre acontecerão. Isso é certo! O que é errado é não dispor de uma estratégia simples e poderosa para saber lidar de forma apropriada com os problemas, que muitas vezes resultam em clientes furiosos os quais, além de não mais consumirem seus produtos e serviços, podem compartilhar estas experiências negativas com milhares de pessoas.

Aliás, algumas estatísticas muito interessantes em destaque no clássico livro *A empresa totalmente voltada para o cliente*, de Richard Whiteley, merecem destaque aqui:

- 95% dos clientes com pequenas queixas e 82% daqueles com grandes queixas comprarão de você e da sua empresa novamente, desde que as suas queixas tenham sido resolvidas rapidamente.

- Caso não haja rapidez na resposta, esses percentuais caem para 70% nas pequenas e 54% nas grandes queixas.

- Nas queixas não resolvidas, ainda nos deparamos com percentuais altos de 46% nas pequenas e de 19% nas grandes de clientes que continuariam a comprar de você.

Os dados acima comprovam o quanto os clientes que reclamam são valorosos e importantes ao seu negócio, pois eles voltarão a comprar de você em número maior do que os clientes que não reclamam e que não trazem seus problemas para que você os resolva.

E o que você pode fazer para corrigir o problema e transformá-lo em uma oportunidade de fidelização e encantamento do seu cliente? Abaixo, eu compartilho com você uma metodologia muito eficaz, composta por seis dicas simples e poderosas que lhe permitirão melhorar e muito o modelo de gestão de problemas no seu negócio:

1. Peça desculpa de forma sincera, pessoal e oportuna

Por mais simples e singela que seja, a dica acima pode soar um tanto quanto chocante especialmente no mundo das vendas, onde tão poucas vezes nos deparamos com empresas e profissionais que, diante de situações que fujam do seu controle, têm a humildade de reconhecer seus erros e pedir desculpas de forma 100% genuína.

Humildade é e sempre será um dos principais pilares do bom atendimento e da construção de relacionamentos sólidos e de longo prazo com todos os seus clientes. Por isso mesmo, seja humilde e peça desculpa de forma genuína. Esta ação é ainda uma das mais eficazes e poderosas para trazer de volta o cliente que teve um problema com sua empresa.

2. Ouça, demonstre empatia e faça perguntas abertas para entender o problema em sua íntegra

Em uma das mais extensas pesquisas sobre atendimento já realizadas, a Universidade Harvard detectou que o principal motivo de um cliente não repetir uma experiência com um produto ou serviço é o da indiferença demonstrada pelos profissionais no atendimento. Sim, 66% das pessoas que não consomem uma marca, produto ou solução não o fazem graças à indiferença no atendimento.

Você já sabe que é fundamental ouvir seu cliente com a máxima atenção possível em todos os momentos de interação com ele? E é ainda mais importante que nos momentos de problemas que você dedique uma atenção ainda maior a ouvi-lo e para entender quais são os fatores e causas em torno daquele problema específico.

Demonstre empatia, que se traduz na competência essencial de saber reconhecer e afirmar o estado emocional do outro. Demonstre também solidariedade ao se envolver com o problema que seu cliente enfrenta. E é possível que você esteja aí pensando: *Mas, Zé, como é que eu faço para demonstrar empatia e solidariedade sem me envolver demais com o problema?* Um "truque" aqui é manter-se consciente e sensível o tempo todo com o problema do seu cliente, mas não se envolver demais, pois quando nos envolvemos demais deixamos de lado a tão necessária razão que nos permite buscar as melhores soluções para o cliente.

E neste processo de ouvir com empatia e demonstrar solidariedade, é superimportante você se utilizar de perguntas abertas que lhe permitam entender melhor a gênese, a extensão, os impactos e as suas reais possibilidades de resolver o problema.

3. Resolva o problema com rapidez e correção

Depois de ouvir com empatia, demonstrar solidariedade, fazer perguntas que lhe permitam identificar melhor o problema, é chegado o momento de resolver o problema. E não basta resolver o problema! Por mais clichê que isso possa parecer, problemas nos são muito úteis e valiosos por nos permitirem enxergar e implementar ações de melhorias em nossos processos. Por isso mesmo, quando resolver um problema qualquer, responsável por gerar uma experiência negativa ao seu cliente, busque de todas as formas entender o que é preciso fazer para tentar mitigar o máximo possível deste problema, se não reduzir a zero a possibilidade de recorrência.

Aliás, muitas vezes um problema nos faz refletir e agir para criar soluções criativas. Um exemplo é a Disney. Ao perceber que uma fonte de constantes críticas dos "convidados" era a demora nas filas, eles implementaram um sistema denominado *Fast Pass*, que permite ao convidado retirar um *ticket* com horário específico para a direta entrada no brinquedo sem a necessidade de gastar os já tão preciosos momentos dedicados à diversão nas longas filas dos brinquedos mais disputados.

4. PROPORCIONE A DEVIDA REPARAÇÃO

Para profissionais e empresas verdadeiramente focados em transformar clientes em fãs, resolver o problema do cliente não basta. É preciso reparar o dano, o que se traduz em buscar uma reparação pela chateação e muitas vezes pelo prejuízo causado ao cliente.

Permita-me contar uma passagem pessoal que ajuda e muito a fixar a ideia e a importância de oferecer uma reparação ao cliente: recentemente passei as festas de final de ano na Disney (olha ela aqui de novo) com minha família. Em um dos parques do Complexo Disney, o Epcot Center, tão logo chegamos, fomos a uma das mais disputadas atrações que se chama *Test Track* para apanhar os nossos *Fast Pass*, que nos indicou que voltássemos para lá às 16h30. Foi o que fizemos. Sem filas, rapidinho estávamos felizes dentro do carrinho que nos levaria a uma emocionante corrida. Eis que problemas técnicos nos fizeram ficar quase 30 minutos dentro do brinquedo sem que pudéssemos nos mexer. Ao longo de todo este tempo, uma mensagem pedia desculpas pelo incômodo causado. Infelizmente, o problema técnico não foi sanado e nos foi solicitado que deixássemos o brinquedo, todos devidamente acompanhados pelos membros do "elenco" da Disney que muito atenciosos não se cansavam de pedir desculpas pelo ocorrido. Se ficamos frustrados? Claro que ficamos. No entanto, ao deixar o brinquedo, recebemos um novo *Fast Pass* para utilização em qualquer data e qualquer horário que quiséssemos em uma nova e potencial visita ao Epcot.

Como decidimos passar o Réveillon neste parque, no dia 31 de dezembro estávamos lá novamente e, como você pode imaginar, com o parque absolutamente lotado onde a fila normal na atração *Test Track* indicava (acredite!) 240 minutos de espera. No entanto, como estávamos com o novo *Fast Pass*, pudemos usufruir deste que acabou no final do dia sendo um dos poucos brinquedos que fomos no dia 31. Aqui está um perfeito exemplo de como prover uma reparação a um cliente, que, encantado pode, como eu aqui faço com você, compartilhar esta história com tanta gente.

5. Cumpra suas promessas

Situações de estresse e problemas com clientes exigem boas habilidades de comunicação e, em alguns casos, de gestão de crise onde as promessas feitas para os clientes precisam ser cumpridas. E aqui eu quero lhe dar uma dica realmente preciosa: em muitos momentos quando estamos pressionados diante de um grande problema que o cliente enfrenta, acabamos incorrendo em erros grosseiros dentre os quais a promessa de que "aquilo não vai acontecer nunca mais". Ora, quando você afirma isso categoricamente você automaticamente gera na cabeça do cliente uma grande e boa expectativa. No entanto, se você e sua empresa não forem realmente capazes de reduzir a zero a possibilidade de ocorrência deste problema, você, em um tempo muito curto, estará novamente diante deste mesmo cliente e o verá absolutamente enfurecido com você.

Cumpra cada uma das suas promessas, mas tenha todo o cuidado de dimensioná-las corretamente, o que muitas vezes significa ter que dizer algo como: "O/A senhor(a) pode ter a certeza de que buscaremos de todas as formas resolver o seu problema e que empenhamos os nossos melhores esforços em incrementar nossos processos para reduzir a ocorrência de novos problemas como estes. No meio tempo, queremos lhe propor a devida reparação para este problema/dano que lhe causamos. Faremos isso da seguinte forma…"

Veja que você não afirmou que novos problemas não vão acontecer. Você disse que sim, que você e sua empresa trabalharão de forma muito mais diligente para evitar novos problemas, como o que ele enfrentou, aconteçam novamente. Isso soa muito mais verdadeiro e muito mais factível, levando em consideração que todo e qualquer processo, por mais perfeito que seja, sempre é passível de uma falha.

6. Acompanhe cada caso e melhore os processos de forma contínua (e até obsessiva, pois há espaço para melhorar sempre)

Valendo-se do ocorrido responsável por impulsionar a criação do *Fast Pass* na Disney, e trazendo-o para a realidade vivida por outras empresas, pode-se afirmar, em outras palavras, que um problema gera uma oportunidade de aperfeiçoamento num processo carente de incrementos voltados à melhoria da experiência que cada "convidado" tem com a sua empresa.

Algumas das empresas mais bem-sucedidas e admiradas do mundo pertencem ao icônico trio Jorge Paulo Lehman, Marcel Telles e Beto Sicupira, donos, dentre outros gigantes, da AmBev, AB InBev, Lojas Americanas, Burger King e Heinz. Dentre os importantes ensinamentos destes três grandes líderes, quero aqui destacar a obsessão fanática e implacável por melhorar e incrementar seus processos o tempo todo.

E lembre-se sempre de que os seus clientes com problemas lhe são muito valiosos, pois são eles que lhe permitem o tempo todo manter o foco na melhoria contínua dos seus produtos, serviços e processos. Para terminar pego novamente emprestado um dos grandes ensinamentos do craque Bill Gates da Microsoft: "Seus clientes mais insatisfeitos são sua maior fonte de aprendizado".

Resumo

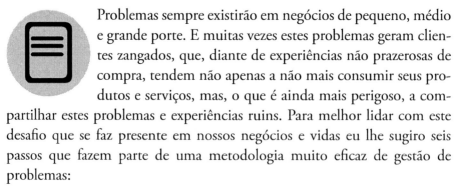

Problemas sempre existirão em negócios de pequeno, médio e grande porte. E muitas vezes estes problemas geram clientes zangados, que, diante de experiências não prazerosas de compra, tendem não apenas a não mais consumir seus produtos e serviços, mas, o que é ainda mais perigoso, a compartilhar estes problemas e experiências ruins. Para melhor lidar com este desafio que se faz presente em nossos negócios e vidas eu lhe sugiro seis passos que fazem parte de uma metodologia muito eficaz de gestão de problemas:

1. Peça desculpas de forma sincera, pessoal e oportuna.

2. Ouça, demonstre empatia e faça perguntas abertas para entender o problema em sua íntegra.

3. Resolva o problema com rapidez e correção.

4. Proporcione a devida reparação.

5. Cumpra suas promessas.

6. Acompanhe cada caso e melhore os processos de forma contínua.

Leitura recomendada

Sonho grande – Cristiane Correa – Editora Sextante

COMPROMISSO PESSOAL

Meu compromisso pessoal diante dos problemas dos meus clientes é:
_____
_____
_____
_____
_____

34

Como eu faço para vender mais com melhores perguntas?

> A arte e a ciência de fazer perguntas
> é a fonte de todo o conhecimento.
>
> *Thomas Berger*

Por favor, não me leve a mal, mas os clientes não estão nem aí para o quão bons são os seus produtos, os seus serviços, a sua empresa e até você mesmo. Eles estão verdadeiramente preocupados com a sua capacidade de resolver os problemas e realizar os sonhos deles. Por isso mesmo é tão fundamental você incrementar suas habilidades de vendas através de boas perguntas ao invés de manter o processo já ultrapassado de venda com respostas prontas.

Pesquisas mostram que no mercado de vendas consultivas (alto valor, ciclos longos e múltiplos tomadores de decisão), mais de 80% dos profissionais de vendas já falam sobre seus produtos e serviços nos 5 primeiros minutos de conversa com o cliente. Ora, se o processo é chamado de "venda consultiva", como é que pode alguém ter um talento tão excepcional a ponto de já dizer o que o cliente precisa em menos de 5 minutos de conversa? Aliás, eu quero compartilhar mais uma "dica de ouro" aqui com você: controle a sua ansiedade o quanto puder e evite falar dos seus produtos, serviços e benefícios antes de entender de forma absolutamente plena as necessidades dos seus clientes.

A verdade é que a maioria dos profissionais de vendas consultivas ainda carece das tão essenciais habilidades de liderar seus ciclos de vendas através de perguntas inteligentes que lhes permitam verdadeiramente entender as necessidades dos seus clientes e direcioná-los para o pleno entendimento de que o melhor produto ou solução é exatamente o que eles comercializam.

E antes de falarmos especificamente das perguntas mais apropriadas nas vendas consultivas, é fundamental reforçar a importância de saber ouvir seu cliente (ouvir com empatia) para que você possa identificar de forma precisa suas necessidades (visíveis e invisíveis), expectativas, desejos e sonhos (sim, empresas também têm sonhos que incluem ampliar o *market share*, ganhar novos mercados, melhorar processos, economizar recursos etc.).

Portanto, tenha em mente que quão melhor estruturadas forem as suas perguntas, melhor será o seu entendimento sobre as necessidades reais do cliente, e maiores serão as chances de você se firmar na cabeça dele (pessoas compram de pessoas) como alguém que verdadeiramente tem competência e soluções para resolver seus problemas (confiança e credibilidade).

Idealmente, o processo de comunicação no mundo das vendas complexas deve ser 70/30 ou 80/20, ou seja, o cliente fala 70% ou 80% do tempo e você, profissional de vendas, apenas 30% ou 20%. Para muitos, isso parece um tanto quanto difícil. Por isso mesmo, é tão fundamental seguir um *script* predefinido com uma série de perguntas inteligentes e abrangentes que aqui serão divididas em três grupos:

- Perguntas de abertura e investigação.
- Perguntas de problema.
- Perguntas de confirmação e fechamento.

PERGUNTAS DE ABERTURA E INVESTIGAÇÃO

Objetivo principal: Construir credibilidade e descobrir o máximo de informações que puder para adequar o seu discurso de vendas e os benefícios do seu produto, serviço ou solução à situação específica detalhada pelo seu cliente/*prospect*. O ideal é que as perguntas tenham ligação direta com a área em que o seu produto ou solução podem impactar positivamente. Estas perguntas não ajudam apenas na identificação dos problemas, mas principalmente na justificação da sua proposta – o que irá permitir ao cliente caminhar mais rapidamente para fechar contrato com você.

Dica de ouro: Não abuse muito! Fazer muitas perguntas pode cansar o cliente! Selecione as que forem realmente fundamentais e evite todas as que você mesmo poderia ter descoberto no *site* ou nos relatórios e notícias da empresa, disponíveis na internet. Um exercício prático muito interessante que aqui lhe indico é sempre se fazer a seguinte pergunta: "Se eu estivesse no lugar do cliente, do *prospect* ou do seu interlocutor em qualquer relacionamento comercial, o que eu gostaria de ouvir?"

Faça perguntas abertas (*quem, o quê, onde, quando, por quê, como, quanto, diga-me sobre isso, descreva para mim*) e busque o quanto puder transformar as perguntas fechadas em abertas. Para te ajudar ainda mais nesta importante atividade que tem impacto direto na qualidade dos seus relacionamentos e vendas, eu compartilho aqui algumas sugestões para que você possa adequá-las ao seu mercado específico:

1. Você pode, por favor, descrever um pouco melhor sua estrutura corporativa? (Só faça esta pergunta se ela *não* estiver disponível na internet.)

2. Qual(is) é(são) sua(s) responsabilidade(s) na empresa?

3. Quem mais, além de você, está envolvido no processo de tomada de decisão de compra deste produto/serviço? E quem é o principal tomador de decisão?

4. Quais são as metas de curto, médio e longo prazo da sua área (empresa)?

5. Quais são os três maiores desafios que sua empresa enfrenta hoje? E na sua visão, qual é o maior desafio?

6. Quais são as suas necessidades (identificadas e não identificadas), desejos e expectativas acerca deste produto, serviço ou solução?

7. Quais são os atributos/características mais importantes que vocês levam em consideração quando da decisão pela contratação de um novo fornecedor?

8. Se você pudesse definir as características e benefícios deste produto/serviço específico (incrementar, mudar etc.) o que você faria? (Essa é uma pergunta essencial para entender o que realmente tem valor para o cliente.)

9. O que é verdadeiramente importante para você em uma solução como a nossa?

10. Como você escolhe os seus fornecedores e o que você valoriza neles?

11. Qual é (e muitas vezes se existe) o *budget* já alocado para este projeto específico?

12. Qual é o *timing* para a decisão? (Isso ajuda e muito a entender o senso de urgência do cliente.)

Perguntas de problema

Objetivo principal: Inserir alguma "dor" no processo e melhor direcionar o cliente para a necessidade de comprar o seu produto ou serviço. Vale lembrar de que ninguém gosta de sentir dor. No entanto, ela sempre se fará presente na grande maioria dos processos de compra, visto que, como já falei algumas vezes, a sua solução, produto ou serviço existe para resolver um problema do cliente. Diante disso, lembre-se de que não basta apenas inserir "dor". Tão importante quanto isso é mostrar que há esperança para a solução e que idealmente esta esperança é exatamente o produto ou serviço que você vende.

Dica de ouro: Como tudo na vida, é preciso saber dosar o quanto de "dor" você irá incluir em seu discurso até para não parecer um vendedor "chato". Além disso, é preciso sempre se certificar de que a "dor" que você incluiu em seu discurso de vendas esteja realmente alinhada às capacidades e competências únicas do seu produto e serviço, os quais permitirão resolver aquele problema específico. Outra dica importante ao se fazer uso das "perguntas de problema" é evitar, o quanto puder, falar demais do seu produto e serviço. Algumas sugestões abaixo:

1. (Quando o cliente já tiver outro fornecedor concorrente seu) Você hoje está satisfeito com os resultados obtidos através da utilização do produto/serviço *xyz*?

2. Em uma escala de 0 a 10, qual é o seu nível de satisfação com o fornecedor atual? Especialmente quando ele já estiver trabalhando com outro fornecedor, é fundamental apresentar elementos e argumentos suficientes para tirá-lo da posição de *status quo*/zona de conforto – que, não por acaso, é um dos maiores inimigos e um dos principais responsáveis por boa parte dos vendedores não baterem suas cotas de vendas, exatamente em virtude da sua inabilidade de articular um bom discurso de vendas focado em valor e nos reais diferenciais competitivos dos produtos, serviços e soluções que vendem.

E aqui vai mais uma "dica de ouro" que eu particularmente posso lhe dizer que é uma das mais valiosas de toda esta obra: lembre-se de algo muito importante em vendas, que se você não for firme, convincente e persuasivo o bastante para convencer um *prospect* ou cliente para movê-lo da situação de conforto e segurança em que ele se encontra em direção à sua empresa, você terá um problema e tanto! Passe a partir de hoje a encarar o *status quo* como mais um importante inimigo ou concorrente a ser batido.

3. Qual(is) é (são) o(s) risco(s) (se é que eles existem) que vocês correm relacionados a este produto/serviço?

4. Qual é a implicação deste produto, serviço ou solução na sua estratégia e no seu *bottom line*?

5. De que forma podemos ajudá-lo(s) a resolver estes problemas e mitigar seus riscos?

PERGUNTAS DE CONFIRMAÇÃO E FECHAMENTO

Objetivo principal: Caminhar para o fechamento e confirmar que as soluções apresentadas vão ao encontro das necessidades do cliente.

É aqui que você irá efetivamente posicionar seu produto ou solução, após já estar muito bem munido de todas as informações obtidas nas perguntas e conversas em torno da abertura do relacionamento, seguida pela boa identificação dos problemas enfrentados pelo cliente. Um erro comum a ser evitado: mais de 80% dos profissionais de vendas B2B já falam dos seus produtos e serviços e respectivos benefícios nos 5 primeiros minutos de toda interação de vendas – isso impacta negativamente no desejável posicionamento estratégico de alguém que realmente sempre busca entender a necessidade do cliente antes de apresentar a solução. Pense nisso!

Dicas de ouro para colocar em prática no momento crucial de apresentar (e vencer) seu produto, serviço ou solução:

1. **Demonstre:** Esteja sempre preparado para compartilhar *cases* similares de empresas (idealmente do mesmo setor) que sua empresa tenha ajudado. Portanto, antes de qualquer reunião estratégica com um cliente ou *prospect*, invista um bom tempo para identificar outros *cases* que já tenha trabalhado e que tenham relevância para aquele ciclo de vendas específico. Quanto mais aderentes forem estes *cases* para a necessidade e problema do seu cliente, mais você conseguirá captar a atenção e o interesse dele.

2. Eduque seu cliente: Saiba oferecer perspectivas únicas o tempo todo, pois é exatamente isso o que todo cliente busca em fornecedores estratégicos de valor.

3. Posicione: Tenha um *pitch* (discurso de vendas) "matador" que enalteça os seus reais diferenciais competitivos. Para tal, elenco três componentes absolutamente essenciais:

- Eles precisam ser verdadeiramente únicos para você.
- Eles precisam ser importantes para o cliente.
- Eles precisam ser defensáveis diante dos seus concorrentes.

4. Venda valor: Saiba vender valor o tempo todo ao invés de vender preço. Se o seu mercado já estiver excessivamente comoditizado (com excesso de ofertas e produtos iguais ou similares aos seus), mostre que você e sua empresa têm, por exemplo, o melhor atendimento e os processos mais afinados para ajudar o cliente. Digo "por exemplo" propositadamente, pois o trabalho de identificação dos diferenciais competitivos que realmente tornam você e sua empresa únicos é muito peculiar a cada empresa e a cada profissional. E se você não tiver nada de diferente para oferecer ao cliente, crie algo com urgência para você não correr o risco de deixar de existir.

5. Experiência: Lembre-se que o que vale não é **o que** você vende e sim o **como** você vende. Já falei isso outras vezes aqui no livro e aqui reforço: na "era da experiência" em que vivemos, serão vencedores as empresas e profissionais focados em oferecer experiências cada vez mais sensacionais aos seus clientes e mercados-alvo.

6. Dinheiro: Tenha segurança plena de falar em dinheiro ao longo de todo o processo, pois isso reforça o valor real e evita os riscos de ciclos que não dão em nada. Um erro comum que muitos vendedores ainda praticam é evitar falar de dinheiro até que se aproximem as últimas fases dos ciclos de vendas. Isso denota aos olhos do comprador medo e insegurança que podem derivar exatamente da falta de diferenciais competitivos que tornem sua empresa como a mais bem posicionada estrategicamente para trabalhar uma parceria de longo prazo com seus clientes.

7. Conhecimento: Demonstre ao longo de todo o processo (durante as perguntas, especialmente) que você conhece profundamente os negócios, o mercado, as tendências e os desafios que cercam os negócios do cliente. Dica de ouro especialmente válida para vendas complexas: invista também um bom tempo para entender os desafios que o seu cliente tem para vender seus produtos e serviços para o seu mercado-alvo e busque fazer a conexão entre o produto e serviço que você vende com a melhoria de um processo que afete as vendas, a rentabilidade e o lucro dos seus clientes. Não custa repetir várias vezes um "mantra" dos vendedores vencedores: vende mais quem se prepara melhor!

8. Não se antecipe! Apenas demonstre seu produto, solução e benefícios (PowerPoint, *folders* etc.) depois de ganhar a atenção do cliente e despertar nele o real desejo de enxergar se verdadeiramente sua empresa pode ajudá-lo. Aliás, evite o quanto puder usar o PowerPoint e seus *folders,* pois muitas vezes eles são "muletas" que só te atrapalham na conexão plena com seus clientes.

Feito tudo isso, é hora de seguir adiante com as perguntas de confirmação e fechamento. Por mais incrível que possa parecer, é nesta fase onde muitos vendedores falham terrivelmente, pois têm medo de pedir pela venda e ouvir um "não" do cliente. Algumas sugestões:

1. Como você enxerga que a(s) solução(ões) aqui apresentada(s) possa(m) lhe ajudar em suas demandas e desafios? (fazer com que o próprio cliente descreva o valor que vê em sua solução.)

2. Há alguma dúvida ou questionamento adicional que você gostaria de incluir?

3. Há algo a mais que eu possa fazer para fechar este contrato?

4. Os prazos aqui ajustados estão todos certos?

5. Então podemos seguir adiante para o contrato?

Uma vez assinado o contrato, faça *follow-up* constante e certifique-se de que o cliente está satisfeito. O ideal é que ele esteja surpreendido com o que sua empresa entregou – o que permitirá transformá-lo em "fã" e em uma fonte maravilhosa de recomendações para toda a cadeia que ele opera: clientes, fornecedores, amigos etc. Aja de forma proativa o tempo todo para identificar novas oportunidades de vendas (seja de novos produtos que já existem ou de novos produtos e soluções que sua empresa acabou de lançar.)

Lembre-se de que, como você, eu também sou vendedor. Diante disso, eu posso lhe dizer com muita segurança que a maioria dos vendedores ainda falha terrivelmente na preparação e na entrega de um discurso de vendas realmente diferenciado e poderoso. E daí você pode me perguntar: *Tudo bem, Zé, eu concordo com você. Mas como é que eu faço para me preparar melhor para usar esta metodologia de perguntas que você compartilhou aqui comigo?*

Minha resposta é direta e rápida: pratique e treine muito! Grave em vídeo uma reunião fictícia sua (pode ser com um colega ou seu líder de vendas) e, se for possível, faça este exercício diante dos seus colegas para que todos possam lhe munir de um *feedback* imediato – algo precioso para que você e todos eles possam incrementar suas habilidades de comunicação para entregar discursos de vendas realmente fantásticos.

Resumo

Para vender mais e melhor neste exigente novo mundo das vendas é crucial que você incremente a qualidade das suas perguntas, pois elas serão cada vez mais determinantes para o seu sucesso e o da sua empresa; ao entender melhor as necessidades dos seus clientes, você, consequentemente, venderá muito mais. Neste processo, três grupos de perguntas são muito importantes:
    1. Perguntas de abertura e investigação.
    2. Perguntas de problema.
    3. Perguntas de confirmação e fechamento.

Exercício prático

Formule ainda hoje uma lista de perguntas de abertura e investigação, de problema e de confirmação e fechamento que estejam 100% conectadas com a realidade e com os desafios específicos do seu negócio.

Uma vez finalizada esta lista, faça exercícios de *role play* (prática simulada) com seus colegas, com você ora fazendo o papel de cliente, ora o papel do vendedor. Idealmente convide outros colegas e faça com que todos participem ativamente.

Ao final, discutam em grupo o que deu certo e os pontos que exigem melhorias. Catalogue todas estas perguntas, e idealmente alimente um banco de dados com as novas perguntas que você e seus colegas têm utilizado e o real impacto de cada uma delas para lhes ajudar a evoluir em cada um dos seus ciclos de vendas e relacionamento com seus clientes.

Isso os permitirá monitorar a efetividade das boas perguntas como um instrumento poderoso de melhoria dos resultados de vendas.

COMPROMISSO PESSOAL

Meu compromisso pessoal diante da arte das perguntas é:

_____

_____

_____

_____

_____

35

Como eu faço para evitar a comoditização do meu produto ou serviço?

Para escapar do perigo da comoditização, uma empresa tem de ser uma divisora de águas, e isso exige que os funcionários sejam proativos, criativos e zelosos.

Gary Hamel

A cena é bastante típica. Você e sua família chegam ao supermercado, e nas gôndolas se deparam com uma infinidade de produtos muito similares, especialmente em categorias não necessariamente dominadas por uma ou outra marca campeã, e que seus nomes, muitas vezes, chegam até a ser confundidos como marcas (exemplos: Gillette, Maizena, Danone etc.) Diante da generosa miríade de opções à sua frente, qual é o principal critério definidor de compra? Preço! Fenômeno cada vez mais presente nos mais variados mercados e indústrias, a comoditização veio para ficar e nos desafiar todos os dias a criarmos diferenciais competitivos capazes de permitir destaque às nossas ofertas e soluções da multidão, bem como conseguir vender mais e crescer em participação de mercado.

Assistimos também, ao longo dos últimos anos, o crescimento vertiginoso da oferta de inúmeras ferramentas e aplicativos que vieram ao mundo com o propósito de incrementar a produtividade e as vendas das empresas. *Softwares* de gestão e de relacionamento com clientes (os famosos ERPs e CRMs), smartphones e tablets que rodam toda a sorte de aplicativos e ferramentas de *Business Intelligence* (que permitem entender melhor o comportamento dos clientes) são apenas alguns dos exemplos que imediatamente me vêm à cabeça quando avalio como a tecnologia tem ajudado todos nós vendedores e profissionais a nos tornarmos ainda melhores e a conseguirmos diferenciar os nossos produtos, serviços e soluções.

Acontece que neste mundo cada vez mais globalizado em que vivemos, onde os instrumentos, ferramentas e, principalmente, o conhecimento disponível para uma boa gestão de vendas estão basicamente disponíveis a todos, as ofertas de produtos e serviços estão cada vez mais comoditizadas, ou seja, muita gente oferece o mesmo produto, o mesmo serviço ou a mesma ideia sem diferenciais competitivos verdadeiros que os tornem únicos em seus respectivos mercados. O resultado disso tudo? Empresas e pessoas compram cada vez mais baseados em preço ao invés de valor, exatamente como tantas vezes o fazemos nas situações cotidianas como a representada logo no início deste capítulo.

Daí vem a pergunta-chave: *Mas, Zé, como é que em um mundo de iguais, podemos nos diferenciar?* Um movimento que tem ganhado cada vez mais corpo no mundo corporativo é o representado pela humanização do processo de vendas, que nada mais é do que a simples retomada dos conceitos mais básicos que tornam as relações comerciais de compra e venda de produtos, serviços e ideias tão deliciosas. Para facilitar ainda mais a absorção deste conceito, podemos chamar este movimento de *back to basics*, que se traduz em "de volta ao básico". Simples assim, mas igualmente tão difícil de encontrar hoje em dia! Incrível dicotomia!

E diante disso, pode vir a sua pergunta: *Mas, Zé, o que é básico em vendas e que tem sido esquecido pelas empresas?* Abaixo eu elenco cinco ações absolutamente básicas as quais vêm sendo negligenciadas por empresas e profissionais dos mais diversos portes e das mais diversas indústrias:

1. Básico é entender de forma verdadeiramente interessada os desejos e anseios dos clientes para somente depois atendê-los bem. Portanto, antes de atender, busque entender o que o seu cliente busca para daí oferecer toda a atenção que ele deseja e merece. O amplo entendimento acerca das necessidades, desejos e sonhos dos clientes e mercados-alvo é, em inúmeros casos de empresas que verdadeiramente encantam seus clientes, um diferencial competitivo realmente poderoso. (*Entendimento é tão fundamental quanto o bom atendimento!*)

2. Básico é ter uma atitude positiva, entusiasmada e proativa diante dos clientes e dos inúmeros desafios que fazem parte da rotina dos vendedores vencedores. Positividade e proatividade são dois elementos cruciais nos profissionais de grande sucesso que se dedicam de corpo e alma a servir e atender melhor seus clientes. (*Proatividade é o nome do jogo! Tenha entusiasmo, que nada mais é que ter "Deus dentro de si"*).

3. Básico é ter em mente que **ser** vendedor é uma atividade absolutamente nobre, capaz de permitir que pessoas e empresas resolvam seus problemas e realizem seus sonhos. (*Ter orgulho de ser vendedor.*).

4. Básico é investir de forma contínua no desenvolvimento pessoal e profissional para se tornar um profissional de vendas diferenciado, valorizado e que realiza sua verdadeira missão na Terra que é servir à sociedade. (*Vendedor campeão é aquele que investe de forma incansável em seu próprio desenvolvimento profissional, sem esperar que os outros o façam por ele*).

5. Básico é estudar e entender de forma profunda o mercado em que atua, os produtos e serviços que vende, as ofertas dos concorrentes, as principais tendências e, acima de tudo, os anseios, expectativas e sonhos dos clientes, incluindo aí as necessidades que nem sequer foram identificadas por eles. E para que isso aconteça, invista um tempo de qualidade para estudar tudo o que cerca seu mercado específico e lembre-se do ensinamento precioso de Benjamin Franklin: *A falha na preparação é a preparação para a falha!*

Resumo

Estamos em pleno século XXI cercados de ferramentas, aplicativos e recursos que nos permitem vender mais e melhor. No entanto, se deixarmos de lado os conceitos básicos do relacionamento real, verdadeiro e genuinamente interessado no cliente, correremos o risco de ver nossos produtos, serviços e ideias relegados à posição de um *commodity* onde o fator predominante de decisão é o preço mais baixo. Invista em fazer o básico de forma sensacional e encante seus clientes. Se você não fizer isso, vai ter que continuar dando descontos e continuar a vender seus produtos por um preço cada vez mais baixo. Humanize o quanto puder o seu processo de vendas! Os seus clientes lhe sorrirão e os seus ganhos pessoais e o fluxo de caixa e lucro da sua empresa idem!

Exercício prático

Ao final da leitura deste capítulo, dedique uma hora para refletir sobre quais são os conceitos mais básicos do bom relacionamento que você ou sua empresa tem negligenciado e que podem ser melhorados. Anote todas as suas observações e peça que todos que fazem parte da sua equipe também o façam. Depois, junte todos em uma reunião e anote os itens que aparecerem com maior recorrência e questione um a um quais são as ações que devem ser implementadas ou melhoradas, tendo por escopo humanizar o processo de vendas com foco absoluto em fazer o "básico sensacional", que deve, a partir deste momento específico, fazer parte da cultura de existência da sua empresa.

Crie um documento que reúna todos os principais pontos levantados e, se possível, crie novos indicadores de performance que permitam a você e sua equipe monitorarem com frequência a melhoria, por exemplo, nas atitudes básicas de atendimento ao cliente e o seu impacto direto nos números. Muitas redes de restaurantes, por exemplo, conseguem traçar um comparativo direto de suas performances de vendas com a qualidade do atendimento das suas equipes. Não por acaso, embora vendam rigorosamente os mesmos produtos, são os restaurantes que possuem as equipes mais comprometidas com "fazer o básico de forma sensacional", os que mais se destacam em vendas. Vai dar trabalho, mas valerá a pena!

Compromisso pessoal

Meu compromisso pessoal diante da comoditização é:

_____
_____
_____
_____
_____

36

Como eu faço para vender para executivos *C-Level*?

> Uma boa ideia básica de venda,
> envolvimento e relevância, são mais
> importantes do que nunca, mas na
> ruidosa publicidade de hoje, a menos
> que você se faça notado e confiável,
> você não tem nada.
>
> *Leo Burnett*

Já compartilhei aqui neste livro a minha enorme admiração pela empresa Salesforce, que é, em minha modesta visão, a melhor e mais eficaz solução para gerenciamento do relacionamento com clientes (CRM) do mundo. Sem ganhar um tostão deles, eu os indico a todos os meus clientes e fãs, pois o seu uso disciplinado e inteligente definitivamente incrementa a performance de vendas de pequenas, médias e grandes empresas. Aliás, é exatamente isso que acontece quando você transforma seus clientes em fãs: eles viram seus embaixadores junto ao mercado!

Em mais um dos seus excelentes artigos e pesquisas, a Salesforce nos brinda com seis dicas práticas e poderosas para vender mais e melhor para altos executivos, os chamados executivos *C-Level*. Na lista abaixo, além de resumir estas dicas sensacionais, eu compartilho com você ações práticas as quais, tenho certeza, vão te ajudar e muito:

1. **Conecte-se antes de conectar-se:** Os altos executivos quase sempre estão envolvidos logo no início da busca pela solução de um problema específico e que tenha impacto direto em seus negócios. Por isso mesmo é tão fundamental que você e sua empresa estejam facilmente disponíveis na internet através dos serviços de pesquisa.

Ação sugerida: Verifique ainda hoje se as palavras-chave relacionadas às soluções que você vende e aos problemas que você e sua empresa se propõem a resolver são facilmente localizáveis no Google e nos demais serviços de busca. Certifique-se também de que seu blog e seu *site* estejam devidamente otimizados com as *tags* e as palavras-chave que levarão os seus clientes e *prospects* à sua empresa. Regularmente mais de 90% dos executivos checam seus e-mails, 64% visitam o LinkedIn e 55% usam o Facebook. Para e-mails especialmente, saiba que suas mensagens têm maior chance de serem abertas e lidas se enviadas entre as 8 da manhã e as 3 da tarde. Portanto, tenha certeza de que todos estes meios (e-mail, redes sociais, blogs etc.) estejam consistentes com a mensagem estratégica que você quer transferir ao seu público-alvo.

2. **Escolha o executivo correto:** Eu mesmo já fiz alguns cursos nos Estados Unidos sobre como melhor adequar minhas mensagens e estratégias de prospecção para chegar aos presidentes e CEOs das empresas. No entanto, muitas vezes o melhor *target* para o nosso produto ou serviço específicos não é o CEO ou presidente. Ele pode ser o CFO (Finanças), o CMO (Marketing), o CLO (Treinamento) e assim por diante. Diante disso, é fundamental que você faça uma extensa pesquisa para entender o(s) melhor(es) *targets* para a sua empresa. Vale ressaltar que em vendas de elevado valor e maior complexidade é bem possível que você tenha que ganhar a confiança de vários executivos e também dos técnicos diretamente envolvidos na compra e utilização do seu produto ou serviço. Se tiver contatos na empresa que possam te ajudar na indicação dos executivos, melhor ainda, pois você tem um canal direto a quem fazer as perguntas apropriadas (quem é, como pensa, o que valoriza, perfil psicológico etc.) Peça o apoio deles. Se não tiver, busque apoio externo com amigos que possam ter contatos estabelecidos com a diretoria da empresa.

Ação sugerida: O bom e inteligente uso do LinkedIn permite que você busque dentro da sua própria rede conexões que possam lhe ajudar. Leia o capítulo 5, p. 37 que está recheado de dicas muito bacanas para usar o LinkedIn com sabedoria e transformá-lo em um poderoso aliado de prospecção, engajamento e relacionamento com seus clientes e *prospects*.

3. **Pesquise muito:** Costumo dizer que a fase mais importante em vendas é a preparação, e quando bem-feita, ela potencializa o seu sucesso e produtividade em vendas. E para vender para executivos de alto escalão, a preparação é ainda mais essencial até em virtude do elevado nível de conhecimento e expectativas dos seus interlocutores e do quanto eles apreciam profissionais que sejam capazes de lhes trazer conceitos, ideias

e *insights* novos com grandes chances de incrementá-los a seus negócios e vendas. Altos executivos dão bastante ênfase e destaque a dados, pesquisas e estudos de caso que demonstram a capacidade que você e sua empresa têm em lhes ajudar. E acredite: eles querem ser educados.

Ação sugerida: Na etapa de preparação, busque agregar o maior número de informações que puder sobre a empresa e seus principais executivos. Quanto melhor e maior for o seu entendimento acerca das necessidades, desafios e ameaças que os cercam, mais preparado você estará para obter a tão valiosa atenção deste público específico.

4. **Coloque-se no lugar deles:** Se o seu tempo já é precioso, tente imaginar o tempo de altos executivos. Por isso mesmo, concisão, objetividade e clareza em torno de "como" o problema deles será solucionado por você e sua empresa são essenciais.

Ação sugerida: Ensaie com colegas o discurso de vendas que irá utilizar na reunião com o alto diretor daquela empresa que você e sua empresa tanto sonham. Neste ensaio, inicie com você fazendo o papel do vendedor e um colega seu o do comprador e depois mude os papéis. Busque também um terceiro colega que lhes dê o *feedback* crítico deste exercício específico. E quando estiver frente a frente com seu cliente importante, fomente um diálogo de mão dupla ao fazer bom uso das perguntas e ao buscar sempre ser o mais preciso e assertivo que puder quando da descrição da sua solução e benefícios.

Dica bônus: E para incrementar ainda mais as suas habilidades de gerenciamento do tempo, eu recomendo os livros do meu amigo e parceiro no Projeto EProdutivo (www.eprodutivo.com.br), Christian Barbosa, que é o maior especialista do Brasil em produtividade e administração do tempo e que em seu *site* (www.christianbarbosa.com.br) compartilha as inúmeras entrevistas que fez com vários presidentes de grandes empresas.

5. **Foque no *bottom line* (lucros, vendas etc.):** Se você não tiver um *pitch* claro, poderoso, que facilite a compreensão dos seus diferenciais competitivos e de fácil absorção pelo seu interlocutor (executivo) – quem deverá entender o quanto a sua solução, produto ou serviço irá afetar suas metas e os resultados de sua empresa –, você terá um problemão.

Ação sugerida: Foque sempre no valor real que sua empresa e solução entregam. Para incrementar seu entendimento sobre valor real, eu sugiro que leia o capítulo 31, p. 243, que está repleto de dicas práticas exatamente sobre isso.

6. **Fuja do PowerPoint:** Lembre-se sempre de que os executivos de alto escalão são abordados diariamente por centenas de empresas e profissionais de vendas muito talentosos que buscam o tempo todo se diferenciar para assim chamar a atenção e conseguir aquela tão sonhada reunião.

Ação sugerida: Nas suas próximas reuniões estratégicas com clientes de grande porte e líderes de elevada influência, evite o quanto puder o uso do PowerPoint. Busque criar uma história que seja 100% relevante às necessidades do seu cliente e que faça o link perfeito entre o problema que é por ele enfrentado e a solução que você vende. Para fazer isso, muita preparação e muito ensaio com seus colegas e líderes são cruciais. Sei que isso demanda tempo, mas eu posso lhe assegurar que, ao agir assim, você já irá se diferenciar da imensa maioria dos profissionais de vendas consultivas que ainda insiste em vender suas soluções sem sequer entender bem os problemas enfrentados por seus clientes – fazendo uso indiscriminado do PowerPoint para falar do quanto eles, suas empresas e produtos são sensacionais. Aliás, não custa lembrar: seus clientes pouco ligam para o quão bons, líderes e fantásticos você e sua empresa são. Eles ligam de verdade para a sua competência e capacidade de resolver os problemas deles!

Resumo

Para vender mais e melhor para executivos de alto escalão é preciso muita preparação e amplo entendimento sobre absolutamente tudo o que cerca o seu mercado e, principalmente, sobre o mercado dos clientes. Para fazer isso com mais competência e maior eficácia, eu divido com você seis dicas absolutamente preciosas:

1. Conecte-se antes de se conectar.
2. Escolha o executivo correto.

3. Pesquise muito.
4. Coloque-se no lugar dele.
5. Foque no *bottom line* (lucro, melhoria de resultados etc.)
6. Fuja do PowerPoint.

COMPROMISSO PESSOAL

Meu compromisso pessoal diante das vendas para executivos *C-Level* é:

_____

_____

_____

_____

_____

37

Como eu faço para melhor posicionar minha marca pessoal?

> Uma marca pessoal é a sua promessa para o mercado e para o mundo. Uma vez que todos fazem uma promessa para o mundo, não se tem escolha de ter ou não ter uma marca pessoal. Todo mundo tem uma. A verdadeira questão é se a marca pessoal de alguém é poderosa o suficiente para ser significativa para a pessoa e para o mercado.
>
> *Tom Peters*

Neste capítulo de rápida e deliciosa leitura, eu me proponho a compartilhar com você uma série de dicas e estratégias poderosas capazes de lhe permitir construir uma estratégia de marketing pessoal para viabilizar a venda, com sucesso, do seu melhor produto: você mesmo!

Aliás, o que eu vou lhe dizer agora pode parecer um tanto quanto chocante em um primeiro momento, mas é verdade: Eu sou um produto! E você também é! As pessoas "compram" de mim e de você, e "compram eu e você", baseados em conceitos racionais e, sobretudo, emocionais, onde se incluem a confiança, a credibilidade e as mais diferentes percepções que você e eu inspiramos e desfrutamos diante do mercado. O problema é que, na maioria das vezes, investimos tempo, conhecimento, técnicas e recursos preciosos na construção das marcas que representamos e das empresas que trabalhamos e nos esquecemos de investir na marca mais importante e poderosa do mundo, que é a nossa própria.

Antes de seguirmos juntos adiante, imagine o seguinte cenário: quantas vezes em sua vida, você ou alguém muito próximo já não se deparou com situações onde outras pessoas com conhecimento e experiência muito menores que os seus conseguiram se destacar, seja por conseguir aquela tão sonhada promoção, seja por um sucesso muito maior que o que vocês obtiveram? Agora me responda: o que é que essas pessoas têm que você não tem?

Você já parou para pensar que possui uma marca pessoal? Todos nós temos! E quais são os atributos que te tornam alguém realmente único no mercado diante de tantos concorrentes? Pois é, em tempos de uso cada vez mais intenso das redes sociais e de clientes cada vez mais exigentes e engajados, é fundamental que você trabalhe bem sua marca pessoal *on-line* e *off-line* também.

Especialmente para vendedores profissionais como você e eu – aqui incluídos também todos aqueles que ainda não perceberam que são sim ao final do dia "vendedores de si mesmos" –, a estratégia de criação de uma marca pessoal passa pelo pleno entendimento das suas grandes competências, talentos e dons (pontos fortes), paixões e das características singulares que te diferenciam da multidão, que serão os grandes responsáveis pela criação da sua marca pessoal, diferenciada, poderosa e única no mercado.

Um primeiro passo que indico a você é identificar os seus pontos fortes e trabalhar com inteligência para maximizá-los (veja o capítulo 3, p. 23, que é 100% dedicado à identificação dos pontos fortes, o que lhe ajudará muito no processo de fortalecimento da sua marca). Aliás, no processo de construção da sua marca pessoal penso ser um grande desperdício de tempo focar em seus pontos fracos, pois eles nunca se transformarão nos diferenciais competitivos que te tornarão único no mercado. É claro que é importante não deixar que os seus pontos fracos te atrapalhem a ponto de deixar seus pontos fortes relegados a um segundo plano em virtude da "força" destas fraquezas que podem lhe impedir de brilhar.

O mestre Peter Drucker nos ensinou que "a verdadeira excelência é alcançada somente quando é possível colocar os pontos fortes em ação". E o aclamado guru Jim Collins nos explica que o processo de identificação das nossas principais competências e talentos (pontos fortes) passa pelo pleno entendimento das áreas em que, por mais que nos esforcemos, nunca teremos a chance de sermos os melhores.

Resumidamente: quando identificamos nossos pontos fortes que permitem nos tornarmos os melhores naquilo que fazemos, o tempo e a energia gastos na identificação e na melhoria das fraquezas são absoluto desperdício.

Uma vez identificados os seus pontos fortes (se você ainda não os conhece e/ou não os identificou corretamente, peça o *feedback* mais cândido possível aos seus colegas, líderes, liderados e familiares sobre as competências únicas que eles enxergam em você), o segundo passo é conectá-los à sua "marca pessoal". Se você é, por exemplo, um exímio entendedor de técnicas de vendas consultivas em mercados complexos, as informações a seu respeito nas principais redes sociais (LinkedIn, Facebook, Twitter etc.) e nos mais importantes serviços de busca (Google, Bing etc.) precisam refletir com consistência este atributo. Portanto, faça uma pesquisa aprofundada na internet para ver se as mensagens e atributos conectados à sua imagem estão de acordo com os seus objetivos de construção da sua "marca pessoal", que deve ser absolutamente única e memorável. Além disso, certifique-se de que os seus perfis em todas as redes sociais, em especial a maior e mais importante rede profissional do mundo (LinkedIn), estejam sempre atualizados e aderentes a todos os seus atributos, dons, missão e paixões. Tudo isso ajuda enormemente a fazer com que o mercado "te compre", ao invés de você ter que "se vender" ao mercado.

Outra dica prática e muito eficaz que divido aqui com você é a de criar um blog (*vide* instruções detalhadas no capítulo 39, p. 299), que é uma ferramenta poderosa de transmissão de conhecimento, de divulgação da sua marca pessoal e de construção da sua imagem de confiança e credibilidade diante do mercado, o que tem impacto direto em uma estratégia de marketing inteligente focado na geração de conteúdo e de transformação em um grande *expert* na sua área de atuação.

E se você é um profissional liberal que vive do seu próprio nome, é muito importante criar um *site* profissional com todas as informações relevantes e úteis ao seu público-alvo e suas qualificações profissionais e acadêmicas. Se você ainda não registrou seu domínio pessoal (www.fulanodasilva.com.br), faça isso ainda hoje através do *site* do *Registro.br* (www. registro.br), ainda que não vá utilizá-lo no curto prazo. A criação de um *site* profissional já te ajuda enormemente a criar um diferencial competitivo importante, pois, por mais incrível que possa parecer, a grande maioria dos profissionais liberais ainda negligencia a importância de construir suas identidades profissionais, o que, além de ajudar na criação de uma marca pessoal ainda mais poderosa, ajuda e muito a te tornar muito mais visível e facilmente localizável pelos clientes e mercados-alvo que serve.

Outros elementos igualmente essenciais à construção da sua marca pessoal são: consistência (as mensagens por você transmitidas precisam ser consistentes e aderentes às suas crenças, valores e missão), legitimidade (seja sempre você mesmo e não imite ou emule o comportamento e os traços de outras pessoas), poder de influência (saiba influenciar de forma positiva a vida das pessoas que conhece e use o seu *networking* com inteligência – saiba ser sempre interessante, sem ser interesseiro) e visibilidade (torne a sua marca conhecida ao participar de forma ativa de eventos, congressos e blogs dentro da sua respectiva área de atuação).

Aliás, o processo de criação, posicionamento e fomento da sua marca pessoal tem um objetivo ainda maior: cuidar do seu principal ativo que se chama credibilidade. Portanto, não perca mais tempo. Comece hoje mesmo a investir na principal e mais importante marca do mundo: você mesmo!

Resumo

A marca mais poderosa e importante do mundo é a sua própria. Invista um tempo de qualidade para entender os atributos, pontos fortes e dons que te tornam alguém verdadeiramente único, e foque todos os seus melhores esforços para propagá-los com inteligência e com uma estratégia bem definida, onde as redes sociais são ferramentas muito úteis. E não custa lembrar: o processo de criação e fortalecimento da sua marca pessoal está umbilicalmente ligado à construção da sua reputação e credibilidade diante do mercado!

COMPROMISSO PESSOAL

Meu compromisso pessoal diante da criação da minha marca pessoal é:

_____

_____

_____

_____

_____

38

Como eu faço para criar uma cultura voltada aos valores em minha empresa?

É muito mais importante fazer o que é estrategicamente certo do que aquilo que é imediatamente lucrativo.

Philip Kotler

Ao longo das últimas décadas, tivemos uma evolução impressionante no Marketing, o que exige de todos nós, profissionais de vendas e marketing, uma aguçada percepção das mudanças que podem significar o sucesso ou o fracasso de nossas empresas e negócios. Neste cenário, 3 fases ou "eras" distintas caracterizam a evolução dos conceitos de marketing moderno:

1. **Era do marketing 1.0:** Caracterizada acima de tudo pelo marketing centrado no produto, esta era tem em Henry Ford o seu grande destaque quando da criação do Ford T, amparada por uma estratégia à época tão brilhantemente conduzida e defendida por Ford, onde ele dizia que "O carro pode ser de qualquer cor, desde que seja preto".

2. **Era do marketing 2.0:** Caracterizada principalmente pela orientação ao cliente. O foco aqui é na retenção e satisfação dos consumidores, onde o conceito de diferenciação ganhou grande destaque e foi fortemente impulsionado pela tecnologia da informação. Com uma orientação mais voltada ao relacionamento, o marketing 2.0 tem por objetivo fazer o cliente voltar e comprar mais e mais, gerando maior valor e lucros ao longo de um relacionamento de longo prazo.

3. **Era do marketing 3.0**: O que vivenciamos e experimentamos hoje (lembrando sempre dos aspectos ligados ao crescente desejo de todos os consumidores de vivenciarem "experiências" realmente espetaculares) é o surgimento do marketing 3.0, que representa uma nova era voltada aos valores. Não basta e não se pode mais tratar as pessoas apenas como "consumidoras" dos produtos e serviços que produzimos e fornecemos.

É fundamental que tratemos as pessoas (como elas verdadeiramente o são) como seres humanos plenos: com mente, coração e espírito.

O que é certo, em tempos de vendas mais holísticas e clientes exigentes, é buscar além de satisfazer as necessidades, desejos e sonhos de cada mercado consumidor, de cada público-alvo específico e de cada um dos seus consumidores, satisfazer também os anseios emocionais e espirituais de clientes que, consciente ou inconscientemente, querem se relacionar com empresas com as quais enxerguem real congruência com os seus valores, princípios e sonhos.

Sei que a conversa parece um tanto quanto inverossímil. No entanto, especialmente você que já tem filhos, pare e pense. Seus filhos hoje têm as mesmas preocupações ligadas a temas atuais e essenciais como sustentabilidade, meio ambiente e equilíbrio socioambiental das que tínhamos à época em que vivemos nossas deliciosas e efêmeras infância e adolescência? Penso que você há de concordar comigo que não. Estes temas ganharam destaque muito maior ao longo das últimas décadas e forjaram novos perfis de consumidores muito mais bem informados (algo intimamente ligado à "era da informação" em que vivemos) e muito mais exigentes.

E este "novo perfil" de clientes mais exigentes e informados demanda um novo tratamento de marketing que leva em consideração vários novos aspectos que passam necessariamente pela mente, pelo coração e pelo espírito, quando da formulação de uma estratégia de Marketing 3.0 para sua empresa. Isso dito, me atrevo a compartilhar quatro dicas rápidas para que você possa dar início à implementação de uma estratégia de Marketing 3.0 em sua empresa:

1. **Missão:** A missão da sua empresa precisa proporcionar satisfação para atingir a mente, realizar aspiração para atingir o coração e praticar compaixão para impactar o espírito dos seus clientes. De forma ainda mais resumida, o "porquê" da existência da sua empresa precisa levar em consideração esta visão holística que contempla mente, coração e espírito, além de precisar ser vivido por todos os membros da sua equipe com o objetivo de alcançar suas metas.

2. **Visão:** Mais ligado ao "o que" sua empresa quer realizar, é fundamental que ela preencha os aspectos de lucratividade, retorno e sustentabilidade.

E aqui neste livro, quero dar atenção especial ao item sustentabilidade, pois nunca este tema esteve tão presente no mundo e na estratégia das empresas como agora. Faça do seu negócio um negócio realmente sustentável em todas as suas facetas ao oferecer produtos e serviços inovadores, que supram necessidades humanas e que respeitem as boas práticas de governança, gestão de pessoas e real preocupação socioambiental. Ou seja, crie uma empresa que possa ser admirada por sua verdadeira preocupação em fazer deste mundo um lugar muito melhor e tenha a certeza de que, com isso, a chance de você conquistar clientes muito mais fiéis, leais e que se tornem verdadeiros embaixadores da sua marca irá crescer consideravelmente.

3. **Valores:** Mais do que nunca, os valores reais (não aqueles que apenas servem para "ornar" as paredes do seu escritório, loja ou indústria) precisam ser vivenciados, praticados por todos os profissionais da sua empresa e, o mais importante, precisam ser percebidos, experimentados e valorizados pelos seus clientes. E para encantar e fidelizar clientes, é fundamental que seus produtos e serviços sejam melhores que os dos seus concorrentes, que tenham diferenciais competitivos verdadeiros e defensáveis e que realmente façam a diferença na vida dos clientes.

4. **Redes sociais:** Prego em tudo o que faço que ainda estamos em uma fase embrionária no que diz respeito à boa utilização das redes sociais em nossos negócios. O que é certo é que elas já são um poderoso instrumento de marketing capaz de ajudar incrivelmente você e sua organização a se mostrarem e demonstrarem ao mundo que sua empresa é realmente única e preocupada em criar um mundo melhor por respeitar de forma plena os desejos, sonhos e anseios dos seus clientes e por criar um negócio sustentável que agrega valor real a todos os envolvidos na sua cadeia produtiva (empregados, clientes, fornecedores e sociedade como um todo). Além disso tudo, como as mídias sociais têm um custo bem mais baixo que as mídias tradicionais, elas vão ocupar um lugar de destaque cada vez maior neste "novo mundo", onde o consumidor tem cada vez mais poder e, munido do incrível poder de "compartilhamento", possui também em suas mãos um instrumento vigoroso que pode impulsionar o sucesso do seu negócio ou simplesmente levá-lo à falência.

O quadro abaixo te ajuda a entender melhor a matriz baseada em valores, proposta por Kotler, Kartajaya e Setiawan (2010), instrumento muito útil para te ajudar a colocar em prática uma estratégia de marketing 3.0 em sua empresa:

		Indivíduo		
		Mente	Coração	Espírito
Empresa	MISSÃO (Por quê?)	Proporcionar SATISFAÇÃO	Realizar ASPIRAÇÃO	Praticar COMPAIXÃO
	VISÃO (O quê?)	Lucratividade	Retorno	Sustentabilidade
	VALORES (Como?)	Ser MELHOR	DIFERENCIAR-SE	Fazer a DIFERENÇA

Modelo de matriz baseada em valores

Resumo

Vivemos a "era dos valores", onde é fundamental que você e sua empresa estejam conectados de corpo, mente e alma com seus clientes e com a sociedade como um todo. Se isso não existir, a busca do tão sonhado sucesso por todos nós fica muito mais difícil.

Leitura recomendada

Boa parte das dicas deste capítulo vem de um livro realmente sensacional que é o Marketing 3.0 do pai do marketing moderno Philip Kotler, juntamente com Hermawan Kartajaya e Iwan Setiawan. No Brasil o livro é editado pela Editora Campus Elsevier.

Também sempre indico outro livro a todas as milhares de pessoas que me prestigiam em minhas palestras, cursos, aulas de MBA e *workshops*: *Administração de marketing: a bíblia do marketing*, de Philip Kotler e Kevin Lane Keller, da Pearson. Um livro absolutamente espetacular para quem gosta de marketing e para quem deseja se aprofundar ainda mais neste fascinante mundo.

COMPROMISSO PESSOAL

Meu compromisso pessoal diante do marketing de valores é:
_____
_____
_____
_____
_____

3.9

Como eu faço para usar as redes sociais para vender mais?

> Ao invés de contar para o mundo que você está tomando café da manhã, você pode usar as redes sociais para compartilhar algo que seja significativo.
>
> *Edward Norton*

Facebook, Twitter, LinkedIn, Instagram, YouTube etc. Impossível imaginar o mundo sem eles, certo? Vivemos a "era social" representada pela profusão das redes sociais como um elemento fundamental na construção de relacionamentos com nossos amigos e familiares. Mas espera aí! E o que estas redes sociais têm a ver com o nosso mundo das vendas? Tudo! E neste capítulo eu vou me dedicar a te ajudar a criar e fortalecer a sua presença e a da sua empresa neste mundo tão "social" em que vivemos e onde paradoxalmente todos ainda parecem tão "iguais".

Imagine uma situação específica onde você busca um novo fornecedor, por exemplo, de treinamento para a sua força de vendas. Das duas boas, sólidas e confiáveis empresas que você seleciona para esta busca específica, uma já tem um blog onde compartilha frequentemente dicas, técnicas e segredos para a melhor gestão dos seus vendedores. Daí você percebe que esta mesma empresa está também presente e bastante engajada em conversas relevantes com seus clientes e público-alvo nas principais redes sociais, como Facebook e LinkedIn. A outra empresa, que também goza de boa reputação e credibilidade diante do mercado ainda não tem blog e nem sequer presença estabelecida nas redes sociais. Agora, vem a pergunta: *Qual das empresas tem maiores chances de atender a sua demanda específica?*

A situação acima, um tanto quanto peculiar em nossas vidas, ajuda a entender o papel fundamental que as redes sociais desempenham hoje nos processos de tomada de decisão dos clientes e empresas. A verdade é que empresas e profissionais que vêm investindo de forma inteligente, estruturada e com objetivos específicos previamente traçados nas redes sociais têm conseguido criar um diferencial competitivo, importante, responsável por colocá-los em situação de destaque e vantagem diante dos seus inúmeros concorrentes.

Profissionais e empresas que têm utilizado as redes sociais de forma inteligente estão conseguindo não apenas incrementar suas vendas, mas, principalmente, ficar cada vez mais próximos dos seus clientes e dos seus públicos-alvo. Dados recentes coletados nos Estados Unidos indicam que 78,3% dos profissionais de vendas já utilizam as redes sociais para vender. Se ainda não dispomos de dados tão específicos no Brasil, posso lhe dizer, baseado na minha interação com milhares de profissionais que assistem a minhas palestras e cursos, que ainda são poucos os profissionais e empresas que possuem uma estratégia bem definida de utilização das redes sociais como um poderoso instrumento de vendas. E como tudo na vida, isso tem um lado negativo, que é o de abrir mão de um instrumento de alta penetração e baixo custo, e um lado positivo, que é o fato de você poder a partir de agora enxergar as redes sociais como fortes aliadas para o seu sucesso, para aumentar suas vendas e para incrementar o seu posicionamento estratégico como um grande *expert* em sua área de atuação, visto que comprovadamente as pessoas têm uma tendência maior de seguir e comprar dos grandes especialistas que gozam de maior credibilidade e reputação no mercado.

Abaixo eu compartilho com você dez dicas práticas, as quais, tenho certeza, vão te ajudar e muito a estabelecer sua presença no mundo digital, incrementar suas vendas e melhorar os relacionamentos com seus clientes:

1. Crie: Algo que hoje considero imprescindível em vendas, é criar uma página (*fanpage*) no Facebook, um excelente perfil no LinkedIn e também um blog, onde você irá compartilhar gratuitamente dicas, artigos, vídeos e ideias relevantes sobre sua área de atuação. Aliás, os bons blogs são, além de instrumento poderoso de multiplicação e compartilhamento do seu conhecimento com o mundo, um elemento indispensável para incrementar a sua visibilidade nos principais *sites* de busca. Mais a frente eu compartilho dicas sobre como montar sua página no Facebook e no seu blog.

2. Agende: Crie um calendário semanal de postagens de artigos e dicas relevantes sobre a sua área de *expertise* nas redes sociais em que já estiver presente, lembrando sempre de que o objetivo maior da sua presença neste "mundo social" é maximizar a sua reputação e credibilidade e de lhe posicionar como uma autoridade em seu campo de atuação.

3. Participe: Participe ativamente de blogs e fóruns em suas áreas de atuação – o que lhe dá, além de visibilidade, uma oportunidade singular de se manter atualizado com tudo o que de mais novo tem acontecido em sua área de atuação.

4. Siga: Siga as páginas dos seus principais clientes nas principais redes sociais para manter-se sempre atualizado sobre tudo o que tem acontecido com eles. Conecte-se também, no LinkedIn (www.linkedin.com), com o maior número de profissionais da sua rede de relacionamento e sempre que puder compartilhe notícias e artigos que julgue ser relevantes para eles. Lembre-se do princípio da reciprocidade, que diz que as pessoas tendem a nos devolver mais quando a presenteamos primeiro. Por isso, busque sempre dar algo de valor e de forma genuína aos seus clientes. Aqui, por exemplo, o "dar algo de valor" através do LinkedIn pode ser compartilhar uma informação relevante colhida em uma pesquisa recente e que pode ajudar seu cliente a resolver um desafio específico.

5. Pesquise: Técnica ainda pouco utilizada, mas muito eficaz, é a de pesquisar nas principais redes sociais o perfil dos seus interlocutores para entender melhor seus gostos, interesses congruentes e possíveis conexões. Quanto maior e mais detalhada for sua pesquisa, melhor posicionado você estará para criar um relacionamento ainda mais sólido com seus clientes, pois não podemos nos esquecer de que as pessoas tendem a se relacionar melhor com outras pessoas com as quais compartilham interesses e gostos comuns. Por exemplo, descobrir que aquele contato importante em um novo *prospect* também apoia uma Organização Não Governamental que você ajuda, pode ser muito útil para "quebrar o gelo" nas conversas iniciais e para criar uma afinidade ainda maior, algo tão importante no processo de persuasão.

6. Evite: Um erro bastante comum, que ainda vejo inúmeros profissionais de vendas e empresas cometerem, é usar as redes sociais apenas para vender seus produtos e serviços. Minha dica prática aqui é que a cada cinco postagens, uma efetivamente fale diretamente dos seus produtos e serviços. Todas as outras devem trazer informações relevantes ao seu público-alvo dentro da sua área de *expertise*. Não se esqueça de que as pessoas adoram comprar, mas que odeiam quando alguém vende algo para elas.

7. Adote: Uma postura vitoriosa que lhe indico é a de "marketing de conteúdo", que consiste em usar as redes sociais, seu blog e seu *site* para trazer sempre de forma gratuita conteúdos relevantes aos seus clientes com a certeza de que quão maior for a sua reputação e credibilidade diante deles maiores serão as chances de eles virem até você para comprar seus produtos e serviços. Bons conteúdos são excelentes instrumentos de vendas e de posicionamento estratégico diante de um mercado cada vez mais repleto de ofertas tão similares.

8. Informe: As redes sociais são um excelente instrumento para manter toda a sua base de clientes informada sobre as últimas novidades e tendências em sua empresa e mercado específico. Só tenha sempre o cuidado necessário para não parecer "vendedor" demais. O seu papel é educar o seu cliente e o ideal é que este processo de educação esteja sempre focado em educá-lo a comprar de você e não dos seus concorrentes.

9. Engaje: Não basta estar presente nas redes sociais e conquistar um grande número de seguidores. O fundamental é responder educada e prontamente a todos os comentários lá postados. Aliás, observo um erro comum cometido pelas empresas e profissionais: depois de conseguir um expressivo número de seguidores, ocorre a falta de atenção, demora ou mesmo falta de resposta às questões, críticas, sugestões e ideias ali postadas.

10. Integre: Todos os seus materiais promocionais (*folders*, sites, cartões de visita, assinaturas de e-mail etc.) precisam integrar os seus endereços eletrônicos nas redes sociais. E todas as mensagens de vendas e de posicionamento estratégico da sua empresa e do seu negócio precisam estar congruentes, ou seja, de nada adianta ter uma mensagem e um posicionamento nas redes sociais e outro absolutamente distinto nos *folders* e materiais de divulgação. Consistência é o nome do jogo.

Ferramenta prática: crie ainda hoje a sua página (*fanpage*) no Facebook e, em um segundo momento, seu blog

Você sabia que o Facebook permite que você mesmo crie uma página do seu negócio ou sua própria página (para quem é profissional autônomo, palestrante, professor, figura pública)? Sim, e estas páginas têm se mostrado um instrumento de marketing eficaz neste mundo cada vez mais social em que vivemos. Ainda que com as recentes mudanças realizadas pelo Facebook nas *Facebook Pages* que privilegiam os anúncios pagos, este é um recurso muito importante para você impulsionar a exposição das ofertas dos seus produtos e serviços. Abaixo eu compartilho três dicas práticas para a criação da sua página no Facebook:

1. No link a seguir você encontrará um passo a passo para criar sua página: www.facebook.com/pages/create.php

2. Depois de criar sua página e atingir mais de 25 fãs, você poderá dar o nome à sua página (exemplo: www.facebook.com/josericardonoronha). Tenha muito cuidado, pois uma vez definido, este nome não pode mudar.

3. Para conquistar fãs, disponibilize sempre conteúdos relevantes que atraiam a atenção do seu público-alvo. E não custa também pedir o apoio sempre fundamental de seus amigos e familiares para que eles te acompanhem com regularidade e que, principalmente, compartilhem seus *links* com suas respectivas listas de contatos.

Para maximizar a sua presença neste mundo mais "social", crie também o seu blog, tendo em mente estes três objetivos principais:

1. Aumentar sua visibilidade.
2. Incrementar sua credibilidade diante do seu mercado.
3. Gerar novos *leads* para suas vendas.

A minha indicação é o excelente *Wordpress* (www.wordpress.com), que é gratuito. Abaixo, eu compartilho com você quatro dicas poderosas para ter sucesso com seu blog:

1. O ideal é que você adquira um *domínio.com* (pelo próprio Wordpress) ou idealmente um *domínio.com.br*, o que se dá através do *site* do Registro de Domínios para a internet no Brasil (www.registro.br). O investimento é baixo e vale a pena.

2. Seja cuidadoso ao selecionar o tema do seu blog no Wordpress. Alguns temas são excessivamente lúdicos e outros muito coloridos. O ideal é um tema que tenha uma característica mais orientada a negócios e que esteja também aderente às cores predominantes do seu logotipo.

3. Conecte o seu blog às redes sociais que já estiver presente, o que facilita e muito a pulverização das suas mensagens.

4. Poste regularmente (ao menos uma vez por semana) artigos, dicas e ideias que tenham relevância ao seu público-alvo.

Ao finalizar seu blog ou o da sua empresa, tenha em mente algumas práticas de sucesso para transformá-lo em um poderoso instrumento de construção da sua imagem e principalmente de geração de novas vendas. Abaixo eu elenco cinco práticas que tenho certeza lhe serão bastante úteis:

1. **Conteúdo e relevância:** Certifique-se de que o conteúdo das suas mensagens e artigos tenha absoluta relevância para o seu público-alvo. Neste processo, quão maior for o seu entendimento sobre as necessidades e problemas enfrentados pelo seu público-alvo, maiores serão as chances de criar mensagens realmente relevantes que gerem interesse. Aliás, um estudo realizado pela PwC (que é uma das maiores clientes da minha consultoria Paixão por Vendas) em 2014 indicou que os dois fatores mais importantes para que as pessoas cliquem nos artigos que lhes são disponibilizados através de aplicativos móveis são exatamente o conteúdo e a relevância.

2. **Palavras-chave:** Ao final de cada mensagem, tenha o cuidado necessário de incluir as palavras-chave que farão com que seus *posts* sejam mais facilmente localizáveis pelas ferramentas de pesquisa (Google, Bing etc.). Limite o número de palavras e expressões-chave a um máximo de vinte, para não ser prejudicado pelos mecanismos do Google, especialmente que não privilegiam artigos com muitas *tags*.

3. **Objetivo específico:** Para toda nova postagem, você precisa ter em mente um objetivo específico. Se, por exemplo, você trabalha no mercado

imobiliário e quer falar sobre a importância da documentação no processo de obtenção de financiamento imobiliário, seja o mais específico e didático que puder (havendo a possibilidade, inclua gráficos, imagens e *bullets* que facilitem a compreensão) e nunca se esqueça de que isso vai te ajudar a aumentar sua visibilidade e, principalmente, posicionar-se como alguém especialista e de grande credibilidade em sua área específica.

4. **Concisão:** Tempo é um ativo cada vez mais precioso e raro a todos. Por isso mesmo, foque seus melhores esforços na postagem de artigos relevantes, bem organizados e que agreguem novas informações de valor ao seu público-alvo. Especialistas e pesquisas afirmam que o ideal é que seus artigos tenham entre quatrocentas e seiscentas palavras.

5. **Consistência:** O blog vai ser um canal de contato frequente com seus clientes. Por isso mesmo, é fundamental ter a disciplina de postar sempre. Comece com uma postagem por semana, depois evolua para duas e não se esqueça de responder todas as mensagens que receber por este importante canal de comunicação.

Resumo

Vivemos em um mundo cada vez mais "social" onde as inúmeras redes sociais ocupam gradativamente um lugar expressivo em nossas vidas. Embora ainda estejamos em um período embrionário de utilização das redes sociais como ferramentas de vendas e marketing, a presença neste "mundo social" é fundamental para que você e sua empresa ampliem não apenas suas vendas propriamente ditas, mas principalmente sua visibilidade, sua reputação e sua credibilidade diante dos clientes e dos mercados-alvo que vocês servem.

Várias ferramentas como o Facebook e os blogs são poderosos recursos que podem incrementar os seus negócios e criar um posicionamento competitivo muito mais diferenciado exatamente em virtude de ainda serem poucas as empresas que têm estratégias realmente bem definidas de utilização desses novos meios. Estar presente nas redes sociais dá trabalho, mas o resultado compensa! Pode acreditar!

COMPROMISSO PESSOAL

Meu compromisso pessoal diante das vendas nas redes sociais é:

_____

_____

_____

_____

_____

40

Como eu faço para criar uma estratégia de conteúdo?

> A qualidade do conteúdo que você oferece aos seus clientes é diretamente proporcional à percepção de valor que eles terão sobre você. Portanto, capriche!

Muitos profissionais e empresas ainda insistem em vender seus produtos e serviços única e exclusivamente através das formas mais tradicionais. Em especial no mundo dos serviços, vimos emergir ao longo da última década o conceito do "marketing de conteúdo" ou do "marketing digital", que permite que você prospecte melhor e venda suas soluções através de ferramentas como blogs, redes sociais e plataformas de vídeos que irão pulverizar as suas mensagens estratégicas pelo mercado em um conceito muito mais focado em educar seu cliente sobre os benefícios da sua solução e dos seus produtos e, principalmente, sobre como a sua empresa é a melhor para resolver os problemas dos seus clientes.

Em um mundo caracterizado por clientes muito mais exigentes e repletos de opções à sua frente, o que hoje se percebe é que o cliente tem um poder muito maior do que o do vendedor e que este desequilíbrio de forças só tende a aumentar, exatamente em virtude de ele ter à sua disposição muito mais informação do que aquele cliente de 15 ou 20 anos atrás, que tanto dependia da figura do vendedor para educá-lo a respeito das suas próprias demandas e desejos, produtos e serviços que vendia. Hoje é o cliente que na grande maioria das vezes define o que quer, da forma que quer, de quem quer consumir e com quem quer se relacionar. Por isso mesmo, conhecer mais sobre marketing digital é tão fundamental, especialmente para todos nós profissionais de vendas, justamente por tanto necessitarmos entender melhor o novo comportamento de compra dos nossos clientes a fim de levar até eles nossos produtos e serviços, fazendo uso das mais eficazes tecnologias disponíveis. Além disso, uma bem executada estratégia de marketing de conteúdo permite que você se aproxime ainda mais do seu público-alvo, que identifique novas necessidades para incrementar a sua oferta de produtos e serviços e, sobretudo, que se diferencie dos seus concorrentes exatamente por meio desta maior proximidade que lhe permitirá mantê-los o tempo todo engajados com você e com sua empresa.

Alguns dados[22] muito legais fornecidos por uma empresa líder global em estratégias de *Inbound Marketing*, que é a HubSpot, a serem considerados para enaltecer a importância de uma boa estratégia de marketing de conteúdo:

- O custo das estratégias de *Inbound Marketing*, definido basicamente pela ideia de criar conteúdos de qualidade para públicos-alvo bem definidos utilizando estratégias de marketing *on-line*, é 62% mais econômica que as estratégias tradicionais de *Outbound Marketing*, que corresponde ao "velho marketing", onde produtos e serviços são muitas vezes "empurrados" para os clientes.

- Empresas que possuem blogs têm 97% mais *links* para o seu site.

- 57% das empresas que utilizam blogs indicaram que conquistaram novos clientes a partir de *leads* (oportunidades de negócios) gerados a partir dos seus blogs.

- 85% das empresas indicaram que seus blogs são úteis, importantes ou críticos para seus negócios.

Abaixo eu compartilho cinco dicas preciosas para colocar sua estratégia de marketing de conteúdo no ar:

1. **Target:** Selecione o público-alvo que pretende atingir, lembrando de que quão melhor definido ele estiver, mais facilidade você terá para construir as mensagens a ele direcionadas.

2. **Meios:** Selecione os meios. Como já disse e aqui reforço, blogs e redes sociais vêm se mostrando ferramentas cada vez mais poderosas de compartilhamento de informações e de engajamento frequente com os clientes. Quanto mais eficazes forem suas mensagens, maiores serão também as chances de elas serem compartilhadas com outros milhares de pessoas que possam se interessar por suas soluções.

---

[22] Disponível em < http://www.hubspot.com/marketing-statistics>. Acesso em 24 out. 2014.

3. **Relevância:** Certifique-se de que todas as suas mensagens sejam absolutamente relevantes para os desafios enfrentados pelos seus clientes, potenciais clientes e públicos os quais pretende atingir. Concisão e objetividade são componentes essenciais para atrair a atenção.

4. **Regularidade:** Crie uma estratégia de publicação regular e atrelada aos pontos principais dos quais você deseja utilizar para "educar" seu mercado. O ideal é criar um calendário mensal com os principais tópicos e com os principais objetivos. Exemplo para uma empresa que vende serviços de hospedagem na "nuvem": 1ª postagem do mês: falar da maior segurança destes processos *versus* os já tradicionais arquivos gravados em discos rígidos ou *backups* corporativos. 2ª postagem do mês: compartilhar um *case* de sucesso de um cliente que migrou para a "nuvem" e que incrementou a produtividade do time de vendas com esta ação. 3ª postagem do mês: falar sobre os riscos associados à perda de informações estratégicas em virtude da falta do *backup* automático oferecido pelos serviços em nuvem. E assim por diante.

5. **Gestão:** Inclua um mecanismo de captação dos e-mails e dados de contatos dos visitantes nos veículos selecionados para sua estratégia de marketing de conteúdo. Uma dica de ouro aqui é criar uma *newsletter* gratuita, onde você irá se comprometer com seus seguidores de sempre lhes enviar notícias e informações verdadeiramente relevantes para suas necessidades. Tome o cuidado necessário para não encher a caixa postal dos seus contatos com propostas de vendas que não tragam em seu escopo alguma informação relevante e valiosa para eles.

Dá muito trabalho, mas funciona!

Resumo

Para brilhar no mundo cada vez mais conectado e social no qual vivemos, é fundamental investir um tempo na construção de sua estratégia de marketing de conteúdo. Siga estes 5 passos básicos para fazer o seu conteúdo trabalhar para você:

- Target: escolha corretamente o público que quer conversar;
- Meios: defina os meios que irá utilizar;

- Relevante: faça com que todo o seu conteúdo seja relevante para quem lê;
- Regularidade: poste com frequência;
- Gestão: o que não poder ser medido, não pode ser gerenciado.

COMPROMISSO PESSOAL

Meu compromisso pessoal diante da criação de uma estratégia de marketing de conteúdo é:

_____

_____

_____

_____

_____

41

Como eu faço para vender mais por e-mail?

> E-mail é familiar. É confortável. É fácil de usar. Mas pode ser apenas o maior assassino de tempo e produtividade nos dias de hoje.
>
> *Ryan Holmes*

Você já parou para calcular o número de e-mails que você recebe todos os dias com alguém do outro lado da rede tentando lhe vender algo? Falo não apenas da venda como convencionalmente a chamamos e que se caracteriza pela comercialização direta de um determinado produto ou serviço, mas também da "venda" de ideias, do pedido de atenção para um assunto específico ou da busca do seu engajamento em torno de algo que o seu interlocutor deseja e precisa te envolver. Falo do que o autor do excelente *Saber vender é da natureza humana*, Daniel Pink, denominou como "venda sem venda".

Agora pare por 1 minuto e reflita: o que faz você abrir um e-mail e rejeitar tantos outros? Em uma das mais recentes e extensas pesquisas[23] realizadas em torno deste tópico específico, os professores Jaclyn Wainer, Laura Dabbish e Robert Kraut, da prestigiada Universidade Carnegie Mellon, detectaram que um dos principais e mais importantes motivadores que aumentam o índice de abertura de e-mails é a frase-título (*subject*), que idealmente deve trazer algo útil ou curioso e que esteja diretamente relacionado ao escopo e "recheio" da sua mensagem. Nesta pesquisa eles descobriram os dois principais fatores que nos fazem prestigiar e priorizar alguns e-mails em detrimento a tantos outros que vão direto para a lixeira:

1. Utilidade: Conceito diretamente ligado a quanto aquele e-mail específico é útil, importante e necessário e o quanto ele afeta diretamente o trabalho de quem o recebe. Idealmente ele precisa trazer benefícios diretos

---

[23] Pesquisa: *Should I Open This E-mail? Inbox-level Cues, Curiosity and Attention to E-mail*, de Jaclyn Wainer, Laura Dabbish e Robert Kraut. Universidade Carnegie Mellon, 2011.

ao receptor, o que em vendas se traduz em informações relevantes para o negócio do cliente, e que estejam ligados às necessidades e aos problemas que o seu produto ou serviço se propõem a resolver.

2. Curiosidade: Com alguma surpresa, os pesquisadores descobriram que o fator "curiosidade" tem enorme peso como um motivador na abertura de um e-mail. Mensagens que tragam um nível moderado de incerteza em suas frases-título têm chances incrivelmente maiores de serem lidas. Pare e pense: é bastante possível que você já tenha aberto um e-mail de uma pessoa desconhecida que lhe enviou algo curioso e que imediatamente tenha capturado sua atenção em virtude da relevância para a sua vida e para o seu trabalho.

Concisão, objetividade e criatividade são elementos mais do que essenciais para tudo o que todos nós vendedores fazemos todos os dias, certo? E para escrever e-mails realmente "vendedores", estes três elementos são ainda mais fundamentais, pois são eles os responsáveis diretos por atrair a atenção do seu interlocutor e fazê-lo dedicar os já preciosos e raros minutos do seu tempo na leitura do seu e-mail face às outras centenas de mensagens – que invariavelmente vão descansar em paz em suas lixeiras e que, infelizmente, podem tornar nosso trabalho de prospecção e de construção de relacionamentos ainda mais custoso se os clientes decidirem "sepultar" nossos e-mails também.

Além das preciosas dicas acima, eu compartilho outras cinco dicas muito eficazes para aumentar o sucesso das suas vendas através do e-mail:

1. Personalize: É sempre fundamental reforçar que seus e-mails sejam os mais "pessoais". Trate cada cliente pelo nome (ainda que o faça através da utilização de soluções de e-mail marketing).

2. Relevância: Busque sempre recompensar seus leitores com informações e dicas que sejam realmente preciosas e que lhes permitam, além de agregar novos conhecimentos, incrementar a sua reputação e credibilidade diante deles. Busque sempre "educar" seus clientes, especialmente sobre os benefícios, vantagens e diferenciais competitivos do seu produto ou serviço. Cite exemplos de sucesso idealmente de empresas do mesmo mercado ou que enfrentem problemas similares ao do seu cliente.

3. Empatia: Demonstre sempre que você entende as preocupações e necessidades do seu cliente, e que quer de forma genuína ajudá-los e servi-los.

4. Específico: Busque sempre ser o mais específico que puder. Frases-título menos específicas do gênero "Como melhorar suas vendas no mercado imobiliário" têm muito menos impacto que frases como "quatro dicas poderosas para vender mais imóveis".

5. Criatividade: Busque se diferenciar ao adicionar toques verdadeiramente pessoais como "abraços da linda, quente e sempre acolhedora Rio de Janeiro", por exemplo.

Resumo

Para todos nós que vendemos (todos somos vendedores, não custa lembrar), é fundamental encararmos o e-mail como um meio extremamente eficaz de venda e de relacionamento com nossos clientes. Por isso tenha o maior cuidado ao redigi-los, pois quanto mais úteis e curiosos eles forem para quem os receber, maiores serão as chances de eles serem lidos e de gerarem o interesse do seu cliente pelos produtos, serviços e soluções que você vende.

Dica prática 1

Dez passos para um e-mail nota 10

Abaixo eu compartilho dez passos de aplicabilidade instantânea para você melhorar a qualidade dos seus e-mails e para transformá-los em um poderoso aliado para vender mais e melhor.

1. Pense antes de escrever, revise e edite quantas vezes necessárias forem. Erros de português e vícios de linguagem como o abominável

Vendas: como eu faço?

gerundismo (*vou estar enviando* ou *vou estar ligando*) só servem para destruir sua credibilidade.

2. Assunto atraente: personalize, seja criativo e evite termos "*spam*". Lembre-se sempre dos conceitos de "utilidade" e "curiosidade".

3. Seja simples e objetivo. Quanto mais curto, relevante e útil, melhor.

4. Crie empatia ao citar tópicos de interesses específicos do cliente.

5. Revise os tópicos discutidos previamente. Isso é ainda mais válido para *follow-ups* de reuniões, ligações telefônicas e outras interações com o cliente. Ao final deste capítulo, leia com atenção a "dica bônus" sobre a importância do *follow-up*.

6. Cite casos e histórias de sucesso e ofereça *links* para estes materiais. Isso ajuda e muito a mostrar *expertise*, credibilidade e para tornar o e-mail mais leve também.

7. Envie os anexos apropriados. E evite o quanto puder os anexos desnecessários, grandes e inúteis.

8. Seja claro em relação aos próximos passos e evite o quanto puder o: "Aguardo seu retorno". O ideal é dizer algo proativo como "entro em contato na próxima terça-feira" ou algo ainda mais específico como "se tiver interesse em entender melhor como temos ajudado empresas da sua indústria e de porte bastante similar, eu lhe enviarei um estudo de caso".

9. Monitore o sucesso dos seus e-mails através do número de respostas que obtiver. E se puder e já contar, registre tudo em um sistema ERP ou CRM

10. Responda prontamente seus e-mails.

Dica prática 2

Follow-up: *o elemento que separa os vendedores dos perdedores*

Quero aproveitar este capítulo específico sobre vendas por e-mail para compartilhar com você alguns dados de uma extensa pesquisa realizada nos Estados Unidos sobre a importância fundamental do *follow-up* para o tão sonhado sucesso em vendas:

Como eu faço para vender mais por e-mail?

- 48% dos vendedores não fazem *follow-up* com seus potenciais clientes.
- 25% dos vendedores fazem um segundo contato e então param.
- 12% dos vendedores apenas fazem um terceiro contato e então param.
- Apenas 10% dos vendedores fazem mais que três contatos.
- 2% das vendas são feitas em um primeiro contato.
- 3% das vendas são feitas em um segundo contato.
- 5% das vendas são feitas em um terceiro contato.
- 10% das vendas são feitas em um quarto contato.
- 80% das vendas acontecem entre o quinto e o décimo segundo contato.

Importante reforçar este último dado: se 80% das vendas acontecem entre o quinto e o décimo segundo contato e apenas 10% dos vendedores fazem mais que três contatos, ao fazer *follow-up* corretamente você já irá naturalmente se destacar da multidão e naturalmente incrementar sua produtividade em vendas. Uma dica prática que sempre utilizo e que ajuda e muito a fazer um *follow-up* bem-feito é a de sempre pedir ao cliente que entenda a sua persistência seja via e-mail, via telefone, ou via qualquer outra forma que seja, como o "mais legítimo e verdadeiro interesse em ajudá-lo", pois isso coloca o cliente sempre no centro das atenções. Frase simples e que, se colocada de forma legítima, demonstra ao cliente que você realmente quer ajudá-lo, seja na resolução de um problema a partir do seu produto ou serviço ou seja na realização do sonho do cliente.

É preciso também tomar cuidado para não fazer *follow-up* demais, pois isso pode demonstrar desespero, o que te distancia da figura do vendedor de valor que todos queremos ser e te aproxima da figura do vendedor chato que confunde a tão importante persistência com a, muitas vezes, indesejável insistência. Aliás, a linha entre um e outro é bastante tênue e só o tempo e muita prática lhe permitirão saber quando pressionar mais ou menos, levando sempre em consideração as peculiaridades de cada situação específica e, principalmente, o perfil de cada um dos seus clientes e potenciais clientes.

Minha última "dica de ouro" neste capítulo para te ajudar a fazer *follow-up* da forma mais eficiente possível e ver suas vendas se multiplicarem: use um *software* de CRM ou mesmo uma planilha de Excel (recurso que está longe de ser o ideal para este propósito específico, mas ainda é melhor que não registrar nada) para anotar todas e quaisquer interações que você tiver com seus clientes; e tenha a disciplina tão necessária de fazer o *follow-up* com eles o tempo todo. Persistência, disciplina e foco são características chave dos campeões de vendas!

Tenho certeza de que suas vendas e seus clientes lhe sorrirão! Sucesso!

BÔNUS: FERRAMENTA E DICAS PODEROSAS PARA E-MAIL MARKETING

Uma ferramenta valiosa e que lhe permite criar listas de e-mail marketing customizadas, personalizadas e com ferramentas de medição é o *Mailchimp* (www.mailchimp.com). E agora vem a ótima notícia: se a sua lista de clientes e *prospects* contar com menos de 2 mil assinantes, o serviço é absolutamente gratuito e lhe permite enviar até 12 mil e-mails ao mês.

Quatro "dicas de ouro" para melhor utilizar o *MailChimp*:

1. Antes de enviar a primeira campanha oficial que só deve conter os e-mails de pessoas que assinaram ou concordaram em receber suas mensagens, faça inúmeros testes com seus próprios e-mails pessoais e de amigos e familiares que possam lhe prover de *feedbacks* construtivos.

2. Antes de pensar em utilizar os *templates* mais bacanas disponibilizados pelo *MailChimp*, cuide dos dois principais elementos da sua mensagem, que são a frase-título e o conteúdo da mensagem propriamente dita.

3. Monitore com a maior atenção do mundo os gráficos de desempenho das suas campanhas para entender quais são as campanhas e frases-título de maior sucesso. Quão melhor for esta análise, melhores serão todas as suas próximas campanhas.

4. Siga todas as dicas deste capítulo e tenha a disciplina necessária de monitorar o sucesso de todos os seus e-mails.

COMPROMISSO PESSOAL

Meu compromisso pessoal diante das vendas por e-mail é:

_____

_____

_____

_____

_____

42

Como eu faço para vender mais por telefone?

Vendemos o tempo todo. E o fazemos através de reuniões presenciais e mesmo canais mais tradicionais, como lojas e comércio eletrônico. Em todos eles o telefone se faz presente o tempo todo, em especial agora que temos à nossa disposição celulares cada vez mais modernos, completos e que se tornaram poderosos aliados para incrementar nossa produtividade e nossas vendas. No entanto, ainda é raro encontrar especialmente em empresas de pequeno e médio porte, processos e técnicas de prospecção, atendimento e relacionamento com clientes via telefone realmente capazes de conseguir incrementar, de forma mensurável, a performance em vendas.

Abaixo eu compartilho dez dicas práticas e poderosas para vender mais por telefone:

1. **Sorria:** Seja sempre polido e amigável e preferencialmente sorria ao telefone. *Como é que é, Zé? Sorria?* Sim, isso mesmo, sorria, pois certamente a pessoa que conversa com você irá perceber e sentir esta gentileza.

2. **Treine:** Tenha um *script* pronto para, idealmente, contemplar potenciais objeções as quais você acredita que irá enfrentar, mas seja o mais flexível que puder, para não parecer aqueles atendentes de *call center* que não lhe deixam falar, e mais parecem robôs. Lembre-se de que, se as pessoas já costumam se queixar da falta de atenção nos contatos presenciais, isso se mantém constante nos contatos telefônicos. Um exercício que lhe sugiro aqui é pedir aos seus amigos e familiares para entrarem em contato com você e testarem a eficácia do seu *script*, no intuito de te ajudarem na melhoria das potenciais falhas detectadas. Outra dica importante para quem vende através de *cold calls*: os 15 primeiros segundos são absolutamente essenciais para capturar e conquistar a atenção do cliente. Por isso mesmo, treine muito e busque de todas as formas que puder conhecer mais sobre o perfil do seu cliente.

3. Foque: Aprendi com o meu amigo e parceiro no Projeto EProdutivo (www.eprodutivo.com), Christian Barbosa, que não somos seres "multitarefas". Portanto, quando estiver ao telefone com alguém dedique 100% da sua atenção àquela ligação. Minimize todas as distrações como programas de mensagens instantâneas, redes sociais, celular, e-mail etc. Tudo deve estar desligado, com exceção do programa de CRM que, se estiver sendo utilizado, requer que você informe à outra parte, o que, aliás só serve para mostrar e ressaltar a importância daquela ligação para vocês dois.

4. Pergunte: Tenha um bom repertório de perguntas que lhe permitam entender melhor as necessidades dos clientes e mostrar a eles o quão importantes eles são para você e sua empresa. O capítulo 34, p. 267 se dedica exclusivamente à tarefa de lhe ajudar a incrementar a qualidade e eficácia das suas perguntas em vendas.

5. Ouça: Tópico já bastante abordado ao longo de toda esta obra e aqui mais uma vez se faz presente. Ouça com a máxima atenção possível e busque anotar e sintetizar os principais tópicos de cada conversa telefônica. Tenha especial paciência diante de clientes chateados e lembre-se de que estas são oportunidades singulares para você incrementar a lealdade deles com você e com sua empresa.

6. Registre: Falamos ao telefone o tempo todo. Ao final do mês, certamente são centenas de ligações que desafiam a nossa capacidade de armazenamento de tanta informação importante e relevante em nossos cérebro. Por isso mesmo, registre em um *software* de relacionamento com cliente ou mesmo em uma planilha eletrônica todas as suas conversas e busque sempre conectá-las com a atividade seguinte, que é ligar novamente, ou enviar um e-mail ou encaminhar uma proposta.

7. Pratique: Pouquíssima gente faz isso, o que te abre uma possibilidade real de criar um diferencial competitivo importante. Antes de ligar para seus clientes, treine o quanto puder com seus colegas de trabalho e tente usar os mesmos gestos e linguagem corporal que usaria em uma reunião presencial, pois isso facilita e muito na inclusão do fator emoção tão essencial também nas ligações telefônicas. Se puder, grave estas conversas e as revise quantas vezes necessário for até atingir o ponto ideal. Outro exercício prático que aqui lhe indico é gravar sua voz e seu discurso de vendas para que você mesmo busque melhorar as palavras e expressões utilizadas e, principalmente, ajustar o tom de voz, pois pesquisas afirmam que na comunicação por telefone 27% corresponde às palavras e 73% ao tom de voz.

8. **Antecipe:** Dica especialmente importante para quem prospecta por telefone. Antes de ligar envie algumas informações importantes por e-mail (*vide* capítulo 42, p. 319, que aborda as melhores técnicas de vendas por e-mail), sempre ressaltando o quanto elas podem ajudar o seu cliente a resolver um problema específico. Neste e-mail informe a data e o horário que você vai ligar.

9. **Responda:** De nada adianta empreender seus melhores esforços para melhorar a qualidade das suas ligações telefônicas, se você demorar para responder aos recados dos seus clientes. Retornar prontamente as ligações demonstra profissionalismo, eficiência e interesse genuíno em ajudá-los.

10. **Feche:** A habilidade que ainda precisa ser muito trabalhada e incrementada por muitos é a do fechamento de vendas por telefone. Esteja atento a todos os sinais que o cliente dá ao longo da ligação telefônica e não tenha receio de, nos momentos considerados mais apropriados, fechar a venda. Questione se todas as potenciais objeções (*vide* o capítulo 28 p. 223) foram suprimidos e pergunte se ele está pronto para fechar a venda. Dê atenção especial também a questões como: "Quando vocês podem instalar isso?" ou "Quando eu poderei receber este produto em casa?", que demonstram que o cliente está pronto para comprar. É em momentos assim que você está mais do que pronto para partir para o tão sonhado fechamento. Se o cliente ainda não estiver pronto para seguir adiante, certifique-se de agendar o próximo passo que pode ser uma nova conversa telefônica ou uma reunião presencial.

Resumo

Falamos e vendemos ao telefone o tempo todo. E na maioria das vezes ainda o fazemos sem técnica e sem a devida preparação. O telefone é um instrumento superpoderoso para vender mais e melhor. E para fazer isso é importante colocar em prática as inúmeras dicas deste capítulo que incluem:

1. Sorria.
2. Treine.
3. Foque.
4. Pergunte.
5. Ouça.
6. Registre.
7. Pratique.
8. Antecipe.
9. Responda.
10. Feche.

DICA PRÁTICA: EVITE OS SEIS GRANDES PECADOS DO ATENDIMENTO TELEFÔNICO

Para todos nós que estamos em vendas e no mundo dos negócios, falar ao telefone faz parte do nosso cotidiano. Por isso mesmo é tão importante ter todo o cuidado necessário para evitar os seis pecados do bom atendimento telefônico:

1. *Empresa xyz, bom dia!* Pecado: Não se identificar. Pessoas compram de pessoas. Por isso é tão importante se identificar e tornar o contato o mais pessoal possível.

2. *Como é seu nome mesmo?* Pecado: Não anotar e prestar atenção aos dados do cliente.

3. *Só um minutinho.* Pecado: Fazer o cliente esperar e atender várias chamadas.

4. *Querido(a)...* Pecado: Demonstrar excesso de intimidade sem antes entender o perfil de cada cliente e seu perfil psicológico.

5. *Não é possível!* Pecado: Descontrole emocional. Quantas não foram as vezes em que você foi atendido por alguém que ainda bravejava quando lhe atendeu?

6. *Vou estar passando.* Gerundismo. Especialmente em *call centers*, este vício de linguagem virou uma praga e parece que só existe para nos deixar enfurecidos. Em vendas especialmente, onde buscamos evitar a todo custo a procrastinação, o uso do gerundismo só atrapalha no andamento e na aceleração do ciclo de vendas. Você está me entendendo?

E para te ajudar ainda mais a prover um atendimento telefônico realmente eficaz a todos os seus clientes, eu compartilho mais uma "dica de ouro". Inclua três elementos essenciais: cumprimento, identificação e auxílio. "Alô, bom dia! Você ligou para a Paixão por Vendas. Meu nome é José Ricardo. Como posso ajudá-lo?"

COMPROMISSO PESSOAL

Meu compromisso pessoal diante das vendas por telefone é:

_____

_____

_____

_____

_____

43

Como eu faço para medir a satisfação dos meus clientes?

> Você não ganha a lealdade dos seus clientes em um dia. Você a ganha dia a dia.

Facebook, YouTube, LinkedIn, Twitter e tantas outras ferramentas sociais já fazem parte das nossas vidas e do nosso cotidiano. Compartilhamos nossas fotos, sonhos, princípios, valores, propósitos, ideias e ideais com o mundo através de simples cliques que tem o poder de atingir em pouquíssimo tempo milhares, e, muitas vezes, milhões de pessoas. Compartilhamos também nossas experiências e percepções positivas e negativas sobre produtos, serviços, pessoas e políticos, o que nos transforma em fontes geradoras de informação e conhecimento e o que desafia as empresas, empresários, profissionais e governantes a adotar posturas cada vez mais criteriosas e cuidadosas no que diz respeito aos produtos e serviços oferecidos ao mercado e à comunidade em geral.

Já vimos governos caírem muito em virtude da intensa mobilização vinda das redes sociais (exemplo: Primavera Árabe). Já vimos empresas sumirem do mapa em virtude do desrespeito escancarado aos seus consumidores no mundo social. E já vimos também surgirem empresas de enorme sucesso e grandes fenômenos *pop* que foram catapultados à fama e ao sucesso muito em virtude de boas estratégias de marketing social. Enfim, vivemos hoje a "era social", nesta era em que hoje vivemos há um grande fenômeno incorporado que merece toda a atenção de nós, vendedores e profissionais de mercado. E este fenômeno responde pelo nome de "recomendação". Sim, querido leitor que me honra com a leitura deste livro, no mundo das vendas e dos negócios, um dos componentes mais fundamentais que podem alavancar o sucesso de um negócio e muitas vezes também afundá-lo é a "recomendação".

Se um cliente é mal atendido por um vendedor mal preparado e infeliz por fazer algo que não gosta (ajudar clientes na resolução de seus problemas e na realização de seus sonhos), quem perde não é apenas a loja ou a unidade de negócios em que ele atua ou representa. Quem perde ainda mais é a empresa, que tem um dos seus ativos mais valiosos e preciosos – sua "marca" – diretamente afetado em virtude da má experiência de um(ns) cliente(s) que compartilha(m) com o mundo a sua experiência negativa, criando um desafio gigantesco de gestão de crises (área que muitas grandes empresas ainda negligenciam).

Se de um lado a má experiência é compartilhada com uma velocidade feroz, e muitas vezes incontrolável e onde os prejuízos são incalculáveis, de outro, a boa experiência tende a ser compartilhada com um número bem menor de pessoas. Por isso mesmo, invista em seus clientes mais leais e satisfeitos e transforme-os em verdadeiros embaixadores e vendedores seus e da sua empresa. Transforme-os em fãs!

Neste capítulo, eu vou compartilhar com você dicas sensacionais para implementar em sua empresa uma das mais modernas e eficazes ferramentas de aferição da lealdade dos seus clientes: o NPS. Tenho certeza de que você vai se surpreender com tantas informações preciosas que vão te ajudar não apenas a vender mais, mas, e principalmente, a criar clientes muito mais fiéis que garantirão um sucesso muito mais sustentável e de longo prazo para o seu negócio, além de lhe garantir inúmeras recomendações. Vamos em frente?

NPS, O QUE É ISSO, HEIN, ZÉ?

É bem possível que você esteja aí pensando: *Mas, Zé, como é que eu faço isso, hein?* Uma das maneiras mais eficazes é aplicar a metodologia *Net Promoter Score* (NPS, ou *Índice de Satisfação de Clientes*, em tradução livre) que é uma medida de satisfação e lealdade dos seus clientes. A aplicação é relativamente simples: pergunte aos seus clientes em uma escala de 0 a 10 quanto eles recomendariam o seu serviço ou produto a um colega ou amigo. Os clientes com os mais elevados níveis de satisfação (9 e 10) são chamados de *promoters* (promotores) pela metodologia criada em 2002 por Frederick Reichheld, da renomada e respeitada consultoria Bain &

Company. Já os menos satisfeitos (0 a 6) são os *detractors* (detratores ou difamadores) e os *passives* (passivos ou neutros) ocupam os níveis do meio (7 e 8). O NPS é obtido através da diferença entre os promotores e detratores através de uma conta bastante simples:

Promotores - Detratores = Índice de Satisfação de Clientes (NPS)

A figura abaixo é bastante elucidativa e lhe será muito útil para explicar a todos os profissionais da sua empresa como funciona a metodologia de medição de lealdade de clientes NPS:

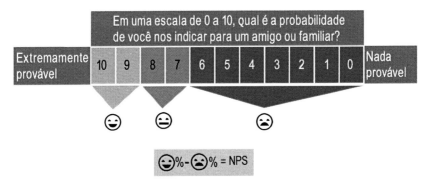

Se você teve, por exemplo, 70% de clientes promotores, 20% de neutros e 10% de detratores, o seu NPS será 60% (que é um excelente resultado). Como parâmetro, um excelente NPS vai de 50 a 80, e este deve ser o objetivo a ser perseguido por você e pela sua empresa.

Quanto maior for o NPS, maior será o nível de satisfação dos clientes e, consequentemente, as chances de se obter um sucesso ainda maior em seus negócios e vendas, tudo em virtude da excelência na oferta dos seus produtos e serviços em seu mercado específico, o que cria clientes tão leais que se transformam em verdadeiros embaixadores da sua marca.

Abaixo eu compartilho sete dicas muito legais (todas elas com dicas práticas extras para te ajudar ainda mais) para que você implemente uma estratégia de NPS na sua empresa (minha dica às empresas de médio e grande porte é a de pedir o apoio direto da sua equipe de marketing para montar uma estratégia de NPS mais estruturada, com metas e objetivos de melhoria previamente estabelecidos nos planos estratégicos da empresa):

Dica 1: rode a pesquisa propriamente dita

Rode uma pesquisa com seus clientes com a seguinte pergunta: "Em uma escala de 0 a 10, qual é a probabilidade de indicar meu produto ou serviço a um colega ou amigo?"

Dica prática: Para os clientes que frequentam seu negócio ou que são por você visitados com frequência, rode esta pesquisa em formulários em papel no qual você poderá pedir os dados de cada respondente e identificar muito mais facilmente os promotores, neutros e detratores. Para os demais clientes cadastrados em sua base de dados (o ideal é que estejam todos registrados em um CRM), utilize uma ferramenta gratuita e muito eficiente de pesquisas *on-line*, chamada Survey Monkey (www.surveymonkey.com) para te ajudar a entender melhor as demandas, necessidades e aspirações dos seus clientes bem como para aferir a sua satisfação e lealdade com a sua empresa.

Dica 2: identifique os promotores

Identifique os seus clientes promotores (9 e 10) e peça a eles que recomendem seus produtos, serviços e, muitas vezes, você mesmo em seus respectivos perfis no Facebook, LinkedIn, Twitter etc.

Dica prática: as ferramentas de pesquisa gratuitas como o Survey Monkey, indicado anteriormente, não te permitem enxergar quem respondeu as pesquisas. Por isso mesmo, é fundamental você colher as pesquisas em seu estabelecimento/empresa, nas visitas realizadas por você ou seus colegas aos clientes e sempre conversar pessoalmente com o maior número de clientes que puder(em), no intuito de entender como anda a satisfação deles com as experiências que você e sua empresa têm oferecido a eles.

Dica 3: peça recomendações

Não se restrinja apenas ao mundo virtual, peça aos seus clientes promotores que o recomendem pessoalmente junto às pessoas e empresas com as quais mantêm maior relacionamento, pois uma recomendação de um cliente satisfeito vale muito mais do que as caras, e muitas vezes impraticáveis, campanhas que utilizam de mídias tradicionais como TV, revistas, jornais, rádios, *outdoors* etc.

Dica prática: estabeleça como meta mensal pedir a recomendação de três novas empresas ou pessoas para três dos seus clientes mais leais e fiéis. Com isso, todo mês você terá nove novos potenciais clientes para o seu negócio, onde certamente o esforço de conquista e o CAC serão bem mais baixos e as novas experiências e relacionamentos muito mais prazerosos. Estes números são apenas sugestões e devem ser aumentados gradativamente. Tenho certeza de que você irá se impressionar com os resultados.

Dica 4: cuide com atenção dos detratores

Trabalhe com o mesmo afinco junto aos detratores (aqueles classificados de 0 a 6) para entender os motivos de insatisfação com seus produtos e serviços, lembrando sempre que vêm daí os grandes perigos que podem colocar em risco a sustentabilidade e o sucesso do seu negócio como um todo. A Apple, por exemplo, identificou através do monitoramento de seus índices anuais de NPS a oportunidade de melhorar a organização das filas em suas lojas – motivo de uma das maiores queixas dos *detractors*.

Dica prática: uma vez identificados os detratores, peça da forma mais humilde e cândida possível que eles compartilhem com você dicas e ideias sobre como melhorar o serviço e as experiências que você tem proporcionado a eles. Além de eles se sentirem muito mais importantes (como verdadeiramente o são), você irá coletar informações, ideias e práticas valiosas para incrementar seus processos.

Dica 5: dê uma superatenção aos neutros

Pergunte aos *neutros* o que falta incorporar em sua oferta de produtos e serviços prestados para transformá-los em fãs da sua empresa e trabalhe em parceria com eles para incrementar suas ofertas, endereçar os problemas e aumentar sua satisfação e lealdade com você e sua empresa.

Dica prática: para os clientes 7 e 8, é bastante possível que eles tenham uma visão muito valiosa para compartilhar com você, pois eles gostam da sua empresa e das experiências que têm com ela, mas ainda não se sentem encantados ao ponto de recomendar veementemente para amigos e familiares. Dê atenção redobrada a estes clientes e faça tudo o que puder para movê-los para os promotores.

Dica 6: divulgue os comentários

Tenha em seu *site* uma área de destaque para os comentários, depoimentos, testemunhos e estudos de casos dos seus clientes mais satisfeitos e encoraje seus *prospects* a consultar sempre seus clientes mais fiéis e satisfeitos.

Dica prática: em todas as suas interações com todos seus clientes, encoraje-os e peça sem ter medo de ouvir um "não" (vendedor que não saber ouvir "não" tem um problema sério) que eles entrem na seção de depoimentos do seu site, blog ou redes sociais para compartilharem suas experiências positivas. Na "era da recomendação" que todos vivemos, isso gera um resultado maravilhoso e o permite utilizar estes depoimentos positivos como uma poderosa ferramenta de marketing e conquista de novos clientes.

Dica 7: monitore sempre e nunca se acomode!

Posso lhe assegurar que todas as seis dicas anteriores são fundamentais para que você já comece a partir de já a monitorar o índice de lealdade e satisfação dos seus clientes com a sua empresa. No entanto, de nada elas valerão se você não criar mecanismos de controle e metas de crescimento do NPS do seu negócio. Minha sugestão é que você inclua, dentre os principais indicadores de performance da sua empresa, o NPS. Em muitos casos, ele começará negativo (o que na prática significa que sua empresa tem mais clientes insatisfeitos do que satisfeitos), o que deve acima de tudo lhe servir como estímulo para trimestre a trimestre, semestre a semestre e ano a ano (é muito difícil e não recomendado rodar pesquisas de NPS em uma base mensal) fazê-lo subir com metas previamente traçadas e devidamente acordadas com todos os departamentos e funcionários da empresa, pois, como sempre digo, a responsabilidade de atender bem, superar as expectativas, gerar experiências sensacionais de compra e, consequentemente, incrementar a lealdade dos clientes é de todos e não apenas dos vendedores e do pessoal diretamente envolvido com o atendimento ao cliente.

Resumidamente: entender, atender e encantar é responsabilidade de todos. Isso tudo só é possível com empresas que prezam pela ética, honestidade, princípios e valores grandiosos em tudo o que fazem e que possuem uma cultura voltada ao encantamento.

E lembre-se sempre: nunca se acomode! Cliente satisfeito hoje não é garantia de satisfação eterna, especialmente no mundo cada vez mais recheado de bons produtos, serviços e ideias em que hoje vivemos e onde a comoditização nos desafia todos os dias a sermos melhores e principalmente diferentes. Trabalhe de forma incansável para encantar ainda mais seus clientes, pois, assim, outro fenômeno chamado "boca a boca" (*word of mouth*, em Inglês) vai lhe ajudar a ganhar ainda mais clientes, mais sucesso e muito mais vendas! Dica prática: Pesquise o tempo todo, pois pesquisas servem não apenas para aferir a satisfação e lealdade dos nossos clientes, mas principalmente para "dar voz" aos seus clientes e permitir que eles façam e se sintam parte ativa na construção de uma empresa melhor para todo mundo e principalmente para eles.

Gigantes como a Apple, Citigroup, Dell, Ford, GE, Harley Davidson, HP, Intel, John Deere, Nike, P&G, Philips, Starbucks, Xerox têm utilizado o NPS como uma ferramenta de aferição da lealdade e satisfação dos seus clientes e também para entender onde estão os seus "calcanhares de Aquiles" (seus verdadeiros pontos fracos que, não por acaso no mundo da recomendação, são os que possuem maior potencial de se transformarem em grandes problemas para as empresas).

POR QUE FAZER TUDO ISSO, HEIN, ZÉ?

É bastante possível que você esteja neste momento se questionando se realmente vale a pena seguir todos os sete passos acima recomendados e dar início à estratégia de NPS em sua empresa para aferir a satisfação e lealdade dos seus clientes. O que posso lhe garantir desde já são duas coisas: a primeira é que todo o trabalho será bastante árduo e irá requerer o envolvimento direto de todos os departamentos da sua empresa. Não é fácil, mas vale a pena! A segunda é que uma vez implementada com sucesso, a sua estratégia de NPS terá impacto direto na melhoria de vários indicadores:

- Aumentar seus lucros e principalmente os "lucros bons" obtidos com clientes satisfeitos e leais.

- Diminuir os seus gastos com marketing.

- Trabalhar melhor suas estratégias de crescimento.

- Crescer de forma mais sustentável e com visão de longo prazo.

- Trabalhar com muito mais prazer e satisfação, pois se existe algo delicioso no mundo dos negócios e das venda é ver o quanto conseguimos ajudar e servir aos nossos clientes e mercados-alvo, fazendo, assim, a diferença positiva no mundo, algo que tantos sonham e poucos conseguem.

Tenho uma clara convicção que compartilho com as milhares de pessoas que assistem minhas palestras, cursos, aulas e que interagem comigo no dia a dia: o grande objetivo de toda e qualquer empresa e de todos nós vendedores vencedores é ter "fãs" e não clientes. Portanto, nesta "era da recomendação" em que vivemos, use as recomendações dos seus fãs (ou *promoters*, na metodologia NPS) para alavancar seus negócios, ganhar mais dinheiro e conquistar fãs ainda mais leais e ávidos por compartilhar suas experiências com amigos e familiares!

Resumo

Nesta "era social" em que vivemos, é fundamental que você sempre pesquise o índice de satisfação dos seus clientes. A metodologia NPS (*Net Promoter Score*) é uma das mais eficazes e comprovadas ferramentas de aferição do Índice de satisfação de clientes. Use, monitore e incremente seus processos para encantar seus clientes, pois ao final do dia a nossa grande missão é encantar nossos clientes, certo?

Ferramenta prática

Se você e sua empresa ainda não possuem uma ferramenta que lhes permita pesquisar constantemente o índice de satisfação dos seus clientes, eu indico a excelente Survey Monkey (www.surveymonkey.com), que em sua versão mais básica é absolutamente gratuita. Tenho certeza de que o bom e constante uso de ferramentas de pesquisa lhe fornecerá informações preciosas para incrementar não apenas seu atendimento, mas também seus produtos e serviços. Mãos à obra!

Leitura recomendada

Se quiser incrementar ainda mais o seu conhecimento sobre a metodologia NPS, eu lhe recomendo fortemente o excelente livro *A pergunta definitiva 2.0*, do autor Fred Reichheld, publicado no Brasil pela Editora Campus Elsevier.

Vendas: como eu faço?

COMPROMISSO PESSOAL

Meu compromisso pessoal diante das pesquisas de satisfação é:

_____

_____

_____

_____

_____

EIXO

GESTÃO DE VENDAS E LIDERANÇA

Como eu faço para definir a melhor estratégia de vendas para o meu negócio?

Vender ou encantar: eis a questão!

José Ricardo Noronha

É bem possível que você esteja neste momento pensando: *Vixi, será que o Zé ficou louco? Vender e encantar não são faces da mesma moeda?*

Não se preocupe, pois eu não enlouqueci. Ainda não! Vender e encantar são sim faces de uma mesma moeda, ou pelo menos deveriam ser. A verdade é que estamos diante de uma situação cada vez mais paradoxal onde quanto mais se vende, mais mal se atende, você concorda? Como é difícil encontrar empresas que tenham em seu DNA de existência a preocupação real em servir e ajudar os seus clientes.

Vimos ao longo das últimas décadas uma série de teorias, técnicas e processos de produção e vendas que surgiram ou foram aperfeiçoados – todos tendo por objetivos maiores vender mais e ganhar maior participação de mercado (*market share*). Ora, vejamos. Se recorrermos às três estratégias competitivas ensinadas por Michael Porter, perceberemos que o foco em vender mais e ganhar mercado se faz presente nas três estratégias apresentadas rapidamente logo abaixo, acompanhadas de uma rápida análise sobre o *gap* existente entre vendas e atendimento:

1. **Estratégia competitiva de custo:** Com foco em eficiência produtiva, melhoria contínua de processos, produção em larga escala e, principalmente, preço, empresas que adotaram, e ainda adotam, esta estratégia parecem se distanciar cada vez mais dos fundamentais elementos *atendimento* e *encantamento* como componentes de sua receita de sucesso. Muito embora o preço ainda seja um fator extremamente importante no processo decisório de compra de produtos, serviços e soluções, a tendência preponderante diante de um mercado cada vez mais exigente e comoditizado, com clientes muito informados e concorrentes super capacitados, é que os clientes passem a dar ainda mais valor no atendimento e no encantamento de clientes

como fatores igualmente determinantes para que eles consumam sempre os seus produtos e serviços ao invés de consumir os dos seus competidores.

Resumidamente: por mais que a sua estratégia seja claramente voltada ao baixo custo, ofereça um atendimento de excelência com foco absoluto no encantamento que gere recorrência e que lhe permita ter uma visão de perenidade do seu negócio. Se não fizer isso, posso lhe dar duas certezas: você vai ter que reduzir ainda mais os seus preços e o seu CAC (Custo de Aquisição de Cliente) vai ficar cada vez mais alto, o que prejudica enormemente a sua margem – já passível de ser bastante abreviada nesta estratégia.

Ação sugerida: Invista vigorosamente em capacitação e treinamento de todas as suas equipes de atendimento ao cliente (que em minha modesta visão deve incluir todos os departamentos da empresa, pois ao final do dia, todos estão em atendimento, certo?)

2. **Estratégia de diferenciação:** Uma estratégia com maior foco em pesquisa e desenvolvimento, bem como na criação de diferenciais competitivos reais que incrementem a sua oferta de valor e gerem clientes mais leais e fiéis às marcas. Aqui também percebemos que muitas empresas que adotaram esta estratégia específica têm cometido erros capitais em seu atendimento e estratégias de relacionamento com os clientes, muito em virtude do sucesso obtido com o crescimento das vendas, da maior participação de mercado (*market share*) – não tendo sido acompanhada dos devidos cuidados em melhor capacitação e formação de equipes que realmente encantem seus clientes – e, principalmente, em virtude do surgimento de inúmeros novos *players* (competidores) os quais trazem uma matriz de produtos e serviços muito melhores que os seus.

Ação sugerida: Treine, treine e treine! Quão mais diferenciado for o seu mercado específico, mais você precisará capacitar seus profissionais não apenas em novas técnicas de vendas, mas principalmente em uma série de habilidades relacionais (as chamadas *soft skills*), que incluem relacionamento interpessoal, inteligência emocional, comunicação e atitude, dentre outros elementos de igual importância.

3. **Estratégia de foco:** Uma estratégia com foco em nichos de mercado e necessidades bastante específicas. Desafio muito similar aos das empresas que adotaram a estratégia de diferenciação, as empresas desta categoria têm enfrentado uma concorrência cada vez maior, o que as força,

além de incrementarem ainda mais o seu entendimento acerca dos desafios, necessidades e problemas dos seus clientes-alvo, que também invistam de forma ainda mais vigorosa em estratégias de atendimento de excelência e encantamento de clientes, sempre com foco na retenção, recorrência e na maior lealdade dos clientes. Só assim conseguirão se proteger para assim se protegerem das ofertas cada vez mais similares de outros tantos *players*, os quais têm recorrido a esta estratégia que ainda oferece ótimos espaços e oportunidades de negócio.

Ação sugerida: Você já sabe, certo? Treine, treine e treine, pois a verdade é que pouco interessa a estratégia que você e sua empresa tenham adotado (custo, diferenciação ou foco). O que interessa de verdade é que vivemos a "era da experiência", onde clientes demandam cada vez mais um atendimento realmente diferenciado que se caracteriza por empresas que os ouçam, que os entendam, que os mimem, que os ofereçam produtos e serviços excelentes e que lhes proporcionem experiências inesquecíveis.

Enfim, para vender mais e melhor é preciso não apenas atender bem (isso todo mundo – ou pelo menos uma boa parte do mercado – já faz), mas principalmente encantar seus clientes. Se não fizer isso, você terá problemas cada vez maiores para conquistar e fidelizar seus clientes. Aliás, não custa lembrar que o objetivo de existência de todo e qualquer negócio não é ter clientes, e sim "fãs" que, de tão encantados com você e sua empresa, vão se transformar em seus embaixadores no mercado e os seus grandes vendedores! Pense nisso e invista em um atendimento encantador! O mercado irá lhe sorrir e suas vendas e lucros idem!

Resumo

Ter uma estratégia bem definida e que idealmente tenha foco em oferecer, além de bons produtos e serviços, um atendimento ao cliente de primeira, que transforme clientes em fãs, nunca foi tão essencial quanto agora. Não importa se você e sua empresa têm uma estratégia competitiva de custo, diferenciação ou nicho, pois ao final do dia todas as empresas buscam criar experiências de compra que gerem a tão fundamental recorrência propulsora de resultados e lucros muito mais previsíveis e sustentáveis.

E para criar clientes satisfeitos, encantados e recorrentes, é muito importante investir em treinamento. Se você é líder, invista incansavelmente no desenvolvimento das competências, habilidades, atitudes e comportamentos dos seus profissionais. Se você é profissional liberal, faça com que cursos, palestras, *workshops*, livros e outras fontes de conhecimento passem a fazer parte da sua vida, pois de nada vale uma boa estratégia se ela não tiver foco na pessoa mais importante para a existência do seu negócio: o cliente.

Exercício prático: liste três empresas que possuem uma estratégia de encantamento

Pare alguns minutos para pensar e liste três empresas que você é realmente "fã". Empresas que você é fiel e leal já há bastante tempo, as quais ao longo de todo o relacionamento sempre lhe ofereceram um atendimento sensacional, experiências de compra memoráveis e que verdadeiramente lhe tenham encantado ao ponto de você graciosamente recomendar tais empresas para seus amigos e familiares. Agora, anote logo abaixo os nomes destas três empresas. Não se preocupe se elas forem (o que é bem possível!) estabelecimentos pequenos que não necessariamente tenham os melhores produtos e serviços, mas que te tenham conquistado exatamente pela preocupação e foco no atendimento de excelência e no encantamento que todos buscamos em nossos relacionamentos.

Empresa 1: _____

Empresa 2: _____

Empresa 3: _____

45

Como eu faço para ter sucesso em todos os passos da venda?

> A disciplina é a ponte entre as metas e as realizações.
>
> *Jim Rohn*

Para te ajudar ainda mais em suas vendas e em sua vida, eu reuni um time de craques para fazer deste livro o seu melhor e mais completo "manual do vendedor", com dicas, técnicas e habilidades que, uma vez colocadas em prática, irão turbinar sua motivação e suas vendas. E nesta verdadeira "seleção" que eu chamei e que com tanto carinho fui contemplado, tem um craque das vendas que se chama Raúl Candeloro. O Raúl é fundador e editor da maior e mais importante revista de vendas do Brasil, a *VendaMais*, onde tenho o enorme orgulho de ser colunista. É, como este amigo vendedor, um evangelista das vendas que se dedica de corpo e alma a ajudar profissionais de vendas e marketing no Brasil e no mundo inteiro a se tornarem muito melhores através do incrível poder de transformação da educação de qualidade.

Ao amigo Raúl pedi que compartilhasse com todos nós 3 "dicas de ouro" em cada uma das etapas do ciclo de vendas que se iniciam com um bom planejamento e vão até o tão crucial pós-venda. Grande profissional e exímio vendedor que é, o Raúl não apenas nos brindou com 24 dicas para cada um dos *Passos da venda* (coleção de livros dele que indico a todos os profissionais), como também surpreendeu ao dividir comigo e com você outras oito "dicas bônus". Ou seja, a partir de agora, você aprende com um dos maiores especialistas em vendas do Brasil a vender mais (e melhor) com 32 dicas práticas, de aplicabilidade imediata e realmente espetaculares. Vamos a elas!

Passo da venda 1: *Planejamento*

1. Quinze minutos de planejamento por dia equivalem a 2 horas a mais de produtividade diária.

2. Faça uma lista ao final do dia de todas as pendências que ficaram para o dia seguinte. Não vá dormir com essa lista na cabeça – coloque tudo no papel, marque suas prioridades e vá dormir tranquilo.

3. Faça uma lista de coisas para parar de fazer. Ladrões de tempo, atividades que podem ser terceirizadas, coisas que não agregam valor ao seu processo de venda.

Dica bônus

Use a ferramenta 1/Meta/PCX/VA para organizar seus trabalhos diários de vendas.

1 – A sua prioridade número 1 para hoje. Qual a coisa mais importante a fazer?

Meta – Qual minha meta, em $$$, para o dia de hoje?

PCX – Quantos e quais *prospects*, clientes e ex-clientes vou contatar hoje?

VA – Para qual produto/serviço vou dar atenção especial fazendo vendas adicionais?

Passo da venda 2: *Prospecção*

1. Antes de sair prospectando novos clientes, defina quem é seu Perfil de Cliente Ideal (PCI). Faça uma lista com seus cinco melhores clientes, anote o que eles têm em comum e, baseado nisso, defina seu PCI. Quando for sair para prospectar, foco no PCI!

2. Crie um *script* de prospecção. Algo que seja curto e direto e que explique rapidamente:

- Quem é seu PCI (para que o cliente potencial já se identifique).
- Que tipo de problema você ajuda a resolver.
- O que faz os potenciais clientes se interessarem.

• Direcione naturalmente a conversa para uma potencial venda.

3. Esteja preparado para as objeções mais comuns. Na fase de prospecção, é comum muitos potenciais clientes já tentarem "cortar" rapidamente a conversa, sem dar uma chance do vendedor evoluir no relacionamento. Um vendedor de alta performance vai estar sempre preparado para as objeções mais comuns, com respostas inteligentes, rápidas e criativas que resgatam o interesse do cliente e permitem o avanço da conversa de vendas.

Dica bônus

Crie metas semanais de prospecção! Continue prospectando mesmo que esteja vendendo bem e nunca se acomode.

Passo da venda 3: ABORDAGEM

1. O passo mais importante da abordagem é o de estabelecer o *rapport*. Estabelecer *rapport* é a capacidade de criar um relacionamento baseado na harmonia, afinidade e confiança mútua. Os clientes definitivamente preferem comprar de vendedores com os quais têm sintonia!

2. Dicas para uma boa abordagem:
- Mostre verdadeiro interesse na outra pessoa.
- Sorria!
- Estabeleça contato visual sempre que possível.
- Use o nome da outra pessoa.
- Fale do que interessa ao cliente.
- Esteja 100% presente e valorize o cliente.
- Mostre disposição em ajudar e servir.

3. Evite os maiores erros de abordagem e já estará na frente de 99% dos vendedores no mercado:

Vendas: como eu faço?

- Mostrar interesse no cliente.
- Postura arrogante do vendedor.
- Falta de contato visual.
- Falta de entusiasmo.
- "Secura".
- Falar demais.
- Desrespeito e desvalorização do perfil do cliente.

Dica bônus

Na abordagem, a atitude correta é fundamental! Como diz Robin Sharma, autor do livro *O monge que vendeu sua Ferrari* – Editora Fontanar, "Servir é um presente que você dá a você mesmo".

Passo da venda 4: *Levantamento de necessidades*

1. Estado atual – estado desejado: Todo cliente que vai comprar de você está em um "estado atual" e quer chegar a um "estado desejado". Sua função como vendedor é descobrir onde o cliente está hoje e para onde ele/ela quer ir. A atitude certa no levantamento de necessidades é "Como posso ajudar a melhorar a vida deste cliente?" e não "O que posso vender para este cliente?"

2. O que estamos tentando descobrir exatamente no levantamento de necessidades? O que eu chamo de SEPAPIAG:

- **S**ituação do cliente.
- **E**xpectativas do cliente.
- **P**roblemas que ele/ela está tentando resolver (ou evitar).
- **A**profundamento (para entender melhor e confirmar expectativas, problemas e consequências).

- **P**reocupações (dúvidas em relação ao produto/serviço ou ao processo de compra).
- **I**rritadores (coisas que o cliente não gosta e/ou evita).
- **A**lternativas que o cliente pode estar analisando.
- **G**anhos/benefícios que ele/ela terá ao comprar de você.

3. Descubra também motivadores de compra do cliente. Motivadores de compra são as razões (os motivos) que estimulam e motivam um cliente a tomar uma decisão de compra. São cinco possíveis motivadores:

- Busca do lucro, da vantagem ou de um benefício.
- Medo de perda ou prejuízo.
- Evitar incômodos, dor de cabeça, sair da zona de conforto.
- Busca de reconhecimento, *status*, destaque.
- Realização ou satisfação pessoal.

Entender o que realmente motiva o cliente é fundamental para encaminhar as perguntas (e, por consequência, as conversas), fazendo com que o cliente sinta que seus motivadores de compra estão sendo entendidos e atendidos.

Dica bônus

Crie um roteiro padrão de perguntas que devam ser feitas para **todos** os clientes. Você vai soar muito mais profissional, além de melhorar muito o nível de satisfação e o atendimento a clientes.

Passo da venda 5: *proposta de valor*

1. Lembre-se de que a principal função do vendedor **não** é dar desconto. Se você parar para analisar o trabalho de alguns vendedores, parece que muitos deles consideram que sua principal função é negociar descontos. **Não** é! Isso é fundamental para começarmos corretamente a falar de proposta de valor. Note que o passo é proposta de valor, não proposta de

descontos, nem proposta de vantagens. Proposta de **valor**. A função do vendedor é valorizar o que vende para o cliente e representar sua empresa perante o cliente (e não o contrário – alguns vendedores acham que representam o cliente perante a empresa!)

2. Muitas vezes o que o cliente quer é "ganhar" alguma coisa, ou ter a sensação de que negociou bem. E isso nem sempre significa dar desconto. É fundamental entender isso para se fazer bem a proposta de valor e, principalmente, o próximo passo da venda que é a negociação (tema do nosso próximo módulo). Não vamos ainda nos aprofundar sobre isso agora, mas já fica a dica: muitas vezes o cliente quer ganhar algo, e isso nem sempre significa dar desconto. Aliás, dar desconto nessas horas é sinal de preguiça, falta de criatividade e baixa performance!

3. Coloque como objetivo pessoal fazer cada vez mais vendas baseadas em **valor**, e não em preço. O cliente vai sempre pedir desconto e querer comprar mais barato. Nossa função como vendedor é mostrar **valor** e que aquilo que ele está pagando é mais do que justo em troca de todo o valor e benefícios que está recebendo. Evite transformar você, sua empresa e seu produto/serviço em uma *commodity*. Muitas vezes o cliente até vai tentar fazer isso. Mas você não pode aceitar isso nunca. O produto pode até ser igual, mas o jeito de atender, o jeito de fazer negócios, o atendimento, nunca serão. Transforme-se você em grande diferencial.

Dica bônus:

Aprenda tudo que puder sobre os principais diferenciais e benefícios que os clientes têm ao comprar de você e utilizar seus produtos/serviços. Um vocabulário baseado em **valor** é fundamental para quem quer fazer esta etapa corretamente. Transmita com firmeza e segurança que você realmente acredita no valor do que está recomendando ao cliente (atenção especial à linguagem não verbal! Postura, voz, olhar).

Passo da venda 6: negociação

1."Negociação é quando as duas partes interessadas tentam influenciar uma à outra, fazendo trocas em busca da obtenção de um acordo."

Note algumas coisas importantes na definição:

- Duas partes interessadas […]
- Influenciando uma à outra […]
- Fazendo trocas […]
- Busca do acordo.

Uma boa Negociação em vendas vai passar necessariamente pelos quatro pontos. Uma negociação fraca vai "esquecer", ou não lidar corretamente, com um desses itens. E, por causa disso, será provavelmente uma negociação com tendência a ser "perde-ganha" e não "ganha-ganha".

2. Vendedores dão mais desconto do que os clientes pedem: Outra coisa bem comum – o cliente pede desconto e o vendedor já vai direto para o máximo que pode dar (10%, por exemplo). Será que o mesmo cliente não poderia ficar satisfeito com 4,5%? Alguns vendedores dão desconto **antes** do cliente pedir!

3. De maneira simplificada, acredito que todo cliente tem sete grandes perguntas que precisam ser respondidas antes de comprar. Responda estas sete perguntas e sua posição em qualquer negociação de vendas será **muito** mais forte.

- Eu realmente preciso desse produto/serviço?
- Esse produto/serviço é realmente bom? (ou melhor?)
- Confio no vendedor que está me atendendo?
- Confio na empresa/marca que estou comprando?
- Estou pagando um preço justo?
- Sinto que estou levando algum tipo de vantagem?
- Compro agora?

Dica bônus

Você vai vender, mesmo com o preço mais alto! Pense da última vez em que comprou alguma coisa – era a mais barata? Pense em tudo que você está usando neste exato momento: roupa, meia, sapato, relógio. Eram os mais baratos? Pense em todas as vezes em que um cliente falou "está caro" e você conseguiu reverter a objeção. Pense em todas as marcas e empresas mais lucrativas do planeta. As pessoas querem muitas coisas além do preço – logo, ao se diferenciar e oferecer/agregar valor, você consegue trabalhar com preços mais altos (e margens melhores).

Passo da venda 7: FECHAMENTO

1. **Fechamento da troca:** Um dos fechamentos mais simples que existe e também um dos mais eficientes. Ótimo para situações de venda rápida (varejo, por exemplo) ou quando o cliente é um pragmático.

- Faça o levantamento de necessidades.
- Descubra três coisas que o cliente quer.
- Proponha ao cliente que, se conseguir demonstrar essas 3 coisas, o cliente faça negócio/feche.

A troca aqui é simples: o vendedor oferece ao cliente os 3 benefícios e em troca o cliente compra.

2. **Fechamento por alternativas:** Outra técnica simples e muito eficaz. Funciona muito bem, pois permite que o vendedor encaminhe a conversa para o fechamento sem pressionar abertamente o cliente.

A técnica consiste em fazer uma pergunta **fechada**, com duas opções (mais comum) ou no máximo três opções para o cliente. duas coisas podem acontecer:

- O cliente escolher uma das opções (e por consequência aceitar fechar a compra).
- O cliente expressar alguma dúvida/pergunta (e voltar ao processo de venda normal, fazendo mais perguntas).

Exemplos:
- Prefere levar o verde, o amarelo ou o azul?
- Prefere levar o médio ou o grande?
- Prefere pagar no cartão, no cheque ou boleto?
- Vai levar agora mesmo ou prefere que entregue?

3. **Fechamento da venda adicional:** Uma forma avançada do fechamento por alternativas, e uma de minhas preferidas, é a da venda adicional.

Você basicamente oferece opções da mesma forma que no fechamento por alternativas, só que uma das opções é uma venda adicional (onde você oferece algo a mais para o cliente, além do que ele tinha pedido).

Exemplos de venda adicional*:
- Quer levar um par de meias junto com o sapato?
- Além do terno, quer aproveitar e dar uma olhada nas camisas? (E se o cliente aceitar e comprar uma camisa, faz o quê? Ofereça uma gravata!)
- Além da limpeza gostaria também de fazer o polimento?
- Prefere levar duas peças ou a promoção de três, que já ganha o brinde?
- Acompanha batata frita?

Dica bônus

Fechamento do *upsell*. *Upsell* é quando você "vende para cima". Ou seja, o cliente compra algo de maior valor. Imagine que você tem um produto A que custa 10 reais e um B que custa 20 reais. Se conseguir argumentar e convencer o cliente a levar B ao invés de A, acabou de fazer um *upsell*.

Ou seja, é tecnicamente um fechamento por alternativas também, só que a segunda alternativa é de maior valor.

---

* Note que a pergunta sempre oferece um produto/serviço extra, por isso do nome "venda adicional".

Exemplos de *upsell**:

- Prefere fazer o contrato de garantia por 1 ou 2 anos?
- Prefere levar 1 GB de memória ou 4 GB?
- Quer aproveitar e já mandar instalar o ar-condicionado no seu carro novo?
- A senhora não prefere com câmbio automático?
- Prefere levar o grande por mais 5 reais?

PASSO DA VENDA 8: *PÓS-VENDA*

1. Quando fazemos uma pesquisa de satisfação, podemos ter dois tipos de postura:

- Postura positiva por parte do vendedor entrando em contato: Ouvir, entender, resolver, aprender e melhorar.
- Postura negativa por parte do vendedor entrando em contato: Argumentar, criticar, defender, não aprender e não melhorar.

2. Frederick Reichheld é hoje o maior especialista em lealdade de clientes do mundo. Em seu livro *A pergunta definitiva 2.0* (Editora Campus, 2011), Reichheld, depois de anos de estudos, acabou concluindo que as empresas não precisam fazer estudos quilométricos sobre satisfação dos clientes, aplicando questionários intermináveis e depois tentado achar significado no meio daquele "bando de dados". Pelo contrário, a lealdade dos clientes pode ser medida de maneira muito mais simples, fazendo apenas uma única pergunta, a pergunta definitiva, que dá justamente o título ao livro: "De 0 a 10, qual a probabilidade de você nos recomendar a um amigo ou colega?".

3. Faça também o "pós-não-venda", ou seja, procure sempre descobrir também por que possíveis clientes **não** compraram. Você vai aprender muito!

---

* Note que a pergunta sempre oferece um produto/serviço de valor **mais alto**, por isso do nome *upsell*.

Dica bônus

O pós-venda conclui o processo da venda e é onde os campeões realmente se sobressaem. Não tem como melhorar o processo de venda sem *feedback* por parte do cliente. Em médio e longo prazo, o grande diferencial de sucesso sustentável é a capacidade de aprender, inovar e adaptar. E o pós-venda é o caminho mais inteligente e rentável para fazer isso.
Abraços e boas vendas! Raúl Candeloro.

Resumo

Para se ter sucesso em vendas, é preciso dominar bem cada uma das etapas do processo de vendas, que aqui lhe são apresentadas em 32 dicas práticas ao longo de cada um dos oito "passos da venda" pelo especialista e editor da Revista *VendaMais*, Raúl Candeloro:

1. **Planejamento:** Antes de começar, prepare-se e planeje cuidadosamente os seus passos e suas atitudes.

2. **Prospecção:** Para o profissional de vendas, prospectar significa explorar o mercado à procura de clientes potenciais, investindo tempo e dedicação para encontrar pessoas dispostas a adquirir seus produtos e serviços.

3. **Abordagem:** Consiste na apresentação de ofertas persuasivas, construídas com planejamento, treinamento e técnicas de comunicação.

4. **Levantamento de necessidades:** O vendedor não deve presumir o que o comprador precisa, mas, através de perguntas e outros métodos seguros, quais são os seus reais desejos.

5. **Proposta de valor:** Esse recurso é capaz de tirar o foco da negociação no preço e convencer o cliente de que a oferta apresentada é a melhor opção para suas necessidades.

6. **Negociação:** É fazer alguém dedicar tempo ou dinheiro em algo que trará benefícios para todas as partes.

7. **Fechamento:** Fase essencial da venda que abre a oportunidade de explorar novas vendas através de *upsell* e *cross-selling*.

8. **Pós-venda:** Manter o contato após a venda é fundamental não só para conquistar novas negociações, mas também para propagar uma imagem do vendedor e da empresa.

Como este capítulo já está recheado de dicas práticas e bastante resumidas, eu lhe sugiro que o releia sempre que possível para certificar-se de que tem utilizado as melhores e mais eficazes técnicas para bem gerenciar todo o seu ciclo de vendas.

Leitura recomendada

Coleção Passos da venda – Raúl Candeloro – Editora Quantum

Compromisso pessoal

Meu compromisso pessoal diante do bom gerenciamento do ciclo de vendas é:

_____
_____
_____
_____

46

Como eu faço para vender mais produtos e serviços?

> As vendas estão diretamente subordinadas às atitudes do vendedor, não às do cliente.
>
> *W. Clement Stone*

Imagino que este deverá ser um dos capítulos mais visitados, lidos e relidos deste livro, pois ao final do dia todos nós estamos o tempo todo focados em incrementar a performance de vendas dos nossos produtos e serviços. Aliás, vale reforçar que ao longo de todo este livro, eu compartilho com você dicas, teorias, técnicas, práticas e conhecimentos sobre como vender mais e melhor. Falo de competências, habilidades e de atitudes que forjam os grandes profissionais e os campeões de vendas. O desafio maior é que na maioria das vezes ainda não temos uma estratégia definida e bem estruturada que nos permita entender onde, como e de que forma podemos implementar ações focadas no crescimento dos nossos negócios e vendas. E é exatamente sobre esta estratégia que este capítulo é focado.

Você já ouviu falar na *Matriz de Ansoff?* Se ainda não, neste capítulo vou te ajudar a implementar a tão famosa e comprovadamente eficaz matriz produto/mercado, que tem por grande objetivo determinar as oportunidades de crescimento do seu negócio. A matriz que traz duas dimensões (produtos e mercados) inclui basicamente quatro grandes estratégias de crescimento, que abaixo são acrescidas de dicas práticas para você aplicar em seu negócio e ver sua participação de mercado e vendas crescerem de forma visível e sustentável:

1. **Penetração de mercado:** A estratégia aqui consiste em vender mais produtos e serviços que já existem para clientes e mercados que já existem (sejam eles seus ou de seus concorrentes). Por ser uma estratégia de mais baixo risco, invista um tempo de qualidade para elencar todas as ações

Vendas: como eu faço?

que acredita que possam ser incrementadas para vender mais os produtos e serviços que você já tem em seu portfólio.

Ações sugeridas:

- Promoções temporárias de alguns produtos e serviços através de descontos ou melhores condições de pagamento.

- Venda de produtos atrelada a serviços: outra ideia bastante eficaz é a de atrelar a venda de produtos com serviços (ação que se torna cada vez mais corriqueira em empresas de engenharia, bens de capital e outras que possuem margens de lucro significativamente maiores em serviços), tendo por foco aumentar o tíquete médio de compra dos clientes e criar um relacionamento mais sólido e de longo prazo.

- Aumentar seus canais de vendas: usar o incrível poder do *e-commerce*, por exemplo, pois muitas empresas ainda se mostram tímidas diante da crescente importância da internet como um canal de vendas essencial. Outras estratégias a serem aqui consideradas incluem o modelo de franquias, o emergente modelo de "atacarejo" que mescla os modelos de negócio de atacado e varejo.

- Promover melhor os "combos": venda de um produto atrelado a outro com condições mais vantajosas.

2. **Desenvolvimento de produtos:** A estratégia aqui consiste em vender mais produtos novos para os clientes e mercados já existentes. Trata-se de uma estratégia de risco mais moderado, que exige, portanto, um cuidado ainda maior em seu planejamento e execução.

Ações sugeridas:

- Proatividade: busque aprender tudo o que puder sobre os novos produtos e serviços que sua empresa lançou e faça uma lista de todos os clientes que acredita que possam se interessar especialmente pelos benefícios destes lançamentos (lembre-se debque é papel do vendedor vender valor e não preço).

- Criatividade: você já percebeu que de tempos em tempos o McDonald's lança um novo hambúrguer e que a Apple lança um novo iPhone ou iPad? Isso ajuda não só a trazer de volta os clientes já existentes, como também ganhar novos clientes que chegam à sua empresa interessados por aquele produto específico e são então expostos a toda a sua linha de soluções. Além disso, a criação de novos produtos é um instrumento poderoso que permite à sua empresa se manter competitiva o tempo todo.

3. **Desenvolvimento de mercado:** A estratégia aqui consiste em vender mais produtos e serviços que já existem para novos clientes e mercados. Estratégia também de médio risco.

Ações sugeridas:

- Preparação e estudo: revisite ainda hoje o seu portfólio de produtos e serviços e busque aprimorar o seu conhecimento especialmente em torno das soluções que você ainda vende pouco. Não custa lembrar de que é sempre mais caro vender para um cliente novo do que para um cliente já existente. Portanto, busque entender quais são os produtos e serviços que possam beneficiar e ajudar seus clientes e os procure com estas novas ofertas o quanto antes. E para que esta estratégia funcione ainda melhor, lembre-se de que quão maior for o seu conhecimento sobre as necessidades visíveis e invisíveis dos seus clientes, maiores e melhores serão suas chances de vender mais produtos que se encaixem perfeitamente às suas necessidades.

- Maior proximidade com marketing: todos nós vendedores captamos diariamente sinais, tendências e necessidades dos nossos clientes. Se este conhecimento e inteligência competitiva não forem compartilhados com o departamento de marketing, a sua empresa, como um todo, perde uma oportunidade singular de aumentar suas vendas, visto que vocês serão incapazes de adequar melhor sua matriz de oferta de novos produtos e serviços que enderecem as novas necessidades vindas do mercado.

4. **Diversificação:** A estratégia aqui consiste em vender novos produtos para novos clientes e mercados. Não por acaso, é a estratégia mais arriscada exatamente por estar focada em novos clientes e em novos mercados, o que exige uma substancial capacidade de investimento. Um exemplo claro de uma empresa extremamente bem-sucedida em sua estratégia de diversificação é a 3M, que não por acaso é uma das empresas mais inovadoras do mundo.

Ação sugeridas:

- Diversificar é bom, mas nem sempre é essencial: geralmente só vale a pena diversificar o seu portfólio de produtos e serviços quando você e sua empresa já estão próximos do esgotamento de potencial nas demais estratégias apresentadas acima.

Resumo

A matriz produto/mercado nos apresenta quatro estratégias de crescimento do negócio:

1. **Penetração de mercado:** Vender mais produtos que já existam para clientes e mercados já existentes. Baixo Risco.

2. **Desenvolvimento de produtos:** Vender mais produtos novos para clientes e mercados já existentes. Médio Risco.

3. **Desenvolvimento de mercado:** Vender mais produtos que já existam para novos clientes e mercados. Médio Risco.

4. **Diversificação:** vender mais produtos novos para novos clientes e mercados. Alto Risco.

Exercício prático

A estratégia de criação da sua matriz produto/mercado que parece um tanto quanto simples em um primeiro olhar revela-se desafiadora exatamente pelas falhas em seu planejamento e pela tão necessária disciplina em sua execução. Por isso mesmo, eu lhe indico, ao final da leitura deste capítulo, que você dedique pelo menos 2 horas do seu tempo para listar todos os seus produtos, serviços e soluções já existentes e novos, assim como os clientes e mercados já existentes e novos para, daí sim, traçar a sua estratégia de ampliação de negócios. A tabela a seguir vai lhe ser muito útil na realização deste exercício, que preferencialmente deve ser realizado em conjunto com sua equipe de marketing, pois quanto mais integradas forem as ações de vendas e marketing, melhores serão os resultados para todos: para sua empresa, para você e, principalmente, para o mercado que será ainda melhor servido por sua empresa.

Como eu faço para vender mais produtos e serviços?

Estratégias de crescimento

Penetração de mercado Vender mais produtos que já existem para clientes que já existem	**Expansão de produtos** Vender produtos adicionais para os clientes que já existem
Desenvolvimento de mercado Vender mais produtos que já existem para novos clientes	**Diversificar** Vender novos produtos para novos clientes

Mercados existentes | Mercados novos

Produtos existentes **Produtos novos**

COMPROMISSO PESSOAL

Meu compromisso pessoal diante da matriz produto/mercado é:

_____

_____

_____

_____

_____

47

Como eu faço para criar uma cultura focada na boa execução?

> Execução é uma disciplina. Nenhum atleta jamais teve sucesso sem disciplina e treino.
>
> *Ram Charan*

Em minhas palestras, cursos e aulas de MBA, costumo sempre dizer que muitas são as empresas cujo real brilhantismo na formulação de estratégias as tornam grandes sucessos de vendas em potencial, mas que, no entanto, falham terrivelmente na hora da execução.

E como é que se pode explicar resultados aquém dos previamente estabelecidos ou muitas vezes desastrosos em uma estratégia bem desenhada? De forma bastante simples e direta, pode-se dizer que quando a estratégia falha (e as vendas não acontecem), isso se dá usualmente em virtude de uma execução falha. No mundo das vendas profissionais, costumo dizer que há um *gap* muito grande entre a estratégia, que é bem formulada, e a execução, que é mal realizada – o que acontece, dentre outros importantes fatores, principalmente em virtude do não investimento em capacitação e treinamento da força de vendas e da incompetência dos líderes em oferecer uma visão clara, precisa e inspiradora a todos os seus profissionais.

Oferecer uma visão clara e inspiradora, incluir processos claros que permitam monitorar a performance de vendas e tornar a execução a mais disciplinada possível são três ações absolutamente fundamentais para se obter resultados e para fazer com que a estratégia realmente funcione bem. Mas tão importante, ou talvez até mais que estas três ações, é treinar, treinar e treinar a sua força de vendas para que seus vendedores (por favor, pare de chamá-los de consultores, especialistas de vendas etc.) entendam de forma precisa qual é a estratégia da empresa, como ela deverá ser executada, com quais ferramentas, processos e técnicas e, principalmente, por qual propósito. Se você e sua empresa ainda não possuem um propósito empolgante e nobre de existência, busquem um imediatamente, pois criar uma identidade única que fortaleça a missão de existência na cabeça dos inúmeros personagens que fazem parte do seu mercado (clientes, fornecedores, funcionários, investidores e sociedade em geral) nunca foi tão essencial quanto agora.

Se você já é um líder de vendas ou caminha para se tornar um, eu compartilho cinco dicas as quais, tenho certeza, lhe serão de grande valia na criação de uma cultura voltada à boa execução:

1. **A estratégia deve ser simples de entender:** Busque conhecer todas as minúcias e detalhes da estratégia da sua empresa e, por mais complexa que ela for, torne-a simples de ser entendida pelos seus profissionais. Esteja ao lado deles o quanto puder, estabelecendo uma comunicação 100% franca, permitindo-lhes dizer caso haja dúvidas, questionamentos ou discordâncias em relação aos planos estratégicos estabelecidos.

2. **Metas e prioridades claras:** Olha a simplicidade aqui novamente! Por mais complexas que sejam as metas e prioridades da estratégia da sua empresa, elas precisam estar claras nos corações e mentes da sua força de vendas. Uma vez estabelecidas e devidamente entendidas, monitore-as com disciplina ferrenha através de indicadores de performance chave (KPIs) previamente definidos.

3. *Feedback* **sempre e foco na performance:** Vivemos um hiato de lideranças e talentos nas organizações, e os grandes líderes são aqueles que inspiram, cobram resultados e estão (de verdade!) ao lado das suas equipes comerciais. Por isso mesmo, mantenha contato constante com seus liderados, dando *coaching* (ao compartilhar suas experiências e perspectivas e ao entender realmente bem os *drivers* de execução e missão de existência dos seus liderados) e apoio para que cada um dos indicadores de performance estabelecidos nos planos estratégicos sejam perseguidos e alcançados um a um. Processos bem definidos, perseguidos e bem implementados!

4. **Premie os melhores, treine os medianos e demita os de baixa performance:** Aos profissionais de mais elevada performance e comportamentos adequados (pois muitas vezes a boa performance pode ser obtida através de práticas no mínimo duvidosas e que aniquilem as margens de lucro da empresa), prêmios, *coaching* e treinamento para produzirem ainda

mais. Aos de performance mediana, ainda mais treinamento e acompanhamento para entender onde estão e quais são os *gaps* que os têm impedido de performar bem. E aos de performance ruim e comportamentos inadequados, é melhor se desvencilhar deles. Legal lembrar aqui dos ensinamentos do Jack Welch (da famosa regra 20-70-10), onde 20% são os *top performers* (alta performance), 70% os *middle performers* (média performance) e 10% os *poor performers* (baixa performance).

5. **Treinamento hoje e sempre:** Diante de um mercado cada vez mais complexo, repleto de competidores (que tendem a comoditizar a maioria dos produtos e serviços) e de clientes mais exigentes e bem informados, só há uma certeza: se você e sua equipe continuarem a fazer o que sempre fizeram, o melhor que lhes poderá acontecer é continuar colhendo os mesmos resultados, o que ao final do dia significa não crescer e dar espaço de crescimento aos seus concorrentes. Por isso mesmo, invista de forma vigorosa na capacitação e treinamento da sua força de vendas. Ao fazer isso, tenha sempre o cuidado necessário de estabelecer um link preciso entre os treinamentos oferecidos, a estratégia e objetivos-chave definidos pela empresa para não correr o risco de "treinar por treinar" e oferecer treinamentos à sua força de vendas que, além de não terem relevância, em muito pouco trarão resultados visíveis e mensuráveis ao seu negócio.

Invista em técnicas de negociação, liderança, comunicação, atendimento, encantamento de clientes, técnicas de vendas etc. Enfim, invista sempre em treinamento com a certeza de que quão mais preparados estiverem você e todos os seus profissionais, melhores serão as chances de você ver a sua estratégia se transformar em uma execução perfeita.

Resumo

Já falei isso algumas vezes e aqui reforço: vivemos um mundo de mudanças aceleradas onde líderes e profissionais de vendas são desafiados o tempo todo a incrementarem suas vendas. E para que isso aconteça, é fundamental ter uma estratégia clara, precisa e 100% focada na boa execução, onde cinco elementos são absolutamente essenciais:

1. A estratégia deve ser simples de entender.

2. Metas e prioridades claras.

3. *Feedback* sempre e foco na performance.

4. Premie os melhores, treine os medianos e demita os de baixa performance.

5. Treinamento hoje e sempre.

Leitura recomendada

Execução – Ram Charan – Editora Campus

COMPROMISSO PESSOAL

Meu compromisso pessoal diante da cultura de boa execução é:
_____
_____
_____
_____
_____

Como eu faço para oferecer um grande propósito aos meus liderados?

> O propósito de uma empresa é criar e manter clientes.
>
> *Theodore Levitt*

Por mais incrível que possa parecer ainda me deparo com muitas empresas (especialmente as de pequeno e médio porte) que carecem de uma "missão" clara de existência. Não falo aqui daquela "missão" que só existe na parede e que não tem reflexo algum na operação, na execução e no cotidiano das empresas. Falo sim das missões reais que oferecem especialmente aos funcionários um grande propósito de existência que os inspire a todos os dias levantar de suas camas com aquele desejo e vontade gigantes de fazer algo valioso, de impacto positivo na vida e nos negócios das empresas e pessoas que constituem seus respectivos mercados-alvo. E este propósito não pode somente ter um significado mercadológico (de marketing). Este propósito tem de ser forte, real e legítimo o suficiente para incrementar os níveis de motivação, satisfação e retenção dos funcionários por fazerem parte de algo maior e de algo que vai além apenas da remuneração percebida pelos resultados obtidos.

E como se faz isso, hein, Zé? Penso que o principal e mais importante elemento de construção de um grande propósito ou missão passe pelo pleno entendimento do "porquê" de existência da empresa. Alguns questionamentos sugeridos para fazer este "exercício" que deve ser feito idealmente logo após a leitura deste capítulo:

- A empresa existe para fornecer a solução para qual problema específico?
- Ela existe para realizar qual sonho?
- De que forma a empresa pretende e sonha impactar positivamente o mundo?

Especialmente na área de vendas, ainda vejo pouquíssimos gerentes e líderes capazes de oferecer um grande propósito às suas equipes. Sem oferecer um grande propósito ou missão, eles ficam muito mais dependentes de boas estratégias de remuneração para manter seus profissionais motivados, engajados e, acima de tudo, leais às suas empresas, o que é cada vez mais difícil em um mercado recheado de boas empresas e com *budgets* (orçamentos) bastante generosos para suas forças de vendas. Boa remuneração é sim fundamental para todo e qualquer profissional, e em especial para todos nós, profissionais de vendas. No entanto, cada vez mais os profissionais talentosos buscam oportunidades e desafios profissionais nas empresas e nos empreendimentos onde possam colocar todos os seus dons, competências e pontos fortes em ação e a favor de uma grande causa, de um grande propósito e de um grande sonho. E oferecer um propósito, um sonho e uma grande missão são papéis do líder!

Portanto, reforço aqui o recado aos líderes de empresas e de vendas: ofereçam um grande propósito aos seus profissionais para conseguir construir resultados cada vez mais consistentes, uma cultura de encantamento e para evitar o risco de perdê-los para concorrentes que possuem um propósito de existência claramente definido e um poder quase que magnético de atração de bons profissionais. Pegue emprestado um grande ensinamento de Herb Kelleher, antigo presidente de uma das maiores companhias aéreas norte-americanas, a Southwest Airlines, que diz: "Coloque sempre seus profissionais em primeiro lugar e os clientes em segundo, pois um funcionário feliz faz um cliente feliz".

E para você que é profissional liberal ou dono de um pequeno negócio, o seu propósito de existência deve ficar absolutamente claro diante de todos os clientes e mercados que você serve. Vamos pegar, por exemplo, o médico: ele precisa demonstrar de forma genuína que a sua verdadeira missão de existência é ajudar seus clientes a terem uma vida mais saudável e plena e que, acima de tudo, ele verdadeiramente se interessa pelo bem-estar e pela vida de cada um dos seus clientes. Ao fazer isso, ele passa a não mais ter uma "carteira de clientes", mas sim uma rede de confiança onde seus pacientes se transformam em amigos e compartilham suas boas experiências com outros tantos amigos e familiares, criando, desta forma, um círculo virtuoso onde todos ganham.

Para terminar, é importante estabelecer uma relação direta entre o grande propósito que algumas poucas empresas conseguem oferecer e viver de forma plena a todas as partes interessadas (veja aqui que isto é uma oportunidade singular de você se diferenciar e de tornar sua empresa realmente diferente diante dos tantos concorrentes) e uma forte cultura. Entenda-se por cultura o comportamento coletivo de todos os seus funcionários e a natureza das relações que predominam em sua empresa, incluindo aí as relações internas e externas onde uma série de normas, valores, princípios e sistemas convivem de forma absolutamente harmônica através de uma linguagem compartilhada e de uma forte liderança, exercida por líderes que defendem sua cultura e seu propósito de existência com unhas e garras e que sabem tomar decisões difíceis como as de afastar os profissionais que não compartilham ou que não vivem plenamente este conjunto de normas que compõem a tão importante cultura de sua empresa.

Para trazer este conceito para a nossa prática cotidiana, uso como exemplo uma situação bastante comum que acontece em um gigantesco número de empresas.

João é um campeão de vendas. Todos os meses ele bate suas agressivas metas. No entanto, muitas práticas do João fogem das regras e da cultura da empresa que ele trabalha. Descontos oferecidos de forma deliberada, e muitas vezes sem a devida aprovação da gerência. Comportamentos minimamente diferentes e muitas vezes reprováveis no que diz respeito à participação ativa nas reuniões de equipe e ao compartilhamento de boas práticas com seus colegas. Relacionamentos com alguns clientes que geram suspeitas de favorecimento aos compradores por receberem "benefícios" extras como jantares e festas patrocinadas pelo João.

Enfim, se de um lado, João produz resultados robustos, que muitas vezes não necessariamente geram margens atraentes para a empresa, de outro, ele gera uma série de problemas com seus colegas, líderes, clientes, e ao final do dia com toda a cadeia de valor que a empresa está envolvida, pois ao ter contato com as práticas de João todos os elos desta cadeia podem imaginar que o conjunto de normas, valores e princípios do João correspondem à cultura da empresa que ele trabalha ou representa. Além disso, o *modus operandi* do João atrapalha e muito na percepção da real missão e do verdadeiro propósito que sua empresa tanto preza. O que fazer com o João, então?

Penso que você deve ter identificado o João rapidamente baseado em sua experiência com outros tantos profissionais como ele, certo? O que fazer com ele é sabido, ou seja, ele precisa ser demitido rapidamente a despeito das suas "ótimas vendas". No entanto, por incrível que pareça, muitas empresas protelam o quanto podem para extirpar estas figuras de seus quadros em virtude do medo de perderem alguém tão "importante", ou de não conseguirem um bom substituto à "sua altura". Ao fazer isso, elas se distanciam ainda mais da tão necessária busca por um propósito claro de existência que seja visível aos olhos dos clientes e, principalmente, aos olhos de todos os funcionários, pois são eles os responsáveis diretos por transformar uma cultura vitoriosa, que privilegia uma inspiradora missão de existência em realidade, em resultados, e em vendas vigorosas e sustentáveis. Pense nisso e faça tudo o que puder para criar, desenvolver e defender uma cultura que privilegia um grande propósito e grandes valores e princípios de existência. A certeza que posso lhe dar aqui é de que as chances de você criar um negócio muito mais sustentável e muito mais promissor e lucrativo crescerão e muito.

Resumo

Empresas dos mais diversos portes têm investido de forma cada vez mais vigorosa em seu propósito e missão de existência. Se antes muitas empresas faziam isso muito mais para parecerem "bacanas" aos olhos do mercado, hoje elas fazem para criar um senso pleno de pertencimento a todas as partes interessadas onde se incluem clientes, fornecedores, funcionários, investidores e a sociedade como um todo. Este processo passa pela importante figura do líder, pela crucial criação e defesa contundente de uma nobre cultura de existência e, principalmente, por tomadas de decisão que privilegiem as boas práticas e repudiem os comportamentos inadequados, já que ao final do dia, aos olhos do mercado como um todo, são os seus funcionários que representam o conjunto de valores, normas, princípios, sonhos e missão da qualquer empresa.

Tenha um grande propósito e faça o que tiver que ser feito para torná-lo cada vez mais visível a todos.

Leitura recomendada

Um livro muito legal que aborda o tema "encantamento" como "propósito", dentre outros temas tão essenciais, é o livro de Guy Kawasaki, *Encantamento*.

Aliás, eu recomendo também a leitura de um ótimo artigo de autoria de Guy Kawasaki para a *Harvard Business Review*, intitulado *Enchant Your Employees* ("Encante os seus empregados", em tradução livre).

Compromisso pessoal

Meu compromisso pessoal diante do propósito é:

_____

_____

_____

_____

_____

Como eu faço para me tornar um grande líder?

> Aprender a ser líder é como aprender a ser um grande atleta, músico ou artista. É uma capacidade que se desenvolve ao longo do tempo através de tentativas e erros, trabalho árduo e muita prática. Liderança se aprende fazendo, não simplesmente fazendo anotações em uma sala de aula.
>
> Stanford Graduate School of Business

Em minhas andanças pelo Brasil inteiro em palestras, cursos e *workshops*, tenho me deparado com inúmeros vendedores e profissionais das mais diversas áreas que, em conversas reservadas, revelam-me sua insatisfação e falta de motivação muito em virtude do mau relacionamento com seus líderes e chefes de venda.

Cenário bastante corriqueiro e que se repete em outras áreas, a falta de habilidades, competências, comportamentos e atitudes verdadeiras de liderança no mundo das vendas é um gigantesco desafio que empresas dos mais variados portes e das mais diversas indústrias têm enfrentado – o que reflete negativamente não apenas em performances de vendas abaixo das estabelecidas, mas em outros problemas ainda maiores, com destaque aos elevados níveis de rotatividade (*turnover*) e à baixa preocupação e capacidade das equipes de gestão em desenvolver um funil de talentos em vendas, devidamente treinados e capacitados antes de serem alçados às posições de liderança.

Antes de compartilhar com você as habilidades essenciais dos grandes líderes de vendas (que são 100% aplicáveis a todos os líderes), eu quero lhe convidar a refletir sobre quem são os líderes que verdadeiramente te inspiram. Pare por alguns minutos e liste alguns nomes, que podem ser da sua família, do seu trabalho, da sua religião etc.

Líderes que me inspiram:

_____

_____

_____

_____

_____

_____

Ao finalizar este rápido exercício, questione-se se a liderança destas pessoas tem um caráter mais formal e autoritário, que não por acaso deriva de autoridade, poder, hierarquia rígida etc., ou se elas desfrutam de um caráter mais moral. Penso que você irá concordar comigo, os grandes líderes que te inspiram são aqueles que exercem o que chamamos de "liderança moral".

O mundo vive hoje um hiato de grandes líderes. Falo aqui exatamente dos "líderes morais" e não dos meros "líderes formais". A liderança moral é a que está intimamente ligada aos valores, princípios, caráter e, principalmente, às ações dos profissionais alçados formal ou informalmente à posição de líderes. Já a liderança única e exclusivamente formal, também a mais corriqueira, é a que mais se assemelha à figura clássica dos chefes, onde muitos ainda preferem liderar (o melhor aqui seria "chefiar") pelo medo, pelo uso da força, pelo ego inflado e pelo desrespeito aos valores individuais, propósitos e sonhos pessoais dos seus comandados. Quantos não são os líderes que dizem uma coisa e agem de outra forma diametralmente oposta daquilo que pregam. São líderes que não conhecem e que talvez nunca tenham ouvido falar do *walk the talk*, que corresponde exatamente à liderança pelo exemplo, do "fazer o que diz" e do "agir como espera que os outros também ajam".

E é exatamente sobre isso que venho falar agora com você: quais são os principais traços, características e comportamentos dos grandes líderes de vendas e de todos que desempenham funções de liderança em suas organizações? Penso que são muitos, mas enxergo que sete são abso-

Como eu faço para me tornar um grande líder?

lutamente essenciais e que, uma vez exercitados com disciplina, podem se transformar em instrumentos poderosos para uma liderança mais vigorosa e equipes muito mais motivadas e produtivas. Vamos a eles!

1. SÃO GRANDES *COACHES*

Os grandes líderes de vendas são antes de qualquer coisa grandes *coaches*. Através de uma combinação poderosa de confiança plena em seus liderados, conhecimento amplo do repertório de pontos fortes, talentos, dons e pontos de melhoria de cada membro da turma que lideram, e defesa constante dos seus liderados, os grandes líderes de vendas são de verdade grandes *coaches*, pois, além de entenderem muito bem tudo o que verdadeiramente move seus profissionais, oferecem e compartilham, de forma incansável, *feedbacks* produtivos e construtivos e suas próprias experiências e perspectivas no intuito de ajudar a maximizar a performance de vendas, a motivação de todos e o sucesso individual dos seus liderados.

Aliás, peço que pare por mais alguns minutos e reflita se o seu atual líder tem lhe dado o *coaching* correto, que é focado em incrementar sua performance de vendas (sempre com base em indicadores e métricas de performance claras e bem definidas) e a te fazer realizar o seu máximo potencial em vendas. Se a resposta for negativa ou se você ficar em dúvida, é possível que você tenha recebido mais treinamento do que *coaching*. É importante frisar que ambos são essenciais e parte de um processo estruturado de capacitação e desenvolvimento de competências e habilidades. No entanto, eles não podem ser confundidos em virtude do perigo de deixar de lado a crucial importância do *coaching* individual. Treinamento se faz e se entrega geralmente de forma coletiva e o bom *coaching* em vendas necessariamente se faz de forma individual.

Para você que já é líder, eu compartilho uma "dica de ouro" para o bom *coaching*: quando for visitar clientes com seus liderados, deixe claro ao cliente visitado que você só está acompanhando o seu profissional e faça o que lhe for possível para passar despercebido. Ao final da reunião, faça uma avaliação que idealmente deve seguir um roteiro que inclui pontos como:

- O que deu certo na reunião?
- O que poderia ter sido melhor?

- Quais foram os grandes aprendizados na reunião?
- Uma avaliação geral do encontro.

Para enaltecer e atestar a eficácia do *coaching* para uma liderança mais efetiva, com resultados de vendas mais robustos, a *Salesforce.com* comprovou que profissionais de vendas consultivas (ciclos mais longos, elevados valores e múltiplos tomadores de decisão) que recebem uma carga de *coaching* de 3 horas mensais produziram resultados[26] muito melhores:

- Excederam suas cotas em 7% (além da cota).
- Incrementaram as receitas em 25%.
- Melhoraram a taxa de fechamento em mais de 70%.

O mesmo estudo da *Salesforce.com* nos brinda com dez ações práticas para incrementar sua performance como *coach*:

1. Construa relacionamentos poderosos com seus liderados.

2. Dedique-se de corpo e alma a melhorar os resultados do time como um todo.

3. Selecione e foque as melhores oportunidades para desenvolvimento das competências e talentos de cada membro do seu time.

4. Persiga de forma incansável os acordos que tragam melhor rentabilidade e lucratividade à sua empresa.

5. Reconheça os esforços e os resultados de todos.

6. Invista de 3 a 5 horas mensais de *coaching* para cada liderado.

7. Foque seus melhores esforços em melhorar o potencial dos seus bons vendedores e em reter e multiplicar os conhecimentos dos seus campeões de vendas.

8. Calibre o seu modelo de *coaching* com o perfil de cada liderado (lembre-se de que todos são diferentes).

9. Ofereça *coaching* pessoalmente e de forma constante.

10. Reconheça a importância do *coaching* como ferramenta de incremento da performance e da satisfação no trabalho.

Se você ainda não tem agido assim com seus liderados e tem investido pouco tempo em oferecer um *coaching* de qualidade a eles, a chance

---

26 Disponível em: < www.salesforce.com/br/assets/pdf/misc/SalesforceCustomerRelationshipSurveResultsDec08.pdf>. Acesso em 24 out. 2014.

de tê-los 100% engajados com o propósito e com a visão que você propôs e ofereceu a eles diminui sensivelmente.

Aliás, reforço aqui o recado a você, que já é líder: ofereça um grande propósito e uma visão inspiradora aos seus profissionais para conseguir construir resultados cada vez mais consistentes, uma cultura de encantamento e para evitar o risco de perdê-los para concorrentes que possuem um propósito de existência claramente definido e um poder quase que magnético de atração de bons profissionais.

Para te ajudar a criar esta visão inspiradora, eu compartilho três dicas muito legais extraídas de um dos melhores livros que já li sobre liderança, chamado *The Work of Leaders*, publicado nos Estados Unidos pela Wiley, ainda não traduzido para o português. Vamos a eles:

1. **Uma visão inspiradora ajuda a nos diferenciar de nossos competidores:** Uma visão só é poderosa o bastante quando ela é inspiradora para todos os profissionais e quando ela nos ajuda a nos diferenciar dos nossos competidores. A empresa americana Zappos (www.zappos.com), que é um *case* mundial de atendimento e encantamento de clientes, sempre teve desde o início de suas operações a missão de encantar clientes. Não por acaso, o *best-seller* do seu fundador Tony Hsieh "Delivering Happiness" (já traduzido para português sob o título *Satisfação garantida: no caminho do lucro e da paixão*, Editora Thomas Nelson) nos brinda com lições de como criar uma empresa que "entrega felicidade" ao oferecer um serviço de atendimento ao cliente excepcional. Com isso, a Zappos que foi vendida à gigante Amazon por 1,2 bilhão de dólares, criou um diferencial competitivo muito difícil de ser copiado e que é literalmente venerado por todos os seus colaboradores e clientes. Minha dica para você: invista o quanto puder na criação de uma visão realmente inspiradora, pois isso já o distanciará da gigantesca maioria dos seus concorrentes.

2. **Uma grande visão inclui um grande propósito:** Como Jim Collins nos ensina, é preciso estabelecer um objetivo de existência realmente audacioso que alimente e fomente o espírito de todo o time em torno da sua realização e que faça com que a energia de todos seja canalizada para tornar realidade este grande propósito.

3. Uma visão que ajude a criar grandes objetivos: Não custa lembrar da ideia presente no clássico *Alice no País das Maravilhas*, de Lewis Carroll: "quando não sabemos para onde queremos ir, qualquer caminho serve". Quando todos sabem onde querem chegar fica muito mais fácil estabelecer os passos necessários para realizar todos os objetivos estabelecidos.

E ao final da leitura deste capítulo, não custa parar para refletir se o propósito e a visão que você tem oferecido a eles são poderosos o suficiente para que se dediquem de corpo e alma à sua realização. Se surgirem dúvidas, é hora de revisar sua missão e propósito!

2. Têm interesse legítimo

Os grandes líderes de vendas têm interesse real e genuíno de entender não apenas as necessidades dos seus profissionais (algo tão crucial para todos nós que respiramos e amamos vendas e que precisamos entender melhor que ninguém as necessidades dos clientes e mercados os quais servimos), mas principalmente os desejos e sonhos dos seus liderados. Quão maior e mais amplo for este entendimento, maiores serão as chances que os grandes líderes terão para estabelecer a boa conexão entre as necessidades, desejos e sonhos de seus profissionais com os desafios e metas de vendas que todos eles perseguem juntos.

Exemplo prático: uma divisão clássica que fazemos no mundo das vendas é a de dividir os nossos vendedores "caçadores" (*hunters*) dos "fazendeiros" (*farmers*). É tarefa do líder entender bem, além das necessidades e sonhos dos seus profissionais, se o conjunto de habilidades, talentos e competências de cada um deles melhor se aplica aos profissionais que se realizam como "caçadores" de novos clientes e vendas ou aos "fazendeiros", que geralmente têm maior competência no gerenciamento e crescimento de contas já existentes.

Um exercício prático e simples que eu posso lhe propor aqui é listar de um lado os "caçadores" e de outro os "fazendeiros". Feito isso, anote também o repertório de talentos, competências, pontos fortes e pontos de melhoria e sente-se com cada um deles para ouvi-los e para compartilhar suas preciosas dicas sobre como cada um pode melhor desenvolver seus pontos fortes e sentir maior realização ao desempenhar os papéis mais condizentes com seus perfis específicos.

Outra dica prática: pergunte sempre e de forma genuinamente interessada sobre os gostos e *hobbies* pessoais dos seus liderados, para superar desta forma o relacionamento única e exclusivamente formal que ainda impera em muitos relacionamentos entre líderes e liderados.

3. São grandes comunicadores

Não custa reforçar que em vendas uma das competências mais valorizadas pelos clientes e pelo mercado é o quanto nos mostramos preparados para entender bem as necessidades, para resolver bem os problemas e para realizar bem os sonhos dos nossos clientes. E para fazer isso é preciso, antes de qualquer coisa, saber ouvir muito e falar pouco e nos momentos apropriados.

A mesma regra se aplica à liderança em vendas. Ouça muito seus liderados e faça as perguntas corretas (geralmente abertas e que se iniciam com *O quê?, Como?, Por quê?, Quando?* etc.) para entender suas necessidades, desejos e sonhos e também para entender de que forma você pode ajudá-los em suas carreiras, vida e sonhos. Além de ser um exímio ouvinte, compartilhe suas próprias experiências, perspectivas e conhecimentos de forma incansável e verdadeiramente interessada em ajudá-los a realizar o seu máximo potencial em vendas e na vida. Quanto mais você fizer isso, muito mais facilitada será a sua liderança!

Outra dica fundamental relacionada à boa comunicação: quando oferecer *feedback* seja o mais franco, verdadeiro e firme que puder, e tenha sempre uma preocupação extrema em enaltecer os pontos positivos e os pontos de melhoria de cada um dos seu liderados. Fomente também o quanto puder uma via de "mão dupla", em que cada liderado seu sempre lhe forneça um *feedback* igualmente cândido sobre o seu estilo de liderança. O ideal é dar e receber *feedback*. Sempre!

4. Não fazem microgerenciamento

É bem possível que você já tenha ouvido do seu chefe de vendas algo como: "Se eu fosse você nesta situação específica, eu faria isso, isso e aquilo" ou "Deixa eu te acompanhar nesta visita e te mostrar como é que se faz uma grande venda". Certo ou não? O que acontece na prática é que muitos vendedores viraram líderes de vendas sem a devida capacitação para se tornarem gestores de pessoas. Diante disso, eles têm uma crença bastante profunda de que todas as técnicas, habilidades e comportamentos que eles utilizaram quando foram vendedores são as mais corretas e muitas vezes as únicas corretas – o que os faz excessivamente presentes e envolvidos em atividades táticas e cotidianas dos seus vendedores. No entanto, os grandes líderes de vendas são aqueles que buscam sempre entender melhor as técnicas e táticas que seus liderados têm utilizado e aqueles que sempre se apresentam dispostos a ouvir muito (ouvir com empatia, que significa estar com o corpo, mente e alma verdadeiramente focados no outro), e a oferecer conselhos que possam incrementar os dons, talentos, competências, atitudes e comportamentos dos seus liderados.

Grandes líderes sabem dosar bem a liberdade de atuação com os sempre preciosos conselhos sobre como incrementar ainda mais a performance individual de todos os membros da equipe. É exatamente esta combinação "liberdade e conselhos" que os faz muito mais "líderes" e muito menos "chefes". Em qual categoria você se enquadra?

5. Dão crédito e assumem responsabilidade

Sou apaixonado por futebol e sempre busco entender e absorver lições de liderança que possam ser utilizadas em minhas aulas, palestras e cursos e como líder e executivo de multinacionais que fui ao longo de tanto tempo. Você já percebeu que alguns técnicos possuem o péssimo hábito, quando o time ganha, de trazer todos os louros da vitória para si próprios? "A estratégia que eu montei deu ótimos resultados". "As mexidas que eu promovi no time no segundo tempo foram determinantes para a vitória". E você já parou para perceber que estes mesmos técnicos, ou "professores" no jargão do futebol, têm o reprovável hábito de atribuir a responsabilidade aos seus comandados quando o time perde? "O time hoje se portou de forma irreconhecível. Eles pareciam um bando de gente correndo atrás da bola". "Eles jogaram muito mal hoje e o resultado não poderia ter sido diferente".

Jim Collins, em seu excelente e obrigatório *best-seller Empresas feitas para vencer* (Editora HSM) nos ensina sobre a liderança nível 5. Em linhas gerais e muito rápidas, "líderes nível 5" são aqueles líderes de grandes (ou *great*, como chama Collins) empresas e de equipes que constroem a excelência em suas organizações através da combinação de muita humildade pessoal e de uma enorme determinação profissional. Collins também nos ensina que os grandes líderes são exatamente aqueles que quando tudo dá certo, atribuem o bom resultado e dão todo o crédito aos times que comandam e que quando tudo dá errado assumem a integral responsabilidade para si. Exercite este traço o quanto puder e você se impressionará como o seu time ficará muito mais coeso, motivado e pronto para ao seu lado atingir cada uma das metas e objetivos traçados.

E uma dica bônus: além de dar o devido crédito aos seus liderados, crie e fomente em sua equipe um espírito perene de celebração. Celebre sempre com a certeza de que grandes momentos de celebração forjam em nossos cérebros, e principalmente em nossas atitudes e ações diárias, o desejo de novas e deliciosas conquistas. Vender é uma deliciosa conquista que merece ser devidamente celebrada!

6. Criam líderes melhores que eles

Grandes líderes de vendas trabalham incansavelmente também para desenvolverem novos líderes capazes de ser muito melhores que eles. Sim, você leu corretamente! Desenvolva líderes melhores que você, pois só assim você conseguirá continuar a crescer e dará espaço para que todos em sua estrutura tenham ou enxerguem reais possibilidades para crescerem pessoal e profissionalmente.

Um exemplo claro de uma empresa líder global é a AB InBev, dona da AmBev (Skol, Brahma, Antarctica) e que foi criada e idealizada pelo trio Jorge Paulo Lemann, Marcel Telles e Beto Sicupira. Dentre os principais pilares de existência de todos os negócios do trio (incluindo aí ícones globais, como Burger King e Heinz) está exatamente a força e competência no desenvolvimento de novos líderes que permitam que os talentos já identificados consigam rapidamente subir e assumir novos cargos de liderança com a certeza de que serão substituídos por profissionais melhores do que eles e que serão capazes de, em uma cultura absolutamente voltada à meritocracia e melhoria contínua de processos, entregar resultados de vendas cada vez mais sensacionais, como tem sido ano após ano na AmBev e em todas as empresas lideradas por este competente e icônico trio.

Um exercício rápido, prático e muito bacana que lhe proponho a fazer agora: pare ainda hoje e se questione: "Se eu fosse virar diretor ou presidente da empresa que hoje atuo, amanhã quem estaria apto a me substituir?" Se a resposta demorar mais de 1 minuto, é bem possível que você tenha problemas para dar vazão aos seus sonhos de atingir um novo cargo de liderança em sua empresa.

7. São bons estrategistas e exímios executores

Costumo sempre dizer que de estratégias brilhantes o mundo dos negócios e das vendas já está cheio. Planos mirabolantes, estratégias de marketing super bem elaboradas, planos de negócios aparentemente infalíveis, lindos visualmente e apetitosos aos olhos dos investidores, projeções de vendas que enchem os olhos de todos. No entanto, por mais lindas e bem desenhadas que possam ser as estratégias de vendas da sua empresa e do seu negócio pessoal, é na boa capacidade de execução que os grandes líderes de vendas se sobressaem e brilham.

Todos nós que vivemos, respiramos e amamos vendas sabemos o quão difícil e desafiador é o nosso mundo, certo? Metas agressivas, clientes exigentes, concorrentes cada vez melhores e margens cada vez menores. Não adianta chorar! Os desafios são iguais para todo mundo e é na boa execução que os grandes líderes de vendas mostram ao mundo o seu grande talento. Desenvolva uma estratégia que seja poderosa e simples de entender por todos, estabeleça metas e prioridades claras a todos, melhore os seus processos diariamente (lembre-se: é na melhoria contínua de processos que você consegue melhorar os resultados de forma consistente, visível e perene), fomente uma cultura de meritocracia (onde o céu é o limite para quem vende muito e com boas margens) e treine sem parar o seu time todo não apenas com treinamentos de produtos, mas principalmente de técnicas, habilidades e competências capazes de fazê-los desenvolver o seu máximo potencial e se sentirem sempre instigados a produzir e vender mais e mais.

Resumo

As sete habilidades dos grandes líderes de vendas:
1. São grandes *coaches*.
2. Têm interesse genuíno.
3. São grandes comunicadores.
4. Não fazem microgerenciamento.
5. Dão crédito e assumem responsabilidade.
6. Criam líderes melhores que eles.
7. São bons em estratégias e exímios executores.

Exercício prático: crie ainda hoje o seu conselho de administração pessoal

Participei recentemente do maior congresso de treinamento e desenvolvimento do mundo, a ASTD, em Washington. Dentre as palestras mais brilhantes que lá tive a chance de participar, uma em especial foi sensacional do começo ao fim. Falo da palestra do Marcus Buckingham, considerado o maior especialista do mundo em pontos fortes (veja o capítulo 3, p. 23, que trata especificamente deste tema).

Em Washington, Buckingham nos propôs um exercício muito bacana e que aqui se aplica perfeitamente para enaltecer a importância da liderança em nossas vidas. Invista alguns minutos do seu tempo para montar o seu "conselho de administração pessoal". Quem teria um assento no seu conselho? Liste imediatamente estes nomes. Pode participar dele quem você quiser.

_____

_____

_____

_____

_____

_____

_____

Estatisticamente é mais provável que seu *board* pessoal tenha de um a sete membros. Isso só demonstra o quão importante é a Liderança nos tempos atuais e reforça a certeza de que, ao final do dia, são poucos os líderes que realmente nos inspiram e gozam da nossa mais irrestrita confiança.

Finalizando este exercício, invista bons minutos para refletir sobre quais seriam os potenciais conselhos de administração que você faria parte. Isso te ajudará a entender e a se preparar melhor para ajudar as tantas pessoas que poderiam tê-lo como consultor de confiança e líder mais admirado.

Leitura recomendada

Empresas feitas para vencer – Jim Collins – Editora HSM
Execução – Ram Charan – Editora Campus
Sonho grande – Cristiane Corrêa – Editora Primeira Pessoa
The Work of Leaders – Julie Straw, Mark Scullard, Susie Kukkonen, Barry Davis – Wiley – www.goo.gl/fTKpZ6
Blog Salesforce.com – www.blogs.salesforce.com

Como eu faço para me tornar um grande líder?

COMPROMISSO PESSOAL

Meu compromisso pessoal diante das habilidades de liderança é:

50

Como eu faço para me tornar um vendedor ou líder servidor?

> Quando nos candidatamos a ser o líder, as necessidades das outras pessoas tornam-se a coisa mais importante na escala de prioridades.
>
> *James Hunter*

Não por acaso chego ao final deste livro com este capítulo inteiramente dedicado à importância de todos nós nos tornarmos vendedores e líderes servidores, pois acredito que o sucesso em vendas está intimamente ligado a ajudarmos mais e servimos melhor aos nossos clientes. Vender é servir! Vender é ajudar!

E seria impossível falar em venda e liderança servidora sem trazer alguns dos brilhantes conceitos que o grande guru e mestre da Liderança Servidora James Hunter, autor dos *best-sellers O monge e o executivo* e *Como se tornar um líder servidor*, ambos publicados no Brasil pela Editora Sextante.

E é com enorme honra que eu divido com você, que tanto me honra com sua leitura e carinho, os ensinamentos de James Hunter, nesta conversa repleta de grandes ideias e *insights*, feitos com exclusividade para você:

José Ricardo Noronha: Como o maior "evangelista" do conceito de liderança servidora no mundo inteiro, quais são as ideias e táticas que você pode recomendar para todos nós, profissionais de vendas, para incluir a liderança servidora como a bússola mestra em nossas atividades diárias?

James Hunter: A natureza dos negócios e das vendas são as pessoas. Por quê? Porque sem pessoas não há negócios. E pessoas são seres relacionais. Relações saudáveis produzem bons negócios e relações ruins produzem maus resultados. Portanto, negócios saudáveis são resultado de relações saudáveis com todas as partes interessadas no negócio: clientes, funcionários, acionistas, fornecedores etc. E você só constrói relações saudáveis com as pessoas por meio da plena identificação e satisfação das suas necessidades mais legítimas. Os profissionais de vendas mais bem-sucedidos entendem intuitivamente este princípio básico de negócios.

José Ricardo Noronha: Para mim especialmente, vender é servir e ajudar pessoas a fazer seus sonhos possíveis e também na resolução de seus problemas. Você concorda com este conceito? E como podemos manter estes princípios sempre vivos mesmo sob a enorme pressão que trabalhamos todos os dias?

James Hunter: Sim! Liderança servidora é dedicar tempo e esforço para identificar e satisfazer as necessidades legítimas das suas pessoas. Quando você faz isso, você necessariamente vai construir relacionamentos sólidos e saudáveis. Assim, a minha recomendação para os profissionais de vendas, é servir seus clientes. Identifique e satisfaça as suas necessidades e faça disso o seu bem maior. Se você fizer essas coisas, você será bem-sucedido.

José Ricardo Noronha: Todas as empresas estão sendo afetadas pelo que chamo de "efeitos da comoditização". Sob esta nova realidade, quais são suas ideias e pensamentos sobre diferenciação, especialmente usando os princípios da liderança servidora como a mudança decisiva (*game changer*) em um panorama tão competitivo?

James Hunter: É verdade que todas as indústrias estão sendo afetadas pelos efeitos da comoditização. Assim, o que vai diferenciar seu negócio dos demais? O que irá diferenciar você pessoalmente de outros profissionais de vendas? A resposta, claro, é ser uma empresa (ou profissional de vendas) que seja genuinamente preocupado em satisfazer as necessidades dos seus clientes mais do que qualquer outra coisa. Uma vez que você já tenha se diferenciado, o dinheiro será uma consequência. Se você cuidar dos seus clientes, os seus clientes cuidarão de você!

José Ricardo Noronha: Quais são as habilidades, atitudes e comportamentos-chave dos grandes líderes e dos grandes profissionais de vendas?

James Hunter: A habilidade essencial é ter um caráter sólido e fortes habilidades de construção de relacionamento. Uma pessoa de caráter é uma pessoa que é honesta, gentil, paciente, que se preocupa com seus clientes e é comprometida com a excelência. O caráter é um comportamento aprendido e que precisa ser praticado o tempo todo. Transformar-se em um melhor líder ou profissional de vendas é exatamente análogo a se tornar um atleta ou músico de ponta. Você não se torna um melhor atleta lendo livros. Você não irá aprender a tocar piano assistindo apresentações de PowerPoint. O mesmo se aplica a se tornar um grande líder ou um excelente profissional de vendas. Você precisa praticar as disciplinas da liderança servidora e do caráter o tempo todo.

José Ricardo Noronha: Amor e paixão! Como podemos incluir estes elementos maravilhosos em nossas equipes de vendas?

James Hunter: Eu escrevo muito sobre o amor e paixão em meus livros! Os grandes líderes servidores que eu conheço amam as pessoas, bem como são apaixonados pelo que fazem. Eles amam o que fazem e ajudam as pessoas a ter um compromisso apaixonado com a excelência e com a melhoria contínua.

José Ricardo Noronha: Quais são os melhores livros e cursos que você recomenda para expandirmos o nosso conhecimento e repertório sobre liderança servidora, com especial ênfase a nós, profissionais de vendas?

James Hunter: Correndo o risco de soar egoísta, eu certamente recomendaria meus 2 livros sobre liderança servidora (*O monge e o executivo* e *Como se tornar um líder servidor*, ambos editados no Brasil pela Editora Sextante). Eu também recomendo o livro de Jim Collins, *Good to Great* (*Empresas feitas para vencer*), publicado em sua mais recente edição pela HSM Editora). Este livro fornece a evidência empírica para a liderança servidora e deve ser lido por qualquer pessoa em uma posição de liderança.

José Ricardo Noronha: Você pode, por favor, compartilhar uma última recomendação para que possamos fazer a diferença positiva no mundo ao aplicar os seus incríveis conceitos de liderança servidora em nossas vendas e vidas?

James Hunter: Acabei de terminar o meu terceiro livro sobre liderança servidora, que já está publicado no Brasil *De volta ao mosteiro* – Editora Sextante. A essência do livro é que excelentes organizações (incluindo as famílias) possuem duas coisas: uma grande liderança e uma grande cultura. E essas coisas não acontecem por acaso. Os melhores líderes servidores que eu conheço trabalham muito duro para tornarem-se melhores líderes e construir a melhor cultura possível para as pessoas que eles lideram e cuidam.

Posfácio

Como eu faço para agradecer a você pelo seu carinho e confiança?

> Que Deus lhe retribua em dobro pelo seu carinho e confiança de sempre. Espero poder ter te ajudado e sempre te ajudar em sua jornada de sucesso. Conte sempre comigo!
>
> *José Ricardo Noronha*

Chego ao final deste livro com sentimentos muito positivos e uma gratidão enorme a você e a Deus por me permitirem realizar passo a passo uma das minhas grandes missões diante do mundo, que é a de ajudar você e outros milhares de pessoas não apenas a brilharem ainda mais em suas vendas, mas principalmente em suas vidas. E é exatamente isso o que quero lhe desejar do fundo do meu coração: que você tenha muito sucesso em suas vendas e em sua vida!

Aliás, talvez você já tenha percebido que um dos verbetes mais utilizados ao longo de todo o livro é "sucesso". E o que é sucesso? Se recorrermos ao dicionário[27] iremos nos deparar com várias acepções: *1. Aquilo que sucede; acontecimento; fato; ocorrência. 2. Qualquer resultado de um negócio, de um empreendimento. 3. Bom resultado; êxito; triunfo.* Se no dicionário já não é tão simples conceituarmos sucesso, no mundo das vendas esta é uma tarefa ainda mais espinhosa. Por isso mesmo, eu espero que este livro possa ajudar a estabelecer os seus próprios padrões de sucesso, pois algo que já percebi é que quanto mais nos utilizamos de fatores externos para avaliar o nosso sucesso (a grama do vizinho sempre parece mais verdinha que a nossa), mais insatisfeitos somos.

Pergunte a você mesmo o que sucesso significa, e trace um plano e uma estratégia para atingi-lo, tendo sempre em mente que ele se torna muito mais possível e grandioso quando você faz aquilo que mais ama e

---

27 HOUAISS, António; VILLAR, Mauro de Salles; FRANCO, Francisco Manoel de Mello. Dicionário HOUAISS da língua portuguesa. 1ª ed. Rio de Janeiro: Objetiva, 2009, p. 1784.

quando coloca os desejos, necessidades e sonhos dos clientes que você serve acima dos seus. Não deixe se contaminar pelos padrões de sucesso estabelecidos pelo mercado e pelos outros (ter um carro x, uma casa no valor y e uma conta bancária com z reais ou dólares). Se sucesso para você é ver os filhos realizados pessoal e profissionalmente e usufruir de uma aposentadoria tranquila em uma casa ao pé da serra (alguns dos meus sonhos), busque-o com toda paixão, determinação, fé e disciplina do mundo.

Que Deus esteja ao seu lado em cada momento da sua jornada e que você esteja sempre imbuído da paixão de fazer a diferença positiva na vida das pessoas, da sociedade e do mundo, que é tão característica e fundamental na vida dos campeões de vendas e vidas.

Ficarei muito feliz mesmo se você puder dividir comigo e com outros tantos vendedores e profissionais as suas impressões e sentimentos através da minha página no Facebook (www.facebook.com/josericardonoronha), no *site* (www.paixaoporvendas.com.br), no blog (www.josericardonoronha.com.br), na minha página do LinkedIn (www.linkedin.com/in/josericardonoronha) e nas principais redes sociais. E ficarei verdadeiramente honrado se você puder indicar e presentear este livro aos seus amigos, familiares, clientes, fornecedores etc., pois, como também disse no início do livro, minha grande missão é ajudar o maior número de pessoas que puder a brilharem mais em suas vendas e vidas.

Desejo a você todo o **sucesso** do mundo e que Deus te ilumine em tudo!

Um grande e carinhoso abraço do seu amigo vendedor,

José Ricardo Noronha

Bibliografia

Livros

Adamsom, Brent; Dixon, Matthew. A venda desafiadora. São Paulo: Portfolio-Penguin, 2013.

Anderson, Dave. A fé nos negócios. São Paulo: Sextante, 2009.

Angelo, Eduardo Bom. *O empreendedor corporativo.* São Paulo: Negócio Editora, 2003.

Barbosa, Christian. *A tríade do tempo.* São Paulo: Campus, 2008.

_____. Christian; Cerbasi, Gustavo. *Mais tempo, mais dinheiro.* São Paulo: Nacional, 2009.

Boaz, Nate; Murname, John. *The basics of business-to-business sales success.* McKinsey Quarterly , 2010.

Bosworth, Michael. *Solution selling:* creating in difficult selling markets. New York: McGraw-Hill, 1994.

Brogan, Chris. *Personal branding for the business professional.*

Buckingham, Marcus; Clifton, Donald O. *Descubra seus pontos fortes.* Rio de Janeiro: Sextante, 2006.

_____. Marcus. *Destaque-se.* Rio de Janeiro: Sextante, 2012.

Carnegie, Dale. *Como fazer amigos e influenciar pessoas.* São Paulo: Nacional, 2003.

_____. *Como parar de se preocupar e começar a viver.* São Paulo: Nossa Cultura, 2011.

Cassel, Jeremy; Bird, Tom. *Vendas.* São Paulo: HSM, 2014.

Cerbasi, Gustavo. *Casais inteligentes enriquecem juntos.* São Paulo: Gente, 2004.

_____. *Investimentos inteligentes.* São Paulo: Thomas Nelson Brasil , 2008.

Charan, Ram. *O que o cliente quer que você saiba.* São Paulo: Campus, 2008.

_____. *A arte de cultivar líderes.* São Paulo: Campus, 2010.

Christensen, Clayton M. *How Will you measure your life?* Harvard Business School, 2010.

CIALDINI, Robert B. *As armas de persuasão*. Rio de Janeiro: Sextante, 2012.

COLLINS, Jim. *Empresas feitas para vencer*. Rio de Janeiro: Campus, 2001.

____.*Vencedores por opção*. São Paulo: HSM, 2012.

CONNELLAN, Tom. *Nos bastidores da Disney*. São Paulo: Saraiva, 2010.

CORTELLA, Mario Sergio; MUSSAK, Eugenio. *Liderança em foco*. Campinas: Papirus, 2011.

COVEY, Stephen R. *7 hábitos das pessoas altamente eficazes*. São Paulo: Nacional, 2005.

_____, Stephen. *8º hábito*: da eficácia à grandeza. São Paulo: Nacional, 2005.

_____, Stephen M. R; LINK, Greg. São Paulo: Leya, 2012.

_____, Stephen M. R. *The Speed of Trust*. New York: Free Press, 2006.

DAVIS, Barry; *et alii*. *The Work of Leaders* – How Vision, Alignment, and Execution will change the way you lead. San Francisco: Wiley, 2013.

DICKMAN, Robert. *The Elements of Persuasion*. Harper Business, 2007.

DRUCKER, Peter. *Drucker*: o homem que inventou a Administração. São Paulo: Campus, 2006.

_____. *O gerente eficaz*. São Paulo: Nacional, 1990.

ELSON, Teixeira; TOMANINI, Cláudio; MEINBERG, José Luiz; PEIXOTO, Luiz Carlos. *Gestão de Vendas*. São Paulo: FGV, 2007.

FRIED, Bronwyn. *Storytelling that Moves People*. Harvard Business Review, 2003: 51-55.

FRIEDMAN, Thomas L. *O mundo é plano*. São Paulo: Objetiva, 2007.

GALLO, Carmine. *Faça como Steve Jobs*. São Paulo: Texto Editores, 2010.

GLADWELL, Malcolm. *Fora de série*. São Paulo: Sextante, 2008.

GODOY, José; MEDINA, Luiz Gustavo; GAZEL, Marco Antonio, Jr. *As dicas do Sr. Alceu* [Coleção]. São Paulo: Saraiva, 2010.

GOLEMAN, Daniel. *Inteligência emocional*. São Paulo: Objetiva, 1996.

_____. *Foco*. São Paulo: Objetiva, 2013.

GRAY, Albert E. N. *The common denominator of success*. TGR Seminars Pty, Limited, 2005.

HAIFFA, Howard. *The art and science of negotiation.* Boston: Harvard University Press, 1985.

HALFELD, Mauro. *Investimentos.* São Paulo: Fundamento, 2007.

HALL, Richard. *Apresentações.* São Paulo: HSM, 2014.

HUNTER, James C. *De volta ao mosteiro.* São Paulo: Sextante, 2014.

____*O monge e o executivo.* São Paulo: Sextante, 2004.

____*Como se tornar um líder servidor.* São Paulo: Sextante, 2006.

INSTITUTO DISNEY. *O jeito Disney de encantar os clientes.* São Paulo: Saraiva, 2011.

JULIO, Carlos Alberto. *A arte da estratégia.* São Paulo: Negócio, 2005.

____. *A magia dos grandes negociadores.* São Paulo: Negócio, 2005.

KIM, W. Chan. *A estratégia do oceano azul.* São Paulo: Campus, 2005.

KIYOSAKI, Robert T. *Pai rico, pai pobre.* São Paulo: Campus, 2000.

KOTLER, Philip. *Administração de marketing.* São Paulo: Pearson — Prentice Hall, 2009.

____. KARTAJAYA, H; SETIAWAN, I. *Marketing 3.0:* as forças que estão definindo o novo marketing centrado no ser humano. Rio de Janeiro: Campus, 2010.

KOUZES, James; POSNER, Barry *The leadership challenge.* San Francisco: Wiley, 2012.

KRETLY, Paulo. *Deixe um legado.* São Paulo: Campus, 2008.

LAY, Philip; HEWLIN, Todd; MOORE, Geoffrey. *In a Downturn, Provoke Your Customers.* Harvard Business Review, 2009.

LI, Charlene. *Liderança aberta.* São Paulo: Évora, 2011.

MACTEAR, Jon. *Vendas: direto ao ponto.* São Paulo: Saraiva, 2012.

MAGALDI, Sandro; Neto, José Salibi. *Movido por ideias.* São Paulo: Campus, 2011.

MARTINS, Carlos Alberto; SCHVARTZER, Arnaldo; RIBEIRO, Pedro Henrique Alves do Couto. *Técnicas de vendas.* Rio de Janeiro: FGV, 2009.

McKeown, Max. *Estratégia: do planejamento à execução.* São Paulo: HSM, 2014.

MISNER, Ivan R.; MORGAN, Don. *Mestre das vendas.* Rio de Janeiro: Sextante, 2013.

MUSSAK, Eugênio. *Metacompetência.* São Paulo: Gente, 2006.

PINK, Daniel. *Saber vender é da natureza humana*. São Paulo: Leya, 2013.

REIMAN, Joey. Propósito. São Paulo: HSM, 2013.

SCHROEDER, Alice. *A bola de neve*. São Paulo: Sextante, 2008.

SCHULTZ, Howard. *Em frente*. São Paulo: Elsevier, 2011.

SEMLER, Ricardo. *Você está louco!* São Paulo: Rocco, 2006.

SILVA, Ozires. *Cartas a um jovem empreendedor*. São Paulo: Campanario, 2007.

SLIVNIK, Alexandre. O poder da atitude. São Paulo: Gente, 2012.

SOUZA, Cesar. *Talentos e competitividade*. São Paulo: Qualitymark, 2000.

_____. *Você é do tamanho dos seus sonhos*. São Paulo: Gente, 2003.

TZU, Sun. *A arte da guerra*. São Paulo: Saraiva, 2011.

URY, Willian L. *Como chegar ao sim*. São Paulo: Imago, 2005.

_____. *Negocie para vencer*. São Paulo: HSM, 2013.

_____. *O poder do não positivo*. São Paulo: Campus, 2007.

WELCH, Jack. *Paixão por vencer*. São Paulo: Campus, 2005.

WHITELEY, Richard C. *A empresa totalmente voltada para o cliente:* do planejamento à ação. Rio de Janeiro: Campos, 1992.

WONG, Robert. *O sucesso está no equilíbrio*. São Paulo: Campus, 2006.

_____. *Superdicas para conquistar um ótimo emprego*. São Paulo: Saraiva, 2008.

INTERNET

ASTD: www.astd.org

Blog do Zé: www.josericardonoronha.com.br

Blogs Harvard Business Review: blogs.hbr.org

Carmine Gallo: www.carminegallo.com

CIEE: www.ciee.org.br

Cirque du Soleil: www.cirquedusoleil.com

Conarh: www.conarh.com.br

Christian Barbosa: www.christianbarbosa.com.br

Coursera: www.coursera.com

Eventials: www.eventials.com/josericardonoronha

Evernote: www.evernote.com

Expo Management: www.expomanagement.com.br

Facebook José Ricardo: www.facebook.com/josericardonoronha

Google: www.google.com

Gustavo Cerbasi: www.maisdinheiro.com.br

MBA 60: www.mba60.com

McKinsey Quarterly: www.mckinseyquarterly.com/home.aspx

Pesquisa McKinsey (Vendas B2B):
www.mckinseyquarterly.com/The_basics_of_business-to-business_sales_success_2586

Reinaldo Polito: www.polito.com.br

Revista *VendaMais*: www.vendamais.com.br

Revista Profissional & Negócios: www.profissionalenegocios.com.br/

Salesforce: www.salesforce.com

TED: www.ted.com

FILMES

Alice no País das Maravilhas (*Alice in Wonderland*), EUA, 1933, Direção de Norman McLeod.

Antes de partir (*The Bucket List*), EUA, 2007, Direção de Rob Reiner.

À procura da felicidade (*The pursuit of happiness*), EUA, 2006, Direção de Gabriele Muccino.

Billy Elliott (*Idem*), Inglaterra, 2000, Direção de Stephen Daldry.

Forrest Gump (*Idem*), Estados Unidos, 1984, Direção de Robert Zemeckis.

Contato do autor
jrnoronha@editoraevora.com.br

Este livro foi impresso pela Edições Loyola em *Lux Cream* 70g